お詫びと訂正

『TOEIC® L&R TEST 英単語スピードマスター mini ☆ van 3000』（初版第 1 刷）
P.9「音声ダウンロードのしかた」の **STEP 1 の①と②に誤りがございました**。
お詫びを申し上げるとともに、ここに訂正させていただきます。

STEP 1 の①の QR コード、②の URL は下記のものをお使い下さい。
なお、STEP 1 の③はそのままお使いいただけます。

STEP 1 の ①

QR コードを読み
取ってアクセス。

ダイレクトにアク

STEP 1 の ②

https://www.
jresearch.co.jp/
book/b587831.html
を入力してアクセス。

ダイレクトにアクセス。

7つの戦略で必須3000語を完全攻略

TOEIC® L&R TEST
英単語スピードマスター
mini☆van 3000

成重 寿
Narishige Hisashi

Jリサーチ出版

はじめに

TOEICで目標スコアを獲得するには単語力が欠かせません。知らない単語が多くては、リスニングの問題を聞き取ることもできませんし、リーディングの問題を素早く正確に解いていくこともできません。単語力はTOEIC攻略の基盤です。

3000語収録のコンプリートな単語集

本書はTOEICの準備に必要十分な3000語を収録したコンプリートな単語集です。単語の数も多いですが、TOEICに出る多彩な単語を分類・整理して紹介しているので、系統立てて単語を覚えていくことができます。

（基礎編）　①動詞　②形容詞・副詞　③名詞　④イディオム
（応用編）　⑤ビジネス語　⑥生活語

「基礎編」では、TOEICに頻出する単語を品詞別に学習することができます。各品詞はそれぞれ「600点レベル」→「730点レベル」→「900点レベル」と段階を追って覚えられるようになっています。

「応用編」はTOEICに特徴的なビジネスと生活に関する単語を網羅しています。「ビジネス語」は30のジャンル、「生活語」は20のジャンルで構成されています。

効率的な単語学習ができる

英単語は一つずつ覚えていくよりも、複数語をまとめて覚える方が効率的です。本書の「基礎編」では、見出し語とともに、重要な

「類義語」「反意語」「派生語」「関連語」も収録しています。これらを同時に覚えれば、時間の節約になるだけでなく、TOEICでおなじみの問題文・選択肢間の言い換えにも役立ちます。

　「応用編」は「オフィスライフ」「求人・採用」「生産」「プロモーション」「旅行」などのジャンル別に単語をまとめています。各ジャンルの単語を共通のイメージで一気に芋づる式に覚えることができます。実際の問題でそのジャンルがテーマになったときには単語に困ることなく対応できるでしょう。

実戦的な例文で覚えられる

　「基礎編」は短いセンテンス例文で構成されています。どれもTOEICによく出るスタイルの文なので、例文を読んだり聞いたりすれば単語の用法が身につくのはもちろん、TOEICというテストに馴染むことができます。

　「応用編」の例文はパッセージ（文章）形式です。パッセージはTOEICの出題傾向に沿って、告知・記事・メール・会話・チャット・広告など多彩なスタイルを取り入れています。実際の試験に近い雰囲気の中で単語を学習することができます。

　本書はTOEICビギナーの方から高得点をめざす方まで、さまざまなレベルの学習者に役立つ内容です。本書を十分に活用していただき、目標スコアを獲得されることを心から願っています。

著者

CONTENTS

● 応用編

Column

本書の利用法

この単語集はTOEICによく出る単語を3000語収録しています。「基礎編」「応用編」に分かれています。

[基礎編]

❶見出し語・発音記号・意味

見出し語の意味は、TOEICでよく使われるものを中心にして紹介しています。

・略号一覧

自	自動詞	他	他動詞
形	形容詞	副	副詞
名	名詞	前	前置詞
接	接続詞		

・赤シートを使えば日本語の意味が消えます。覚えたかどうかを確認しましょう。

❷チェック欄

その単語を知っているかどうか、覚えたかどうかをチェックするのに利用してください。

❸派生語・類義語ほか

重要な「派 派生語」「類 類義語」「反 反意語」「関 関連語」を紹介します。一緒に覚えれば効率的です。

❺トラック番号

ダウンロード音声（無料）のトラック番号を表示します。

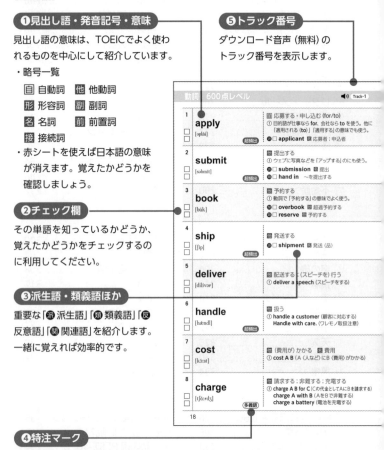

動詞　600点レベル　　　　　◀) Track-1

1	**apply** [əplái] 超頻出	自 応募する・申し込む (for/to) ① 目的語が仕事なら for、会社なら to を使う。他に「適用される (to)」「適用する」の意味でも使う。 派 □ applicant 名 応募者；申込者	
2	**submit** [səbmít] 超頻出	他 提出する ① ウェブに写真などを「アップする」のにも使う。 派 □ submission 名 提出 類 □ hand in 〜を提出する	
3	**book** [búk]	他 予約する ① 動詞で「予約する」の意味でよく使う。 関 □ overbook 他 超過予約する 類 □ reserve 他 予約する	
4	**ship** [ʃíp] 超頻出	他 発送する 派 □ shipment 名 発送（品）	
5	**deliver** [dilívər]	他 配送する；（スピーチを）行う ① deliver a speech（スピーチをする）	
6	**handle** [hǽndl] 超頻出	他 扱う ① handle a customer（顧客に対応する） Handle with care.（ワレモノ/取扱注意）	
7	**cost** [kɔ́st]	他 （費用が）かかる 名 費用 ① cost A B（A（人など）にB（費用）がかかる）	
8	**charge** [tʃɑ́:rdʒ] 多義語	他 請求する；非難する；充電する ① charge A B for C（Cの代金としてAにBを請求する） charge A with B（AをBで非難する） charge a battery（電池を充電する）	

18

❹特注マーク

特に注意したい重要語をピックアップして表示しています。

・ 超頻出 マークは全体で約300語あります。速習したい人はこのマークの単語を優先的に覚えましょう。知っておくとメリットが大きい重要語です。

6

❶「音声ダウンロードのしかた」は9ページをごらんください。

❻学習スケジュール

単語集全体のどこまで学習が進んでいるかを示します。

| 動詞 | 形容詞・副詞 | 名詞 | イディオム | ビジネス | 生活 |

Judith applied for a job in the new mall.	ジュディスは新しいモールの仕事に応募した。
I must submit a sales report today.	私は今日、販売レポートを提出しなければならない。
It's very difficult to book hotels in Kyoto during the festival season.	お祭りの時期に京都のホテルに予約を入れることは非常に難しい。
The order was shipped last week, but we still haven't received it.	注文品は先週、発送されたが、私たちはまだそれを受け取っていない。
The book I ordered was delivered to the front door.	私が注文した本は玄関ドアのところに配送された。
I handle three new employees as a mentor. mentor =「指導係」	私は指導係として3人の新入社員を受け持っている。
The renovation cost more than we had expected. renovation =「改装」	改装は私たちが予測していたより高くついた。
The catering company charged us $1,600 for the party. catering =「ケータリング；仕出し」	ケータリング会社はパーティーの代金として私たちに1600ドルを請求した。

19

❼例文・訳

「基礎編」はTOEIC仕様の短いセンテンスの例文です。用法や音声のチェックに活用しましょう。

・見出し語は赤シートで消えます。訳を頼りに類推する練習もできます。

・例文で使われる難語は意味を表示します。

7

[応用編]

❶テーマ

「ビジネス語」は30のテーマ、「生活語」は20のテーマで単語をまとめています。TOEICによく出るテーマです。

❷例文・訳

「応用編」はTOEICによく出るスタイルのパッセージ例文です。読んだり聞いたりすれば、TOEICの問題に慣れることができます。

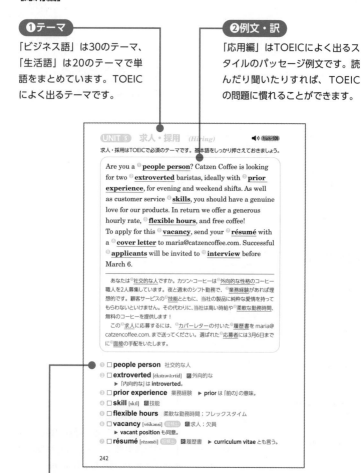

> **UNIT 5 求人・採用** *(Hiring)* ◀)) Track-109
>
> 求人・採用はTOEICで必須のテーマです。基本語をしっかり押さえておきましょう。
>
> Are you a ⁰**people person**? Catzen Coffee is looking for two ⁰**extroverted** baristas, ideally with ⁰**prior experience**, for evening and weekend shifts. As well as customer service ⁰**skills**, you should have a genuine love for our products. In return we offer a generous hourly rate, ⁰**flexible hours**, and free coffee!
> To apply for this ⁰**vacancy**, send your ⁰**résumé** with a ⁰**cover letter** to maria@catzencoffee.com. Successful ⁰**applicants** will be invited to ⁰**interview** before March 6.
>
> あなたは⁰社交的な人ですか。カツン・コーヒーは⁰外向的な性格のコーヒー職人を2人募集しています。夜と週末のシフト勤務で、⁰業務経験があれば理想的です。顧客サービスの⁰技能とともに、当社の製品に純粋な愛情を持ってもらわないといけません。その代わりに、当社は高い時給や⁰柔軟な勤務時間、無料のコーヒーを提供します！
> この⁰求人に応募するには、⁰カバーレターの付いた⁰履歴書を maria@catzencoffee.com. まで送ってください。選ばれた⁰応募者には3月6日までに⁰面接の手配をいたします。
>
> ⓪ □ **people person** 社交的な人
> ⓪ □ **extroverted** [ekstrəvɔ́rtid] 🔲外向的な
> ▶「内向的な」は introverted。
> ⓪ □ **prior experience** 業務経験 ▶ prior は「前の」の意味。
> ④ □ **skill** [skíl] 🔲技能
> ⑤ □ **flexible hours** 柔軟な勤務時間；フレックスタイム
> ⓪ □ **vacancy** [véikənsi] 🔲🔲 🔲求人；欠員
> ▶ vacant position も同義。
> ⓪ □ **résumé** [rézəmèi] 🔲🔲 🔲履歴書 ▶ curriculum vitae とも言う。
>
> 242

❸見出し語

パッセージ例文の中で使われた単語・表現です。発音記号・意味のほか、必要なものには短い解説が付きます。

・他に関連語をジャンルでまとめて紹介します。一緒に覚えると効率的です。

音声ダウンロードのしかた

音声の種類

音声① 例文 (基礎編のセンテンス例文・応用編のパッセージ例文)

音声② すべての単語 (チェックマークの単語。コラムを除く)＋意味

音声③ 見出し語 (例文で使われている単語)＋意味＋例文

音声④ 見出し語＋例文

STEP 1 商品ページにアクセス！ 方法は次の3通り！

1
QRコードを読み取ってアクセス。

ダイレクトにアクセス

2
https://www.jresearch.co.jp/book/b577366.html
を入力してアクセス。

ダイレクトにアクセス

3
Jリサーチ出版のホームページ (https://www.jresearch.co.jp/)
にアクセスして、「キーワード」に書籍名を入れて検索。

ホームページから商品ページへ

STEP 2 ページ内にある「音声ダウンロード」ボタンをクリック！

STEP 3 ユーザー名「1001」、パスワード「25267」を入力！

STEP 4 音声の利用方法は2通り！ 学習スタイルに合わせた方法でお聴きください！

1
「音声ファイル一括ダウンロード」より、ファイルをダウンロードして聴く。

2
▶ボタンを押して、その場で再生して聴く。

※ダウンロードした音声ファイルは、パソコン・スマートフォンなどでお聴きいただくことができます。一括ダウンロードの音声ファイルは .zip 形式で圧縮してあります。解凍してご利用ください。ファイルの解凍が上手く出来ない場合は、直接の音声再生も可能です。

音声ダウンロードについてのお問合せ先
toiawase@jresearch.co.jp (受付時間：平日9時～18時)

英単語スピードマスター **7つの戦略**

TOEIC の受験準備のためには、どんな単語をどれくらい覚えればいいか。また、どう覚えれば効率的か。単語学習を進めるのに必要な7つの戦略を紹介します。

戦略 1 TOEICに焦点を絞る

まず知っておきたいのは、TOEICがどんなテストかということです。

TOEICは Test of English for International Communication の略語であることからもわかるように、国際的なコミュニケーションで使う英語を扱います。また、試験の対象者はビジネスパーソンで、ビジネスとその周辺の生活がテーマになります。

私たちはすでに中学〜大学受験でかなりの単語を覚えてきています。しかし、TOEICにおいてはこれらの学校語彙ではカバーできない単語が数多く使われるのです。次ページの図を見てください。

中学から高校、そして大学入試の準備で身につけた単語は英語の基礎になるもので、TOEICでも重要なものです。しかし、**学校語彙はどちらかというと教養的な側面を重視していることから、TOEICに特徴的なオフィス、ビジネス、日常生活の基本語が欠落しているという特性があります。この TOEIC に特徴的な語彙を上積みすることが単語学習の大きなテーマになります。**

例えば、consider（考える）、obtain（獲得する）、various（さまざまな）、situation（状況）などは学校で学ぶ重要単語で、TOEICにも出ます。これに対して、TOEICに特徴的な launch（発売する）、cater（料理をまかなう）、proficient（熟達した）、assignment（業務）、itinerary（旅行計画）、expiration date（有

効期限）といったビジネス・生活でよく使う単語を身につけること
が必要になるのです。

　**もうひとつ押さえておきたいのは、単語の難度はそれほど高くな
いということです。**

　TOEICは国際的なコミュニケーションを目的とした英語であるた
め、ネイティブスピーカーしか使わない高度な単語や表現は出ませ
ん。したがって、ネイティブ色の強いイディオムや動詞句、スラング、
ことわざの類は覚える必要はありません。

　また、TOEICが扱わない分野である科学、政治、学術、芸術など
の本格的な単語は出ません。「ビジネス」においても、どの部門の人
でも知っているべき基本的なビジネス語が中心です。いわゆる専門
用語に属する難度の高いものは使われないようになっているのです。

　つまり、**TOEICのために覚えるべき単語はかなり限定されると
いう**ことになります。

TOEICボキャブラリーのフォーカス

レベルはそんなに高くない。
ジャンルも限定される

この部分の
上積みがポイント

難易度

TOEIC
単語

中学〜大学入試の基礎単語

◀　ジャンル　▶

11

戦略 2 覚えるべき語数は？

何語覚えるべきかは、その人の単語力（英語力）によって違ってきます。

ここでは、TOEIC未受験で、600点を目標にしている人を例に考えてみましょう。

中学・高校で学ぶ単語がある程度身についている前提だと、300〜500語くらい（その人の現在の単語力による）の上積みをすることが第一の目標となります。

先述のように、上積みすべき単語は、TOEICに特徴的なビジネス・生活でよく使われるものです。

本書の「基礎編」で、各品詞の「600点レベル」「730点レベル」をまず身につけてしまうのがいいでしょう。知っている単語もあるはずなので、1カ月もあれば十分にマスターできるはずです。TOEICの頻出語を覚えてしまえば、実際の問題がずいぶん解きやすくなることを実感できるでしょう。

問題を解くのが苦にならなくなれば、問題練習をするプロセスの中で自然に語彙力が増強できるという好循環をつくれます。

900点目標の人は本書の収録語の9割以上を知っておく必要があると思います。未知語が少ない方が問題の処理がスムーズに行えることは論を待ちません。

戦略 3 複数語を関連づけて覚えよう

日々忙しいビジネスパーソンや大学生とっては、「効率的に単語を覚える」ことも重要です。効率性を高めるには、単語を一つずつ覚えるのではなく、何らかの関連性を軸にして複数の単語をまとめて覚えるという方法が有効です。

本書の「基礎編」では、類義語・反意語・派生語・関連語を同時

に覚えることをお勧めします。

例えば、assign（割り当てる；任命する）という動詞を覚える際には、allocate や appoint といった類義語を一緒に、intensive（集中的な）という形容詞を覚えるときには extensive（広範囲の）という反意語を一緒に記憶しておくのです。

「応用編」では同一ジャンルの単語を芋づる式にまとめて覚えてしまうのが効率的です。例えば、ビジネス語の「求人・採用」というユニットでは、résumé（履歴書）、cover letter（カバーレター）、applicant（応募者）、interview（面接）、expertise（専門知識）などの単語を一気に身につけましょう。**実際のTOEICの同じテーマの問題でもこうした単語はまとまって出てくる傾向があり、試験に直結するという点でもメリットが大きいと思います。**

戦略 4 覚え方にも工夫を

英単語の覚え方の基本はまずその意味を知ることです。しかし、頻出する重要語についてはもう少し深く知っておく必要があります。

comply という動詞は「遵守する；守る」という意味ですが、自動詞として使うので前置詞の with と一緒に覚えておく必要があります。また、目的語には規則や法律を取るので、comply with a rule などの形で覚えておくのがベストです。

locate は「見つける；位置づける」という意味ですが、よく受け身で使って、会社や建物などの立地を示します。よって、be located in〈場所〉という形を覚えておくと、問題文に出たときに戸惑うことがありません。こうした用法に馴染んでおくためにも、ぜひ例文を活用してください。

一方で、**ビジネス語や生活語の多くは意味さえ知っていれば十分です。**「headquarters＝本社」「invoice＝請求書」「parking lot＝駐車場」「commute＝通勤する」などは、「英語＝意味」でどん

どん覚えていくことで**問題ありません。**

　TOEICの試験の半分はリスニング・セクションで構成されていますから、単語の音声に慣れておくことも大切です。単語単独の音声を確認するだけでなく、流れの中で単語を聞き取るためにも、例文の音声を聞いておくようにしましょう。

反復学習する・印象づける

　単語は一度見ただけで覚えられるものではありません。心理学者ヘルマン・エビングハウスの「忘却曲線」によれば、1日後には覚えた内容の74％を、1週間後には77％を忘れてしまいます。また、成人には子供のような記憶力も期待できません。ということは、単語は反復学習しないとしっかり身につかないということです。

　単語集を最初に見たときには、知らない単語がたくさんあるかもしれません。それを2回、3回と繰り返しながら、未知語の数を減らしていきましょう。**5回くらいは反復するつもりで根気をもって進めることが大切です。**反復する中で未知語が少なくなっていくのを体感するのは心地よいものです。

　単語を覚える際には何らかの「印象づけ」ができると定着率は高くなります。「印象づけ」の基本はさまざまな感覚を動員することです。**見るだけよりも、音声を聞く、自分で発音してみる、時には書いてみる、というように五感を駆使して学習すると確実に定着します。視覚だけに頼らず、身体全体で身につけることをお勧めします。**

　模擬試験や問題集を併用することも「印象づけ」に効果があります。例えば、本書で覚えた単語が、模擬試験や問題集に出てくれば、強い印象をもって覚えることができるでしょう。また、模擬試験や問題集では問題の解説の後に重要語がリスト化されていることが多いので、こうしたリストも活用するといいでしょう。

パート別の単語戦略

Part 1 　人の動作（hold、pour、try on など）、**室内や街角の情景**（merchandise、sidewalk など）を示す言葉を聞き取ることがポイントになる。**方向や位置関係を表す表現**（across、side by side など）にも注意が必要である。

Part 2 　A→Bという1往復のシンプルな会話で構成される。**オフィスや日常生活でよく使う単語**がわかれば問題ない。他に、**依頼・許可・勧誘などの会話表現**に馴染んでおきたい。

Part 3・4 　Part 3 は複数回往復する会話、Part 4 はさまざまなスタイルのアナウンスで構成される。単語レベルはリーディング・セクションよりは易しめで、**ビジネスや生活の基本語**を押さえておけば対応できる。**選択肢には、業態・職業・業務内容・人の行動の表現がよく出る**。選択肢をスムーズに読めることは必須である。

Part 5 　文法・単語力を試す問題で構成され、設問文はビジネスの書き言葉である。**文法問題なら知らない単語があっても解答できる**はずなので、文の見かけに惑わされないこと。単語問題は文脈に最適の単語を選ぶもので、**問われるのは多くの場合、基本的な単語である。**

Part 6 　長文の空所補充という形式だが、問われるのは文法事項と単語の意味・用法で、基本的には Part 5 の延長である。**メールやレターなどの定型表現**、形式が文章（パッセージ）になることから、**文脈を制御する接続詞や接続副詞**に注意が必要である。

Part 7 　ビジネス・生活に関する多彩なパッセージが出題されるので、**テーマ別にビジネス・生活の重要語をしっかり身につけておきたい。**名詞（句）の大半は意味さえわかれば問題ない。とにかく知っている単語を増やしておくことだ。

レベル別の学習の目やす

ビギナー〜 600

TOEICに必要な単語力が不足しています。ビジネスでよく使う単語をしっかり上積みすることが大切です。300〜500語の増強で問題がぐんと解きやすくなるはずです。音声学習も取り入れて、「見てわかる単語」を「聞いてわかる」ようにしておくことも大切です。

本書の利用法 「基礎編」の「600点レベル」「730点レベル」の単語をチェックして、知らない単語をどんどん覚えていきましょう。

600 〜 730

基本語はある程度身についているレベルです。用法やニュアンスにも注意を払いつつ単語の上積みを図りましょう。このレベルになれば、単語力がしっかりすれば、得点力が確実にアップします。一定の努力でスコアが大きく伸びるレベルです。

本書の利用法 「基礎編」の「600点レベル」「730点レベル」の単語を完全に覚えましょう。「ビジネス語」「生活語」の知らない単語も覚えていきましょう。

730 〜 860

本書では、知らない単語をつぶしていくような学習が効果的でしょう。「ビジネス語」「生活語」に苦手なジャンルのある人はそのコーナーを重点的に学習してください。このレベルになれば、単語集だけに頼らず、TOEICの問題を解きながら自然な形で単語力を増やしていくのが効果的です。

本書の利用法 本書全体を通して、知らない単語をなくしていきましょう。TOEICの1回分で、未知語を20語以下にすれば900点が見えてきます。

基礎編①

動詞

Verbs

🔊 Track-1 ～ Track-30

1	**apply** [əplái] 超頻出	自 応募する・申し込む (for/to) ① 目的語が仕事なら for、会社なら to を使う。他に「適用される (to)」「適用する」の意味でも使う。 派 □ **applicant** 名 応募者；申込者
2	**submit** [səbmít] 超頻出	他 提出する ① ウェブに写真などを「アップする」のにも使う。 派 □ **submission** 名 提出 類 □ **hand in** 〜を提出する
3	**book** [búk]	他 予約する ① 動詞で「予約する」の意味でよく使う。 関 □ **overbook** 他 超過予約する 類 □ **reserve** 他 予約する
4	**ship** [ʃíp] 超頻出	他 発送する 派 □ **shipment** 名 発送 (品)
5	**deliver** [dilívər]	他 配送する；(スピーチを) 行う ① deliver a speech (スピーチをする)
6	**handle** [hǽndl] 超頻出	他 扱う ① handle a customer (顧客に対応する) Handle with care. (ワレモノ取扱注意)
7	**cost** [kɔ́:st]	他 (費用が) かかる　名 費用 ① cost A B (A〈人など〉にB〈費用〉がかかる)
8	**charge** [tʃɑ́:rdʒ] 多義語	他 請求する；非難する；充電する ① charge A B for C (Cの代金としてAにBを請求する) charge A with B (AをBで非難する) charge a battery (電池を充電する)

Judith applied for a job in the new mall.	ジュディスは新しいモールの仕事に応募した。
I must submit a sales report today.	私は今日、販売レポートを提出しなければならない。
It's very difficult to book hotels in Kyoto during the festival season.	お祭りの時期に京都のホテルに予約を入れることは非常に難しい。
The order was shipped last week, but we still haven't received it.	注文品は先週、発送されたが、私たちはまだそれを受け取っていない。
The book I ordered was delivered to the front door.	私が注文した本は玄関ドアのところに配送された。
I handle three new employees as a mentor. mentor = 「指導係」	私は指導係として3人の新入社員を受け持っている。
The renovation cost more than we had expected. renovation = 「改装」	改装は私たちが予測していたより高くついた。
The catering company charged us $1,600 for the party. catering = 「ケータリング；仕出し」	ケータリング会社はパーティーの代金として私たちに1600ドルを請求した。

9	**purchase** [pə́ːrtʃəs] 超頻出	他 購入する　名 購入 (品) ① buy のフォーマルな言い方。名詞も頻出 類□ procure 他 調達する
10	**arrange** [əréindʒ]	他 手配する；準備する 派□ arrangement 名 手配；準備
11	**prepare** [pripéər]	自 他 準備する ① prepare for [against] A (Aへの準備をする) prepare to do (〜する準備をする) 派□ preparatory 形 準備の
12	**note** [nóut]	他 留意する；注意を払う ① Please note that 〜 (〜に留意してください) 類□ bear 〜 in mind 〜に留意する
13	**remind** [rimáind] 超頻出	他 思い出させる ① remind A of [about] B (AにBを思い出させる)
14	**run** [rʌ́n] 用法注意	他 運営する；動かす ① 他動詞で manage と同様の意味で使う。 run a business (事業を運営する)
15	**cover** [kʌ́vər] 用法注意	他 対象とする；覆う ① 本来の「覆う」の意味から、文脈によって「(範囲が) 及ぶ」「(対象などを) 扱う」の意味で用いる。 派□ coverage 名 適用範囲
16	**work** [wə́ːrk]	自 うまくいく；機能する ① work for A (Aに都合がいい) The key card won't work. (カードキーが機能しない)

All items can be purchased online and at a store.

すべての商品はオンラインでも店舗でも購入できます。

Nadia has already arranged air tickets and accommodations for us.

accommodations =「ホテル；宿泊施設」

ナディアはすでに、私たちの航空券とホテルを手配してくれている。

The team is busy preparing for the upcoming trade show.

upcoming =「近づいている」

そのチームは近づいている見本市の準備をするのに忙しい。

Please note that the bill must be paid within this month.

請求書は今月中に支払われなければならないことにご留意ください。

This message is to remind you of changes in the meeting agenda.

agenda =「議題」

このメッセージは、会議の議題の変更を確認するためのものです。

The modern art exhibition is currently being run in Nagoya.

currently =「今；目下」

その現代美術展は今、名古屋で開催されている。

This booklet covers major touring attractions in Tallinn.

attraction =「見所」

この小冊子はタリンの主要な観光スポットを紹介している。

Friday would work for me.

金曜が私には都合がいいです。

17	**release** [rilíːs]	他 発売する；発表する 類 □ **announce** 他 発表する
18	**launch** [lɔ́ːntʃ] 超頻出	他 売り出す；開始する　名 発売；開始 類 □ **commence** 他自 開始する □ **embark on** ～に乗り出す
19	**promote** [prəmóut] 多義語	他 売り込む；昇格させる ① promote A to manager（Aを課長に昇格させる） 派 □ **promotion** 名 売り込み；昇格
20	**provide** [prəváid] 超頻出	他 提供する；規定する ① 〈provide A with B〉＝〈provide B for A〉（AにBを提供する） 派 □ **provided (that)** 接 ～という条件で
21	**inquire** [inkwáiər]	自 問い合わせる (about)；調査する (into) 派 □ **inquiry** 名 問い合わせ；調査
22	**display** [displéi]	他 展示する；示す 類 □ **exhibit** 他 (商品・美術品などを) 展示する
23	**exchange** [ikstʃéindʒ] 超頻出	他 交換する　名 交換 ① 購入品を交換してもらう場面でよく使う。**return** (返品する)、**refund** (返金する) とともにアフターサービスの必須語。
24	**update** [ʌ́pdèit | ⁻ ´]	他 最新のものにする　名 最新情報 類 □ **upgrade** 他 上級のものにする

The company will <u>release</u> a new smartphone next month.

その会社は来月、新しいスマートフォンを<u>発売する</u>。

The corporation <u>launched</u> its new product with commercials on the major networks.

その会社は主要なネットワークで CM を打って、新製品を<u>発売した</u>。

It's always beneficial to <u>promote</u> your company over the Internet.

beneficial =「有益な」

インターネットで会社を<u>売り込む</u>ことは常にメリットがある。

The program is designed to <u>provide</u> young people with jobs.

このプログラムは若者に仕事を<u>提供する</u>ことを目的としている。

I'm calling to <u>inquire</u> about your apartment ad in *KL Times*.

KL タイムズに載っている御社のマンションの広告について<u>問い合わせる</u>ために電話しています。

This year's models are <u>displayed</u> in the window.

今年のモデルはウインドウに<u>展示されて</u>いる。

Could you <u>exchange</u> this for a larger size, please?

これを大きめのものと<u>交換して</u>いただけますか。

It's a good idea to frequently <u>update</u> your computer system to avoid viruses.

avoid =「回避する」

ウイルスを回避するために、頻繁にコンピュータ・システムを<u>アップデートする</u>のはいい考えだ。

23

25	**accept** [əksépt]	他 受け入れる；承認する 派 □ **acceptable** 形 受け入れられる
26	**approve** [əprú:v]　超頻出	自 賛成する (of) 他 承認する ① **approve of A** (Aに賛成する) 派 □ **approval** 名 賛成；承認 反 □ **disapprove** 自 賛成しない (of)
27	**adopt** [ədápt]	他 採用する；取り入れる ① **adopt a view** (意見を取り入れる) 　**adopt an approach** (方策を採用する)
28	**appreciate** [əprí:ʃièit]　超頻出	他 感謝する；高く評価する ① 自動詞として「(価値などが) 上がる」の意味で使う。 類 □ **praise** 他 ほめる 　□ **laud** 他 称賛する
29	**explain** [ekspléin]	他 説明する 派 □ **explanation** 名 説明
30	**require** [rikwáiər]　超頻出	他 必要とする；要求する ① **require A to do** (Aが〜するよう求める) 派 □ **requirement** 名 要件；要求 類 □ **necessitate** 他 必要とする
31	**hire** [háiər]	他 雇用する；採用する ① 名詞として「新入社員」の意味で使える。 類 □ **employ** 他 雇用する；採用する
32	**earn** [ə́:rn]　派生語重要	他 稼ぐ；得る ① **earn a living** (生計を立てる) 派 □ **earnings** 名 収入；事業所得

The board of directors accepted the committee's report.

board of directors =「取締役会」

取締役会は委員会の報告書を受け入れた。

Not everyone approved of the plan to invest in the startup.

すべての人がその新興企業への投資計画に賛成したわけではなかった。

We need to adopt a new approach to cut costs.

私たちはコストを削減するのに新しい方策を採用する必要がある。

Veronica appreciated the help from her colleagues on the database upgrade.

colleague =「同僚」

ヴェロニカはデータベースの更新について同僚の支援に感謝した。

Let me explain what I meant when I said we need to hire more staff.

もっとスタッフを採用する必要があると言ったときの私の意図がどんなものだったのか説明させてください。

All employees are required to attend the morning meetings.

朝の会議には全社員が出席することが求められる。

The restaurant hired two part-timers to serve customers.

そのレストランは接客担当の非正規社員を2人雇用した。

This savings account earns over 3 percent interest on deposited funds.

deposit =「預金する」

この普通預金口座は預金に3%以上の利子が付く。

33	**postpone** [poustpóun]	他 延期する ① postpone A until [till] B（AをBまで延期する） 類 □ **put off** 〜を延期する 　 □ **procrastinate** 自 ぐずぐず引き延ばす
34	**participate** [pɑːrtísipèit]	自 参加する (in) 類 □ **join** 他 参加する 　 □ **take part in** 〜に参加する
35	**locate** [lóukeit]	他 見つける；位置づける ① be located in A（Aに立地する） 派 □ **location** 名 位置；場所 類 □ **spot** 他 見つける
36	**enclose** [inklóuz]	他 同封する ① en-（中へ）＋ close（閉じる）＝ enclose（同封する） 派 □ **enclosure** 名 同封物
37	**include** [inklúːd]　超頻出	他 含む 派 □ **including** 副 〜を含めて 反 □ **exclude** 他 除く
38	**consent** [kənsént]	自 同意する (to) 名 同意 ① consent to A [to do]（Aに[〜することに]同意する） 類 □ **agree** 自 賛成する (to/with) 　 □ **assent** 自 同意する (to)
39	**permit** [pərmít]	他 許可する；(事情が) 許す ① 名詞の permit（許可証）と permission（許可）を区別しよう。 類 □ **allow** 他 許す；認める
40	**divide** [diváid]	他 分割する ① divide A into B（AをBに分割する） 派 □ **division** 名 分割；部門 　 □ **dividend** 名 配当

The annual budget meeting has been <u>postponed</u> until next week.

年次予算会議は次週に<u>延期された</u>。

Many employees <u>participated in</u> Dr. Ayala's lecture on latest design trends.

多くの社員が、最新のデザイントレンドについてのアヤラ博士の講義に<u>参加した</u>。

After the database crashed, the systems engineer <u>located</u> the source of the error.　crash =「壊れる」

データベースが壊れた後、そのシステムエンジニアはエラーの原因を<u>突き止めた</u>。

Please <u>enclose</u> your résumé with the application and send it to our office.
résumé =「履歴書」

応募書類に履歴書を<u>同封</u>して、弊社までお送りください。

The budget <u>includes</u> financing for our planned expansion into Brazil.
expansion =「拡大；参入」

予算は、我々が計画しているブラジルへの参入資金も<u>含んでいる</u>。

She has <u>consented to</u> the terms of the contract.
terms =「条件」

彼女は契約条件に<u>同意した</u>。

The new agreement <u>permits</u> both parties to sell each other's goods.
both parties =「両者；両当事者」

新しい契約は、両者が相手の製品を販売することを<u>許可する</u>。

The construction is <u>divided</u> into three phases.
phase =「工期；段階」

その建設工事は3つの工期に<u>分割されている</u>。

41	**register** [rédʒistər] 超頻出	自 登録する (for) 他 (郵便物を) 書留にする ① register a mail (手紙を書留にする) 派 □ **registration** 名 登録 (証)
42	**enroll** [inróul] 用法注意	自 登録する；入学する (in/at) ① enroll in [at] a college (大学に入学する) 　 enroll in a class (クラスに登録する) 派 □ **enrollment** 名 登録；入学
43	**file** [fáil]	他 提出する；とじ込む ① file a complaint (苦情を申し立てる) 　 file documents (書類をとじ込む)
44	**subscribe** [səbskráib] 超頻出	自 定期購読する・会員登録する (to) 派 □ **subscription** 名 定期購読；登録 　 □ **subscriber** 名 定期購読者；会員
45	**afford** [əfɔ́ːrd] 派生語重要	他 ～する余裕がある ① afford to do (～する余裕がある) 派 □ **affordable** 形 手ごろな価格の
46	**donate** [dóuneit] 超頻出	他 寄付する；寄贈する 派 □ **donation** 名 寄付
47	**increase** [inkríːs]	他 増やす　自 増える　名 増加 反 □ **decrease** 他 減らす　自 減る
48	**expand** [ekspǽnd]	他 拡げる；拡張する 派 □ **expansion** 名 拡大；拡張 類 □ **enlarge** 他 拡大する 　 □ **augment** 他 増加させる

It's easy to register for our online services.

当社のオンラインサービスに登録するのは簡単です。

Enroll today in our special course on starting a business.

起業についての特別コースに今日にもご登録ください。

Today is the deadline to file your tax returns.

tax return =「納税申告」

今日は税務申告をする締め切り日だ。

The accountant subscribes to the daily financial paper.

financial =「金融の」

その会計士は日刊の金融紙を定期購読している。

We can't afford to buy a house now.

私たちは今、家を購入する余裕なんてない。

The company donated proceeds from the event to a children's charity.

proceeds =「収益」

その会社はイベントの収益を子供たちの慈善事業に寄付した。

It's Mary's job to come up with ways to increase business.

come up with =「〜を考え出す」

事業を拡大する方策を考え出すことがメアリーの仕事だ。

The shop owner expanded her store by adding another room.

その店主はもう1部屋を加えることによって店舗を拡張した。

49	**assign** [əsáin]　超頻出	他 割り当てる；任命する 類 □ **allocate** 他 割り当てる 　□ **appoint** 他 任命する
50	**designate** [dézignèit]	他 指名する；指定する ① **designate A as B**（AをBに指名[指定]する） 　**a designated seat**（指定席） 派 □ **designation** 图 指名；指定
51	**indicate** [índikèit]　超頻出	他 示す；指示する ① **indicate** は **imply**、**suggest**（示唆する）とともに Part 7 の設問に使われる。 派 □ **indicator** 图 指標
52	**imply** [implái]	他 ほのめかす；暗示する 類 □ **allude** 自 ほのめかす
53	**consult** [kənsʌ́lt]	自 相談する (with)　他 診察を受ける；調べる ① **consult a doctor**（医師の診察を受ける） 　**consult a map**（地図を調べる） 類 □ **check with** ～に相談する
54	**recommend** [rèkəménd]	他 推薦する；勧告する 派 □ **recommendation** 图 推薦；アドバイス 類 □ **advise** 他 忠告する；助言する
55	**encourage** [inkə́:ridʒ]　超頻出	他 励ます；促進する ① **encourage A to do**（Aを～するように励ます） 類 □ **urge** 他 促す 反 □ **discourage** 他 やる気をそぐ
56	**contribute** [kəntríbjət]　超頻出	自 貢献する・一因となる (to) ① ポジティブ・ネガティブのどちらでも使える。 派 □ **contribution** 图 貢献；寄付

I've been assigned the job of welcoming guests at the entrance.

私はエントランスで客を出迎える仕事を割り当てられた。

It is your duty to designate a new leader of the team.

チームの新しいリーダーを指名するのはあなたの仕事です。

The research indicates a close relation between weather conditions and sales.

その調査は天候と売り上げの密接な関係を示している。

Elise implied she might transfer to Shanghai if she were promoted.
transfer =「転勤する」

エリースは、昇格させてもらえるなら上海に転勤するとほのめかした。

As this is a legal matter, you will have to consult with a lawyer.

これは法律案件なので、弁護士に相談するべきだ。

Leslie recommended her friend for the open position at her company.

レスリーは彼女の会社の空いたポストに友人を推薦した。

All employees are encouraged to have a yearly medical checkup.
medical checkup =「健康診断」

社員は全員が年次の健康診断を受けることが奨励されます。

The marketing team contributed greatly to the product development.
development =「開発」

マーケティングチームは、その製品開発に大きく貢献した。

57	**maintain** [meintéin]	他 維持する；整備する ① maintain high quality (高品質を維持する) 　maintain a car (車を整備する) 派 □ **maintenance** 名 保守整備
58	**remain** [riméin]	自 〜のままだ；残っている ① remain〈形容詞〉(〜のままだ) の形でよく使う。 派 □ **remains** 名 残り；遺跡 　□ **remainder** 名 残り
59	**intend** [inténd]	他 〜するつもりである ① intend to do (〜するつもりである) 派 □ **intention** 名 意図；意志 　□ **intent** 形 熱中して
60	**tend** [ténd]　(類語重要)	自 傾向がある ① tend to do (〜する傾向がある) 類 □ **be prone to do**　〜する傾向がある 　□ **be inclined to do**　〜する傾向がある
61	**calculate** [kǽlkjəlèit]	他 計算する；推定する 類 □ **compute** 他 計算する
62	**estimate** [éstimèit]	他 推定する；見積もる ① 名詞で「見積 (書)」の意味でよく使う。 類 □ **reckon** 他 憶測する
63	**search** [sə́:rtʃ]	自 他 探す ① search for A (Aを探す) 　search A for B (Bを求めてAを探す) 類 □ **seek** 他 探し求める
64	**notify** [nóutəfài]	他 知らせる；告知する ① notify A of [about] B (AにBを知らせる) の 　形に注意。inform も同じ形がとれる。 類 □ **inform** 他 知らせる；報告する

The company wants to <u>maintain</u> a good relationship with the supplier.

supplier =「サプライヤー；納入業者」

その会社はそのサプライヤーと良好な関係を<u>維持する</u>ことを望んでいる。

Our shop will <u>remain</u> open with the usual business hours.

当店は通常の営業時間で営業を<u>続け</u>ます。

The carmaker <u>intends</u> to enter the Indian market.

その自動車メーカーはインド市場に参入<u>しようとしている</u>。

Sales <u>tend</u> to slow down during the winter months.

売り上げは冬場には落ち込む<u>傾向</u>がある。

Let us <u>calculate</u> the value of your house and land.

あなたの家と土地の価値を<u>計算</u>させてください。

It's difficult to <u>estimate</u> the results of the marketing survey in advance.

marketing survey =「市場調査」

市場調査の結果を事前に<u>推定する</u>のは難しい。

Mel has been <u>searching</u> for a solution to the problem.

メルはその問題の解決<u>策を探し</u>ている。

The personnel department <u>notified</u> the staff about the change in working hours.

personnel =「人事」

人事部は就業時間の変更について、スタッフに<u>知らせた</u>。

33

◀ Track-9

65	**adjust** [ədʒʌ́st]	自 順応する (to) 他 調整する；(料金などを) 精算する 派 □ **adjustable** 形 調整可能な
66	**organize** [ɔ́:rgənàiz]　超頻出	他 整理する；手配する；組織する ① **organize a party** (パーティーを企画する) 　 **organize a charity** (慈善事業を運営する) 派 □ **organization** 名 組織
67	**fix** [fíks]　類語重要	他 修理する；固定する 類 □ **repair** 他 修理する 　 □ **mend** 他 修理する 　 □ **restore** 他 修復する
68	**correct** [kərékt]	他 訂正する　形 正しい ① **correct a mistake** (誤りを直す) 　 **correct proofs** (校正をする) 派 □ **correction** 名 訂正；校正
69	**address** [ədrés]　超頻出	他 取り組む 類 □ **tackle** 他 取り組む 　 □ **deal with** ～に対処する
70	**resolve** [rizálv]	他 解決する；決心する ① **resolve to do** (～することを決心する) 派 □ **resolution** 名 解決；決意；解像度
71	**cause** [kɔ́:z]　超頻出	他 ～を引き起こす；～の原因になる 名 原因 ① 名詞の「原因」の意味でもよく出る。 類 □ **bring about** ～を引き起こす
72	**lead** [líːd]　用法注意	他 導く　自 通じる ① **lead A to do** (Aを～するように導く) 　 **lead to A** (Aに通じる)

The employees were able to adjust to the strict working conditions.

strict = 「厳しい」

社員たちは厳しい労働条件に順応することができた。

Ezra is a specialist in organizing customer data.

エズラは顧客データを整理する専門家だ。

We must fix the projector before the presentation.

私たちはプレゼンの前にプロジェクターを修理しないといけない。

I corrected some wording in the advertisement.

私はその広告の表現をいくつか改めた。

The team laid out a plan to address declining sales at their company.

そのチームは、会社の売上減に取り組む計画を立案した。

Here are some tips to resolve conflicts at work.

conflict = 「もめ事；紛争」

職場でのもめ事を解決するいくつかの方法を紹介します。

I'm sorry for the troubles we caused.

私どもが引き起したご迷惑についてお詫びいたします。

Consecutive losses led the company to sell its property division.

consecutive = 「連続する」

連続する損失により、その会社は不動産部門を売却せざるをえなくなった。

73	**instruct** [instrákt] 派生語重要	他 指示する；指導する 派 □ **instruction** 名 指示；(複数で) 取扱説明書 □ **instructor** 名 指導者；講師
74	**describe** [diskráib]	他 (詳しく) 説明する；描写する 派 □ **description** 名 説明；描写 類 □ **depict** 他 描写する；叙述する
75	**blame** [bléim] 用法注意	他 〜のせいにする；非難する ① **blame A for B** (BをAのせいにする) 　**blame B on A** (BをAのせいにする)
76	**apologize** [əpálədʒàiz]	自 詫びる ① **apologize to A for B** (Bの理由でAに詫びる) 派 □ **apology** 名 お詫び
77	**celebrate** [séləbrèit]	他 自 祝う；(式典などを) 挙行する 派 □ **celebrated** 形 有名な；名高い 類 □ **commemorate** 他 祝う；記念する □ **toast** 他 乾杯する
78	**host** [hóust]	他 主催する　名 主催者 ① **host a party** (パーティーを主催する) 　**host a show** (番組の司会をする)
79	**place** [pléis] 用法注意	他 置く；掲載する；発注する ① 動詞のコアの意味は「置く」で、文脈によって「掲載する」「発注する」などの意味で使う。**place an order** (発注する) は必須表現。
80	**replace** [ripléis] 超頻出	他 引き継ぐ；取り替える ① **replace A with B** (AをBと取り替える) 派 □ **replacement** 名 後任者；交換 (品) 類 □ **substitute** 他 代用する

The boss **instructed** me to bring the client to a nearby café.

nearby =「近くの」

上司は私に、顧客を近くのカフェに連れて行くよう指示した。

Sara **described** the product in detail to the client.

サラは顧客に、その製品を詳しく説明した。

The CEO **blamed** the economic downturn for falling sales.

downturn =「沈滞；低迷」

CEO は売り上げ減を経済の沈滞のせいにした。

We sincerely **apologize** for any inconvenience that you have experienced.

お客様が経験したご不便について深くお詫びいたします。

Let's **celebrate** our success and proud achievements together.

achievement =「成果」

私たちの成功と誇らしい成果を一緒にお祝いしましょう。

Venice has **hosted** an international art exhibition biennially.

biennially =「2年に一度」

ベネチアは2年に一度、国際美術展を開催してきた。

The supermarket **places** a job ad in local papers and online.

そのスーパーは求人広告を地元紙とネット上に掲載している。

I was asked to **replace** Ms. Moss as host of the annual event.

私は年次イベントのホストを、モスさんから引き継ぐよう求められた。

81	**propose** [prəpóuz]	他 提案する 派 □ **proposal** 名 提案；プロポーズ 類 □ **put forward** ～を提案する
82	**insist** [insíst]　(用法注意)	他 自 強く主張する；～だと断言する ① 主張・要求を表す動詞が **that** 節を導くときは、節内の動詞が原形(仮定法現在)になる点に注意。 派 □ **insistent** 形 譲らない
83	**conclude** [kənklú:d]	他 結論を出す；終える ① **conclude (that)** ～ (～するという結論を出す) 派 □ **conclusion** 名 結論；結語
84	**convince** [kənvíns]　(用法注意)	他 納得させる；説得して～させる ① **convince A of B** (AにBを納得させる) 　**convince A to do** (Aを説得して～させる) 派 □ **convincing** 形 説得力のある
85	**persuade** [pərswéid]	他 説得する ① **persuade A to do [into doing]** (Aを説得して～させる)
86	**determine** [ditə́:rmin]	他 決定する；決意する 派 □ **determined** 形 決意している 　□ **determination** 名 決定；決意
87	**ensure** [inʃúər]　(超頻出)	他 確実にする；保証する ① **ensure that** ～ (～であることを確実にする) 類 □ **insure** 他 保証する；保険をかける
88	**prove** [prú:v]	自 ～であるとわかる　他 証明する ① **prove to be A** (Aであることがわかる) 派 □ **proof** 名 証拠；証明；校正刷り

The <u>proposed</u> plan will be discussed in the next meeting.

<u>提案されている</u>計画は次の会議で話し合われる。

The manager <u>insisted</u> that the client accept the gift.

マネジャーは顧客に贈答品を受け取ってもらいたいと<u>強く主張した</u>。

The company <u>concluded</u> it would cut labor costs by 20%.

会社は人件費を20%削減するという<u>結論を出した</u>。

We'll need time to <u>convince</u> the boss of our new plan.

私たちの新しい計画について上司を<u>納得させる</u>には時間がかかるだろう。

The president didn't agree, despite our efforts to <u>persuade</u> him.

despite = 「〜にもかかわらず」

私たちが<u>説得しよう</u>としたにもかかわらず、社長は同意しなかった。

The management committee <u>determines</u> departmental policy.

departmental = 「部門の」

経営委員会が部門の方針を<u>決定する</u>。

The company's careful preparations <u>ensured</u> its success.

その会社の周到な準備が成功を<u>確実なものにした</u>。

The two-month sales campaign <u>proved to be</u> a failure.

2カ月間の販売キャンペーンは失敗である<u>ことがわかった</u>。

89	**observe** [əbzə́:rv] (多義語)	他 遵守する；観察する；祝う；気づく ① 多義語で、さまざまな意味があることに注意。
90	**infer** [infə́:r]	他 推測する ① 既知の情報などから「推測する」こと。 類 □ **deduce** 他 推論する
91	**analyze** [ǽnəlàiz]	他 分析する 派 □ **analysis** 名 分析 　□ **analyst** 名 分析官；アナリスト
92	**examine** [igzǽmin]	他 調査する；検討する 派 □ **examination** 名 調査；試験 　□ **examinee** 名 受験者
93	**feature** [fí:tʃər] (超頻出)	他 特徴とする　名 特徴 ① feature fireworks（花火を呼び物にする） 　feature a famous actress（有名な女優を起用する）
94	**range** [réindʒ] (用法注意)	自 及ぶ　名 範囲 ① range from A to B（AからBに及ぶ）の形で Part 5 に出る。
95	**acquire** [əkwáiər]	他 獲得する；身につける ① acquire knowledge（知識を身につける） 派 □ **acquired** 形 後天的な
96	**quote** [kwóut]	他 引用する；示す ① 名詞で「見積（書）」の意味で使う。 派 □ **quotation** 名 引用；見積（書） 類 □ **cite** 他 例証する；引用する

Workers must <u>observe</u> safety guidelines in the factory.

guideline =「指針；ガイドライン」

労働者は工場の安全指針を<u>遵守</u>しなければならない。

From the survey, we can <u>infer</u> that our marketing was ineffective.

調査からは、私たちの販促活動が効果的でなかったことが<u>推測</u>できる。

All sales figures must be <u>analyzed</u> before the board meeting.

figure =「数字」

売り上げ数字のすべては役員会議の前に<u>分析さ</u>れなければならない。

Researchers are now <u>examining</u> the survey results in detail.

researcher =「調査担当者」

調査担当者たちは今、調査結果を細かく<u>検討し</u>ている。

The new smartphone <u>features</u> a high-end triple camera.

high-end =「高品質の」

その新しいスマートフォンは高品質のトリプルカメラを<u>搭載</u>している。

The monthly rent for the apartment <u>ranges from</u> 900 <u>to</u> 2,000 euros.

rent =「家賃」

そのマンションの家賃は900ユーロ<u>から</u>2000ユーロ<u>まで</u>幅がある。

The company <u>acquired</u> a local retailer to expand into the country.

retailer =「小売業者」

その会社はその国に進出するために地元の小売業者を<u>獲得</u>した。

The author began his speech by <u>quoting</u> a famous historian.

その作家は有名な歴史家を<u>引用して</u>スピーチを始めた。

41

97	**conduct** [kəndʌ́kt] 超頻出	他 実施する；運営する 名 [kándʌkt] 行為；運営 派 □ **conductor** 名 指揮者；(バスなどの) 車掌
98	**achieve** [ətʃíːv] 類語重要	他 達成する；獲得する 派 □ **achievement** 名 達成；獲得 類 □ **accomplish** 他 達成する 　□ **attain** 他 達成する；獲得する
99	**fulfill** [fulfíl]	他 (義務を) 果たす；実行する ① fulfill a promise (約束を果たす) 派 □ **fulfillment** 名 実行；履行
100	**recognize** [rékəgnàiz] 超頻出	他 認める；認識する 派 □ **recognized** 形 公認の 類 □ **distinguish** 他 識別する；認める
101	**admire** [ədmáiər]	他 称賛する；賛美する 派 □ **admirer** 名 崇拝者；ファン 類 □ **respect** 他 尊敬する 　□ **esteem** 他 尊敬する
102	**attract** [ətrǽkt]	他 引きつける 類 □ **fascinate** 他 魅了する 　□ **enchant** 他 魅了する
103	**realize** [ríːəlàiz]	他 実現する；理解する ① realize a dream (夢を実現する) 　realize a risk (リスクを認識する) 派 □ **realization** 名 実現；認識
104	**acknowledge** [əknálidʒ] 超頻出	他 認める；評価する 派 □ **acknowledged** 形 広く認められた

It was decided that our team would conduct the series of surveys.

私たちのチームが一連の調査を実施することが決定された。

Our company achieved a record amount of sales last quarter.

当社は前四半期、過去最高の売り上げを達成した。

The CEO fulfilled his promise to cut operating costs by 15%.

operating costs =「営業経費」

CEOは営業経費を15%削減するという約束を果たした。

Tim got a promotion because his hard work was recognized.

ティムはハードワークが認められて昇格した。

Workers who provide essential services such as nursing care should be admired.

essential =「基本的な」

介護のような基本的なサービスを提供する労働者は称賛されるべきだ。

The forest park attracts a lot of hikers and trekkers from around the country.

その森林公園は全国からたくさんのハイカーやトレッカーを呼び寄せている。

Dave finally realized his lifelong ambition to become a chef.

ambition =「念願；野望」

デイブはシェフになるという生涯の念願をついに実現した。

"Death in Vienna" is acknowledged as the author's best mystery.

『ウイーンに死す』は、その作家の最高のミステリーだと認められている。

43

105	**guarantee** [gæ̀rəntí:] 超頻出	他 保証する 名 保証 類 □ **warrant** 他 保証する □ **pledge** 他 誓約する
106	**expire** [ikspáiər] 超頻出	自 有効期限が切れる；失効する 派 □ **expiration** 名 期限切れ 類 □ **terminate** 自 終了する 他 終結させる □ **lapse** 自 失効する；(時が) 経過する
107	**mention** [ménʃən]	他 言及する；～について述べる 類 □ **utter** 他 口に出す □ **remark** 他 (感想などを) 述べる
108	**inspect** [inspékt] 超頻出	他 検査する；視察する 派 □ **inspection** 名 検査；視察
109	**protect** [prətékt]	他 保護する 派 □ **protection** 名 保護 類 □ **safeguard** 他 保護する
110	**preserve** [prizə́:rv]	他 保存する；保護する 派 □ **preservation** 名 保存；保護 類 □ **conserve** 他 保全する
111	**disturb** [distə́:rb]	他 さまたげる；邪魔をする 派 □ **disturbance** 名 邪魔；障害 類 □ **interrupt** 他 中断させる □ **hinder** 他 さまたげる
112	**decline** [dikláin] 類語重要	他 断る；辞退する 自 減少する 類 □ **refuse** 他 断る □ **reject** 他 拒否する □ **turn down** (提案など) を却下する

The president <u>guaranteed</u> wage increases in his video message.

wage increases =「賃上げ」

社長はビデオメッセージで賃上げを<u>保証した</u>。

After Mr. Robinson's contract <u>expired</u>, he looked for a new job.

ロビンソンさんは契約が失効した後、新しい仕事を探した。

The president did not <u>mention</u> his retirement plans during his speech.

社長はスピーチの中では自分の退職計画に<u>言及</u>しなかった。

The health department <u>inspected</u> our restaurant kitchen without prior notice.

prior notice =「事前通告」

保健局は、事前通告なしで私たちのレストランの厨房を<u>調査した</u>。

We need to come up with measures to <u>protect</u> our intellectual property.

intellectual property =「知的財産」

私たちは知的財産を<u>保護する</u>ための方策を考え出す必要がある。

Big business must also do its part to <u>preserve</u> natural resources.

natural resources =「天然資源」

大企業も天然資源を<u>保護する</u>ことに貢献しなければならない。

The secretary's work was <u>disturbed</u> by constant phone calls.

その秘書の仕事は絶え間ない電話によって<u>さまたげられた</u>。

Janet politely <u>declined</u> my offer to help her move.

引っ越しを手伝おうという私の申し出をジャネットは丁重に<u>断った</u>。

113	**affect** [əfékt]	他 影響を与える 派 □ **affection** 名 愛情

114	**avoid** [əvɔ́id]	他 避ける；差し控える ① **avoid doing**（〜することを避ける）。不定詞は続けられない。 類 □ **evade** 他 逃れる；回避する

115	**miss** [mís]　　(用法注意)	他 逃す；〜がいなくて残念だ ① **miss a deadline**（納期に遅れる） **miss a target**（目標を逸する） **I'll miss you.**（あなたがいなくなると寂しい）

116	**prevent** [privént]　　(用法注意)	他 さまたげる；防止する ① **prevent A from doing**（Aが〜するのをさまたげる） 類 □ **obstruct** 他 さまたげる 　 □ **hamper** 他 邪魔をする

117	**prohibit** [prouhíbət]	他 禁止する；さまたげる ① **prohibit A from doing**（Aが〜するのを禁止する） 類 □ **inhibit** 他 抑制する；禁じる 　 □ **ban** 他 禁止する

118	**undergo** [ʌ̀ndərgóu]	他 経験する；耐える ① **under-**（下を）＋ **go**（行く）＝ **undergo**（経験する；耐える） 類 □ **go through** 〜を経験する

119	**renovate** [rénəvèit]　　(超頻出)	他 改装する；刷新する ① 日本語の「リフォームする」に相当する。 類 □ **refurbish** 他 改装する；練り直す 　 □ **remodel** 他 改装する

120	**thrive** [θráiv]	自 繁栄する；成功する 類 □ **prosper** 自 繁栄する 　 □ **flourish** 自 繁栄する

Inflation affects the buying power of the dollar.

インフレはドルの購買力に影響を与える。

You can avoid eye strain and stress by taking a break every hour.

1時間毎に休憩をとることによって目の疲労とストレスを避けることができる。

Jason almost missed the project deadline, since he fell behind.

fall behind = 「遅れる」

ジェイソンは進行が遅れていたので、あやうくプロジェクトの納期を守れないところだった。

Bad weather prevented us from going on the company picnic.

悪天候のせいで、私たちは会社のピクニックに行けなかった。

Visitors are prohibited from using flash photography inside the cathedral.

cathedral = 「大聖堂」

訪問者は大聖堂内でフラッシュを使うことが禁止されています。

Many companies are undergoing great hardships in these difficult economic times.

hardship = 「苦難」

この経済状況が厳しい時期に、多くの会社は大きな苦難を経験している。

The office has been more comfortable ever since it was renovated.

オフィスは改装されてから、いっそう快適になった。

The economy began thriving only after going through a long period of negative performance.

経済は、長いマイナス成長を経験した後ようやく活況を呈し始めた。

121	**cater** [kéitər]　超頻出	自 要求を満たす (to)；料理をまかなう (for) ① cater to demands (要望を満たす) 　cater for a party (パーティーの仕出しをする)
122	**raise** [réiz]　用法注意	他 (お金を) 集める；上げる ① 名詞で「昇給」の意味がある。 　raise a capital (資本を調達する) 　raise a hand (手を挙げる)
123	**deserve** [dizə́:rv]	他 ～に値する 類 □ be worthy of　～に値する
124	**accommodate** [əkámədèit]　超頻出	他 (建物などが人を) 収容する；便宜を図る ① accommodate customer needs (顧客の 　ニーズに応える) 派 □ accommodation　名 宿泊施設
125	**perform** [pərfɔ́:rm]	他 実行する　他 自 演奏する ① perform a duty (仕事を実行する) 　perform live (ライブ演奏する) 派 □ performance　名 実行；上演
126	**proceed** [prəsí:d]　用法注意	自 進行する ① proceed with A (Aを進行する) 類 □ go ahead　先へ進む 　□ advance　自 前進する
127	**process** [práses]	他 処理する；加工する　名 過程 ① process food (食品を加工する)
128	**comprehend** [kàmprihénd]	他 理解する；含む 類 □ grasp　他 理解する；つかむ

Our clothing caters mainly to athletes and sports lovers.

私たちの服は主にアスリートとスポーツ愛好家を対象にしています。

Help us raise funds for the needy children in our community.

needy = 「恵まれない」

私たちのコミュニティの恵まれない子供たちのための資金集めにご協力ください。

George has been working hard for years, so he deserves a promotion.

ジョージは何年も懸命に働いてきたので、昇格に値する。

The largest banquet room of our hotel can accommodate 500 guests.

banquet room = 「宴会場」

私どものホテルの最大の宴会場は500人のお客様を収容できます。

It is essential that all employees perform their contractual obligations.

contractual obligations = 「契約義務」

全社員が契約義務を実行することが不可欠だ。

After the fire in the building, business proceeded as usual.

そのビルで火災が発生した後も、業務は通常通り進行した。

Usually, it takes two weeks for your application to be processed.

通常、あなたの申請書が処理されるのに2週間かかります。

It took me a while to comprehend what the boss meant.

上司が言わんとすることを理解するのにしばらく時間がかかった。

129	**grant** [grǽnt] 超頻出	他 認める；与える　名 助成金
		① grant a visa (ビザを発給する)
		grant permission (許可を与える)

130	**certify** [sə́:rtifài]	他 認定する；証明する
		① certified public accountant (CPA) は「公認会計士」のこと。
		派 □ **certified** 形 認定された

| 131 | **verify** [vérifài] 超頻出 | 他 証明する；確かめる |
| | | 派 □ **verification** 名 証明；検証 |

132	**evaluate** [ivǽljuèit] 超頻出	他 評価する；査定する
		① evaluate a value (価値を評価する)
		evaluate employees (従業員を査定する)
		派 □ **evaluation** 名 評価；査定

133	**assess** [əsés]	他 評価する；査定する
		派 □ **assessment** 名 評価；査定
		類 □ **appraise** 他 鑑定する；評価する

| 134 | **demonstrate** [démənstrèit] | 他 実演して説明する |
| | | 派 □ **demonstration** 名 実物での説明；実演販売 |

135	**collaborate** [kəlǽbərèit]	自 協力する；共同作業を行う
		① collaborate with A (Aと共同作業をする)
		派 □ **collaboration** 名 共同作業
		類 □ **cooperate** 自 協力する

| 136 | **specialize** [spéʃəlàiz] | 自 専門にする (in) |
| | | 類 □ **major** 自 専攻する (in) |

動詞730点レベル

The city granted us permission to develop the old station area.

permission =「許可」

市役所は我々に、駅の跡地を開発する許可を与えた。

The financial results were certified by the auditors.

auditor =「監査人」

財務結果は監査担当者に認定された。

Please verify that the plan will be completed by the deadline.

その計画が納期までに完了することを確認してください。

One of challenges for managers is to evaluate employees fairly.

管理職にとっての重責の一つは従業員を公平に査定することだ。

The city officials were asked to assess the damage caused by the earthquake.

市職員は地震がもたらした被害を評価するよう求められた。

We plan to demonstrate our new printer at several electronics stores.

私たちは新しいプリンターをいくつかの電器店で実演する予定です。

The rival firms decided to collaborate in order to increase business.

それら競合会社は事業を拡大するため協力することを決定した。

Our company specializes in making industrial robots.

当社は産業用ロボットの製造に特化している。

137		
	predict [pridíkt]	他 予測する 派 □ **prediction** 名 予測 類 □ **forecast** 他 予報する

138		
	emphasize [émfəsàiz]	他 強調する；重視する 派 □ **emphasis** 名 強調；重視 類 □ **stress** 他 強調する □ **underscore** 他 強調する

139		
	perceive [pərsí:v]	他 認知する；理解する 派 □ **perception** 名 認知；理解 類 □ **discern** 他 認める；理解する

140		
	settle [sétl] (多義語)	他 解決する 自 居 [宿] を定める ① settle a problem (問題を解決する) settle in Paris (パリに定住する) 派 □ **settlement** 名 和解；定住

141		
	exceed [iksí:d]	他 上回る；超える 類 □ **surpass** 他 まさる □ **top** 他 上回る；超える □ **excel** 自 優れている

142		
	extend [eksténd] (派生語重要)	他 延長する；拡大する 派 □ **extension** 名 延長；(電話の) 内線 □ **extensive** 形 広範囲の 類 □ **prolong** 他 延長する；引き延ばす

143		
	inspire [inspáiər]	他 鼓舞する；喚起する 派 □ **inspiration** 名 ひらめき 類 □ **motivate** 他 駆り立てる

144		
	supervise [sú:pərvàiz]	他 管理する 派 □ **supervisor** 名 管理者 類 □ **oversee** 他 監督する

Analysts predict gold prices will continue going up for the time being.

for the time being =「しばらくの間」

アナリストは金の価格はしばらく上昇し続けると予測している。

The CEO emphasized the positive aspects of the merger.

merger =「合併」

CEOは合併の明るい側面を強調した。

Chris Norman is widely perceived as the next CEO of Alpha Corporation.

クリス・ノーマンは、アルファ・コーポレーションの次期CEOとして広く認知されている。

The patent dispute between the two companies was settled out of court.

patent =「特許」 court =「裁判所」

両社の特許紛争は法廷外で解決された。

The profits from the sale exceeded our expectations.

そのセールの利益は我々の予測を上回った。

I'd like to extend my stay until 6 P.M. as I have an evening flight.

夜のフライトなので、滞在を午後6時まで延長したいのですが。

He inspired many young people to start their business.

彼は、自分のビジネスを始めるようにと多くの若者を鼓舞した。

Who is in charge of supervising the project?

このプロジェクトの統括を担当しているのはだれですか。

145	**remove** [rimúːv] 超頻出	他 取り除く；撤去する ① remove A from B（AをBから取り除く） 派 □ **removal** 名 除去；撤去
146	**restrict** [ristríkt] 類語重要	他 制限する；制約する 類 □ **confine** 他 限定する 　□ **limit** 他 制限する 　□ **curb** 他 抑制する
147	**originate** [ərídʒənèit] 用法注意	自 始まる；原産である　他 発明する ① originate from A（Aの原産である） 　originate an idea（アイデアを考え出す）
148	**withdraw** [wiðdrɔ́ː] 多義語	他 撤回する；撤退する；(預金などを)引き出す 派 □ **withdrawal** 名 撤回；撤退； 　　　　　　　　　　　(預金などの)引き出し 類 □ **extract** 他 取り除く；引き出す
149	**recover** [rikávər]	自 回復する (from)　他 取り戻す 派 □ **recovery** 名 回復 類 □ **recuperate** 自 回復する
150	**outline** [áutlàin]	他 概略を述べる　名 概略 ① 動詞としてよく使うので注意。
151	**overcome** [òuvərkám]	他 克服する 類 □ **defeat** 他 打ち負かす 　□ **conquer** 他 克服する；征服する
152	**accuse** [əkjúːz] 用法注意	他 非難する ① accuse A of B（AをBという理由で非難する） 類 □ **condemn** 他 非難する

Please <u>remove</u> all exhibits and materials from your booth before 8 o'clock.

8時までに、御社のブースからすべての展示品と素材を<u>撤去</u>してください。

Question and answer sessions are <u>restricted</u> to 20 minutes.

質疑応答は20分に<u>制限</u>されています。

The technology <u>originating</u> from Japan was commoditized in the US.

commoditize =「商品化する」

その日本<u>生まれ</u>の技術はアメリカで商品化された。

Chloe <u>withdrew</u> her application for employment with the trading company.

クロエはその商社の仕事への応募を<u>撤回</u>した。

Roy has completely <u>recovered from</u> the injuries he received in the accident.

ロイはその事故で被った怪我<u>から</u>完全に<u>回復</u>した。

The new president <u>outlined</u> a plan to cut down on costs.

新しい社長はコストを削減する計画の<u>概略</u>を説明した。

She <u>overcame</u> her shyness to become a good speaker.

彼女は内気さを<u>克服</u>して、話し上手になった。

The mayor was <u>accused</u> of delaying a decision on the construction.

市長は建設工事の決定を遅らせたとして<u>非難</u>された。

153	**reimburse** [rì:imbə́:rs]　超頻出	他 払い戻す；返金する ① 日常的には、立て替えた経費を会社に払い戻して (出金して) もらうときに使う。 派 □ **reimbursement** 名 払い戻し；返金
154	**stack** [stǽk]　Part1頻出	他 積み重ねる ① stack は「きちんと積み重ねる」、pile は単に「積み重ねる」のニュアンス。 類 □ **pile** 他 積み重ねる
155	**facilitate** [fəsílətèit]　超頻出	他 促進する；司会をする ① facilitate growth (成長を促進する) 　facilitate a meeting (会議の司会をする) 派 □ **facilitator** 名 促進する人・もの；司会者
156	**compile** [kəmpáil]	他 (情報などを) 取りまとめる 類 □ **assemble** 他 集める 　□ **put together** ～をまとめる；～を組み立てる
157	**browse** [bráuz]	他 自 (店などで) 見て回る；拾い読みする 類 □ **look around** ～を見て回る 　□ **scan** 他 ざっと見る
158	**secure** [sikjúər]	他 確保する；守る　形 安全な ① 形容詞だけでなく、動詞としてもよく使う。 派 □ **security** 名 安全；備え
159	**obtain** [əbtéin]	他 取得する；獲得する 類 □ **acquire** 他 獲得する 　□ **gain** 他 勝ち取る；獲得する
160	**cast** [kǽst]　Part1頻出	他 投げかける ① cast a shadow (影を投げかける) で Part 1 に出る。抽象的に「影を落とす」の意味でも使える。 　cast a light なら「光 [光明] を投げかける」。

Sam asked his company to reimburse him for travel expenses.

travel expenses = 「交通費」

サムは会社に交通費を払い戻してくれるよう依頼した。

The workers stacked products on the warehouse shelves.

warehouse = 「倉庫」

作業員たちは倉庫の棚に製品を積み重ねた。

The company facilitated cooperation among its branches through regular meetings.

その会社は、定例会議を通して支店間の協調を促進した。

I've compiled data that might be helpful to you.

あなたの役に立つかもしれないデータを取りまとめました。

Elaine browsed the items in several fashion stores.

エレーヌはいくつかの洋品店で商品を見て回った。

I've secured Meeting Room C for our brainstorming session.

brainstorming session = 「ブレスト会議；アイデア会議」

ブレスト会議のために会議室Cを確保しています。

Mr. Kim must obtain a visa before coming to work at our company.

キムさんは私たちの会社に働きに来る前にビザを取得しなければならない。

The palm trees are casting shadows on the boulevard.

boulevard = 「大通り」

椰子の木が大通りに影を落としている。

57

161 ☐ ☐	**illustrate** [íləstrèit]	他 例解する；説明する ① 例や図表などを用いて「具体的に説明する」こと。 類 ☐ **exemplify** 他 例証する
162 ☐ ☐	**clarify** [klǽrəfài]	他 明らかにする 派 ☐ **clarity** 名 明快さ 類 ☐ **make clear** 明らかにする
163 ☐ ☐	**modify** [mádifài]	他 （部分的に）変更する；修正する 類 ☐ **revise** 他 改める；改訂する
164 ☐ ☐	**allot** [əlát]	他 割り当てる；分配する ① **allot a budget**（予算を配分する）
165 ☐ ☐	**assume** [əsjúːm]	他 想定する；仮定する；引き受ける ① **Assuming (that)** 節（～と仮定すれば）で条件 節をつくれる。 派 ☐ **assumption** 名 仮定；前提
166 ☐ ☐	**owe** [óu]　　(用法注意)	他 借りがある；義務を負っている ① 〈owe A for B〉 = 〈owe A B〉 = 〈owe B to A〉（A [人など] にB [お金など] の借りがある）。
167 ☐ ☐	**investigate** [invéstigèit]	他 調査する；捜査する 派 ☐ **investigation** 名 調査；捜査 　　☐ **investigator** 名 調査官；捜査官
168 ☐ ☐	**anticipate** [æntísipèit]	他 期待する；予想する 類 ☐ **foresee** 他 予測する 　　☐ **await** 他 待ち受ける

Rita used historical quotes to <u>illustrate</u> her seminar points.

quote =「引用（句）」

リタは、セミナーの要点を説明するのに歴史的な引用句を使った。

Pam <u>clarified</u> her plans for the building project during the meeting.

パムは会議の中でその建設プロジェクトの計画を明らかにした。

It is necessary to <u>modify</u> the plan so that all parties agree.

すべての当事者が合意できるように、計画に変更を加えることが必要だ。

The moderator <u>allotted</u> 30 minutes to each speaker at the conference.

moderator =「司会者」

司会者は会議でそれぞれのスピーカーに30分を割り当てた。

Economists are <u>assuming</u> that inflation will rise over the next quarter.

エコノミストは次の四半期にはインフレが高まると想定している。

We <u>owe</u> the maintenance company for services rendered.

render =「提供する」

我々は保守管理会社に提供されたサービスの代金を支払う必要がある。

Engineers are now <u>investigating</u> the cause of the system shutdown.

cause =「原因」

エンジニアたちが今、システム停止の原因を調査している。

The shop owner hadn't <u>anticipated</u> a crowd of people on opening day.

店長は開店日にたくさんの人が来ることを期待していなかった。

169	**assure** [əʃúər]	他 保証する；確約する 派 □ **assurance** 名 保証；確約 　 □ **assuredly** 副 確かに
170	**comprise** [kəmpráiz] (用法注意)	他 構成する；含む ① **be comprised of A** (Aで構成される) 類 □ **contain** 他 含む；収容する 　 □ **involve** 他 含む；関与させる
171	**constitute** [kánstətjùːt]	他 構成する；設置する 派 □ **constitution** 名 構成；憲法 類 □ **compose** 他 構成する；創作する
172	**institute** [ínstitjùːt]	他 設ける　名 協会；研究機関 派 □ **institution** 名 機関；制度
173	**establish** [istǽbliʃ]	他 確立する；設立する 類 □ **form** 他 作り出す；築く
174	**invent** [invént]	他 発明する；つくる ① **invent a telephone** (電話を発明する) 派 □ **inventor** 名 発明家
175	**vary** [véəri] (用法注意)	自 変わる；異なる ① **vary from A to B** (AからBまでさまざまだ) 派 □ **various** 形 さまざまな 　 □ **varied** 形 さまざまな
176	**alter** [ɔ́ːltər]	他 変える 派 □ **alteration** 名 変更；寸法直し 　 □ **alternate** 形 代替の　自 交替する

The station manager <u>assured</u> us that the train would be on time.	駅長は列車が予定通り運行することを私たちに<u>保証した</u>。
The museum is <u>comprised</u> of the main building and two wings.	その博物館は本館と2棟の翼館で<u>構成されて</u>いる。
Employees from eight different countries <u>constitute</u> the research and development team. research and development =「研究開発」	8つの異なった国の社員が、研究開発チームを<u>構成する</u>。
The company will <u>institute</u> a new rule that will let more employees work from home.	会社はさらに多くの従業員が在宅勤務できる新しい規則を<u>設ける</u>。
Our goal is to <u>establish</u> a foothold in North America. foothold =「足がかり；基礎」	我々の目標は北米に足がかりを<u>築く</u>ことだ。
Yearly returns of over 10% have been <u>invented</u>.	10%以上の年間配当が<u>実現されて</u>いる。
Temperatures here <u>vary</u> greatly in this season.	ここでは、この季節には気温が大きく<u>変化する</u>。
The appearance of the entrance was <u>altered</u> completely. appearance =「外観」	エントランスの外観はすっかり<u>変えられた</u>。

177	**occur** [əkə́:r]	自 起こる；(考えが) 浮かぶ 類 □ **take place** 起こる；行われる 　□ **arise** 自 発生する 関 □ **recur** 自 繰り返し起こる
178	**suspend** [səspénd] 超頻出	他 一時的に停止する；保留にする 派 □ **suspension** 名 一時的な停止 類 □ **halt** 他 停止させる
179	**retain** [ritéin]	他 保持する；(人を) 雇っておく ① **retain a client** (顧客をつなぎ留める) 　**retain popularity** (人気を保つ) 派 □ **retention** 名 保持；保有
180	**pursue** [pərsjú:]	他 追求する；〜の後を追う ① **pursue a career** (キャリアを積む) 　**pursue a goal** (目標を追求する) 派 □ **pursuit** 名 追求
181	**enable** [inéibl] 用法注意	他 可能にする ① **en-** (〜する) **+ able** (できる) **= enable** (可能にする) 　**enable A to do** (Aが〜するのを可能にする)
182	**allocate** [æləkèit]	他 割り当てる ① **allocate funds** (資金を配分する)
183	**transfer** [trǽnsfè:r | ⁻ ⁻] 超頻出	他 転勤させる；送金する ① 自動詞でも「転勤する」「(電車などを) 乗り換える」の意味で使える。
184	**yield** [jí:ld]	他 もたらす；産出する ① 名詞で「収穫高」「利回り」の意味がある。

動詞730点レベル

Emergency lights in the building will activate if a power interruption <u>occurs</u>.

power interruption = 「停電」

停電が<u>発生</u>すれば、建物の非常灯が点灯します。

The city <u>suspended</u> its bus service during the typhoon.

市は台風が襲来している間、バスの運行を<u>一時的に停止</u>した。

Anyone who does business should <u>retain</u> a lawyer.

事業をする人はだれもが弁護士を<u>雇って</u>おくべきだ。

I decided to <u>pursue</u> a career in information systems after completing university studies.

私は大学の勉強を終えた後、情報システムの仕事を<u>続けていく</u>決心をした。

The app <u>enables</u> you to learn many languages at your fingertips.

fingertips = 「指先」

このアプリにより、指先の操作で多くの言語を<u>学ぶことができます</u>。

Volunteers are waiting for their jobs to be <u>allocated</u>.

ボランティアたちは彼らの仕事が<u>割り当てられる</u>のを待っている。

He'll be <u>transferred</u> to the Berlin branch.

彼はベルリン支社に<u>転勤</u>になる。

A series of experiments <u>yielded</u> surprising results.

一連の実験は驚くべき結果を<u>もたらした</u>。

185	**solicit** [səlísit]	他 懇願する；要請する 類 □ **plead** 他 懇願する 　□ **petition** 他 嘆願する
186	**impose** [impóuz]	他 (税金・義務などを) 課す ① **impose A on B** (AをBに課す) 類 □ **levy** 他 課す
187	**resume** [rizjú:m]　超頻出	他 再開する；取り戻す　自 再び始まる 派 □ **resumption** 名 再開；回復 類 □ **restart** 他自 再開する 　□ **renew** 他 更新する；再開する
188	**emerge** [imə́:rdʒ]	自 現れる；明らかになる 派 □ **emerging** 形 新興の 類 □ **appear** 自 姿を現す；発生する 　□ **come out** 出てくる；明らかになる
189	**generate** [dʒénərèit]	他 生み出す；引き起こす 派 □ **generation** 名 発生；世代 類 □ **produce** 他 生み出す；もたらす
190	**prescribe** [priskráib]	他 処方する；規定する ① **prescribe working hours** (労働時間を規定する) 派 □ **prescription** 名 (薬の) 処方箋；規定
191	**tailor** [téilər]	他 (要望に) 合わせてつくる； 　(服を) 仕立てる 類 □ **customize** 他 注文通りにつくる
192	**convert** [kənvə́:rt]	他 改築する；転換する；両替する ① **convert A into B** (AをBに転換する) 派 □ **conversion** 名 転換；改築

The NPO is soliciting donations to raise and train guide dogs.

guide dog =「盲導犬」

そのNPOは、盲導犬を育成・教育するための寄付を求めている。

The government imposed a new tax on goods and services.

政府は物品とサービスに新しい税金を課した。

Assembly line 7 resumed operating in the display factory, after some repairs.

assembly line =「組み立てライン」

修理を施した後、ディスプレイ工場の組み立てライン7番は操業を再開した。

The company has emerged as our strongest competitor in computer games.

その会社はコンピュータゲーム業界で我々の最強のライバルとして現れた。

The incoming company will generate jobs and growth in the city.

進出してくるその会社は市に雇用と成長を生み出すだろう。

The doctor prescribed me medication for high blood pressure.

医者は私に高血圧の薬を処方した。

The IT company tailors its solutions to specific company requirements.

そのIT企業は、個別の会社のニーズに合わせて解決策をつくりあげる。

The old city hall will be converted into a historical museum.

city hall =「市役所」

古い市役所は歴史博物館に改築される予定だ。

193	**surround** [səráund]	他 囲む；包囲する
		① be surrounded by A (Aに囲まれている) の受け身の用法に注意。
		派 □ **surroundings** 名 (複数で) 環境；周囲の状況

194	**reflect** [riflékt] 派生語重要	他 反映する；熟考する
		① 名詞の reflection (反映) は Part 1 に出る。
		派 □ **reflection** 名 反映；熟考
		類 □ **contemplate** 他 熟考する

195	**persist** [pərsíst]	自 こだわる (in)；続く
		派 □ **persistent** 形 持続的な；ねばり強い
		類 □ **persevere** 自 根気よくやり通す

196	**explore** [ikspló:r]	他 探索する；探検する
		派 □ **exploration** 名 探索；探検
		類 □ **probe** 自 他 精査する

197	**retrieve** [ritrí:v]	他 回収する；検索する
		派 □ **retrieval** 名 回収；検索

198	**interact** [ìntərǽkt]	自 交流する (with)
		派 □ **interactive** 形 双方向の
		類 □ **socialize** 自 交際する

199	**accompany** [əkʌmpəni]	他 同行する；付属する
		① an accompanying manual (付属のマニュアル)
		類 □ **go with** ～に同行する；～と組になる

200	**disregard** [dìsrigá:rd]	他 無視する
		① dis- (否定辞) + regard (注視する) = disregard (無視する)
		類 □ **ignore** 他 無視する

The fountain is surrounded by a flower bed with seasonal flowers.

flower bed = 「花壇」

その噴水は季節の花が咲く花壇に囲まれている。

Olivia's fine work reflects her intelligence.

intelligence = 「知性」

オリビアの見事な仕事ぶりは彼女の知性を反映している。

The president persists in his plan to move the headquarters to the city center.

headquarters = 「本社」

社長は本社を都心部に移転させる計画にこだわっている。

The scientists plan to explore every possibility of life on Mars.

科学者たちは火星上の生命のあらゆる可能性を探索する計画だ。

Matthew discarded the file and couldn't retrieve it.

discard = 「捨てる」

マシューはファイルを捨ててしまい、それを回収することができなかった。

Robert was told that he should interact more with his colleagues.

ロバートは同僚たちともっと交流するべきだと言われた。

My boss will accompany me to the client's office.

クライアントのオフィスには上司が同行してくれます。

Please disregard this message if you have already submitted the report.

もしすでに報告書を提出済みでしたら、このメッセージは無視してください。

201	**authorize** [ɔ́:θəràiz] 超頻出	他 許可する；権限を与える ① be authorized to do (〜する許可を受けている) 　an authorized dealer (正規販売店) 派 □ **authority** 名 権威；(関係) 当局
202	**endorse** [indɔ́:rs]	他 承認する；推奨する ① 広告などで有名人が商品を「推奨する」の意味 　でも使う。 派 □ **endorsement** 名 承認；推奨
203	**implement** [ímplimènt] 超頻出	他 実行する；履行する ① implement a policy (方針を実行する) 　implement a reform (改革を実行する) 派 □ **implementation** 名 実行；履行
204	**merge** [mə́:rdʒ]	自 合併する・融合する (with) 派 □ **merger** 名 合併 類 □ **affiliate** 自 提携する 他 提携させる
205	**seal** [sí:l]	他 調印する；封印する ① seal a deal (取引をまとめる) 　seal an envelope (封筒を封印する) 類 □ **finalize** 他 最終決定する
206	**conform** [kənfɔ́:rm] 超頻出	自 (規則・法律などに) 従う (to) ① conform to a rule (規則に従う) 類 □ **abide by** (法律など) を遵守する
207	**classify** [klǽsifài]	他 分類する；機密扱いする ① classified information (機密情報) 派 □ **classy** 形 高級な；おしゃれな 類 □ **categorize** 他 分類する
208	**deduct** [didʌ́kt]	他 差し引く；控除する ① deduct A from B (AをBから差し引く) 派 □ **deductible** 形 控除できる 類 □ **subtract** 他 引く；差し引く

We are sorry, but you aren't <u>authorized</u> to access our web site.

申し訳ございませんが、あなたは当社のウェブサイトへのアクセスが<u>許可</u><u>されて</u>いません。

A plan to develop a new material has been <u>endorsed</u> by the board of directors.

新素材を開発する計画は取締役会により<u>承認</u><u>されて</u>いる。

Our company gives awards for ideas that are <u>implemented</u>.

award =「賞」

私たちの会社は、<u>実行に移される</u>アイデアには賞を出す。

The carmaker <u>merged with</u> its competitor after months of negotiations.

その自動車メーカーは何カ月もの交渉の末、競合会社<u>と合併した</u>。

We finally <u>sealed</u> a deal with the city government.

我々はついに市政府との契約に<u>調印した</u>。

Most of the staff found it difficult to <u>conform</u> to the company's policy.

社員の多くは会社の方針に<u>従う</u>のが難しいことに気づいた。

The secretary <u>classified</u> the documents by level of importance.

秘書は書類を重要度に応じて<u>分類した</u>。

I don't think we can <u>deduct</u> the cost of this cruise as a business expense.

このクルーズを仕事の経費として<u>落とす</u>ことはできないと思うよ。

209	**detect** [ditékt]	他 検知する；発見する 派 □ **detector** 名 検出器 □ **detective** 名 探偵

210	**assert** [əsə́ːrt]	他 主張する；断言する 派 □ **assertive** 形 自己主張する 類 □ **claim** 他 主張する；要求する

211	**attribute** [ətríbjət]　(用法注意)	他 〜のせいにする；帰する ① **attribute A to B**（AをBのせいにする）の形に注意。**ascribe** も同じ形がとれる。 類 □ **ascribe** 他 〜のせいにする；帰する

212	**eliminate** [ilímineit]	他 排除する；除く 派 □ **elimination** 名 排除；予選

213	**weigh** [wéi]	他 検討する　自 重要である ① **weight**（重さ）の動詞で、他動詞で「重さを量る」→「検討する」の意味で使う。自動詞だと「重さがある」→「重要である」。

214	**exhaust** [igzɔ́ːst]	他 使い果たす；疲れ果てさせる 類 □ **consume** 他 消費する □ **expend** 他 費やす □ **deplete** 他 使い果たす

215	**dismiss** [dismís]	他 否定する；解雇する ① **dismiss employees**（社員を解雇する） 派 □ **dismissal** 名 却下；解雇

216	**discontinue** [dìskəntínjuː]　(でる難語)	他 中止する ① **discontinued products**（生産中止の製品）

The software detected a virus in the computer system.

そのソフトウエアはコンピュータ・システムの中にウイルスを検知した。

The oil company asserts that their emissions-reduction goal is achievable.
emissions-reduction =「排出削減」

その石油会社は彼らの排出削減目標は達成可能なものだと主張している。

The staff attributed the failure of the project to a lack of preparation.

スタッフたちはプロジェクトの失敗を準備不足のせいにした。

A fitness center membership eliminates the need to pay daily entrance fees.

フィットネスセンターの会員になれば日ごとの入場料を支払う必要がなくなる。

We should weigh the benefits of the plan against the risks.

私たちは、その計画の利点をリスクと比較して検討すべきだ。

The department exhausted its budget before the end of the month.

その部門は月末前に予算を使い切ってしまった。

The public relations spokesperson dismissed rumors that the company had financial problems.
rumor =「うわさ」

広報担当者は、会社に財務上の問題があるといううわさを否定した。

The factory operations are being discontinued because of the power outage.
power outage =「停電」

工場の操業は、停電によって中断されている。

217	**incur** [inkə́:r]　でる難語	他 負担する；被る ① **incur responsibility** (責任を負う) 　**expenses incurred** (発生した経費)
218	**expedite** [ékspədàit]　でる難語	他 早める；促進する ① **expedite delivery** (配送を早める) 類 □ **accelerate** 他 加速する 　□ **hasten** 他 急がせる
219	**defer** [difə́:r]	他 (予定などを) 延ばす；延期する 類 □ **reschedule** 他 予定を変更する 　□ **shelve** 他 延期する；棚上げする
220	**demolish** [dimáliʃ]　でる難語	他 取り壊す 類 □ **raze** 他 取り壊す 　□ **dismantle** 他 解体する
221	**scatter** [skǽtər]	他 分散させる；ばらまく 類 □ **disperse** 他 分散させる
222	**squeeze** [skwí:z]　用法注意	他 詰め込む；しぼる ① **squeeze A in** (Aのスケジュールを無理矢理入れる) の形に注意。 　**squeeze a lemon** (レモンをしぼる)
223	**boost** [bú:st]	他 増大させる；高める ① 「数量・景気・意欲などを引き上げる」意味で使う。 　**boost sales** (売り上げを伸ばす) 　**boost confidence** (自信を高める)
224	**deteriorate** [ditíəriərèit]	自 悪化する　他 悪化させる 類 □ **worsen** 自 悪化する　他 悪化させる

We had no option but to incur additional expenses.

我々は追加の費用を負担するほかに選択肢がなかった。

Customers may have orders expedited through an extra €5 charge.

顧客は5ユーロの追加料金で注文を早く処理してもらえる。

Mr. Forester deferred paying the bills until he got paid.

フォレスターさんは給与の支払いを受けるまで、請求書の支払いを遅らせた。

The city plans to demolish some of its older buildings.

市は古い建物のいくつかを取り壊す計画だ。

Over 300 wind turbines are scattered across the windy area near the ocean.
wind turbine = 「風力発電機」

300以上の風力発電機が海沿いの風の強い地域に散らばっている。

I can squeeze that appointment in at three tomorrow.

そのアポは明日の3時に詰め込むことができます。

A series of campaigns boosted the local tourism industries.

一連のキャンペーンにより、地元の観光業は活況を呈した。

To prevent air quality from deteriorating, the state excludes polluting businesses.

大気の質が悪化するのをくい止めるために、その州は汚染企業を排除している。

225	**unveil** [ʌnvéil] (でる難語)	他 発表する；明かす ① un- (しない) + veil (覆う) = unveil (発表する) 反 □ **conceal** 他 隠す
226	**waive** [wéiv] (でる難語)	他 免除する；(権利などを) 放棄する 派 □ **waiver** 名 免除；撤回 類 □ **relinquish** 他 放棄する；断念する 　 □ **renounce** 他 放棄する；断念する
227	**redeem** [ridí:m] (でる難語)	他 引き換える ① 「クーポンや引換券などを商品・現金などに引き換える」意味でよく使う。 派 □ **redeemable** 形 引き換えることができる
228	**revoke** [rivóuk]	他 (免許などを) 取り消す；無効にする 類 □ **repeal** 他 無効にする
229	**alleviate** [əlí:vièit]	他 緩和する；軽減する 類 □ **relieve** 他 和らげる 　 □ **assuage** 他 和らげる
230	**accumulate** [əkjú:mjəlèit]	他 蓄積する；積み重ねる 派 □ **accumulative** 形 累積的な 類 □ **accrue** 他 増加させる 自 増加する
231	**embrace** [imbréis]	他 (考えなどを) 受け入れる；抱擁する ① em- (中へ) + brace (備える) = embrace (受け入れる)
232	**enhance** [inhǽns]	他 高める；強化する 類 □ **strengthen** 他 強化する 　 □ **reinforce** 他 強化する；補強する

Exhibitors at the International Telecom Show unveiled several interesting consumer services.

国際テレコム・ショーの展示会社はいくつかの興味深い消費者サービスを発表した。

The museum waives the admission fees for city residents.

admission fees =「入場料」

博物館は市民には入場料を免除する。

When you redeem this code, the gift amount will add to your balance.

balance =「残高」

お客様がこのコードを引き換えると、ギフトの金額がお客様の残高に加わります。

Larry's license was revoked after the traffic accident.

交通事故の後、ラリーの免許は取り消された。

This new drug alleviates cold symptoms quickly.

symptom =「症状」

この新しい薬は、すばやく風邪の症状を緩和する。

I've accumulated enough frequent flyer miles to travel from Tokyo to London for free.

frequent flyer miles =「マイレージ」

私は東京からロンドンにただで飛ぶのに十分なマイレージを貯めている。

Ms. Flores always embraces a charitable cause and works hard to raise funds.

charitable cause =「慈善活動」

フローレスさんはいつも慈善活動に共鳴して、資金集めに一生懸命取り組む。

A series of investments has enhanced our status as a leading biochemical manufacturer.

biochemical =「生化学の」

一連の投資は、トップ生化学メーカーとしての我々の地位を高めた。

75

233	**incorporate** [inkɔ́ːrpərèit] (でる難語)	他 組み入れる；法人化する 派 □ **incorporated** 形 法人組織の
234	**integrate** [íntəgrèit]	他 統合する；溶け込ませる ① integrate A with B (AをBと統合する) 類 □ **combine** 他 結合させる 　 □ **unite** 他 統合する　自 団結する
235	**foster** [fɔ́stər]	他 育む；促進する 類 □ **nurture** 他 育む；助長する 　 □ **cultivate** 他 育む；耕作する
236	**consolidate** [kənsálidèit]	他 統合する；強固にする 派 □ **consolidation** 名 統合；強化
237	**penetrate** [pénətrèit]	他 参入する；浸透する ① ビジネスでは「(市場に)参入する」の意味でよく使う。 派 □ **penetration** 名 参入；浸透
238	**fluctuate** [flʌ́ktʃuèit]	自 変動する ① 数量・価格などが「不規則に上下動する」こと。 派 □ **fluctuation** 名 変動；動揺
239	**jeopardize** [dʒépərdàiz]	他 危機に陥れる ① put ~ in jeopardy でも同意。 類 □ **endanger** 他 危険にさらす 　 □ **imperil** 他 危険にさらす
240	**culminate** [kʌ́lminèit] (用法注意)	自 最高潮に達する ① イベントや祭りが「最高潮に達する」「クライマックスを迎える」という意味で使う。 culminate in [with] A (Aで最高潮に達する)

Our new line of sport shoes incorporates the latest trends.

私たちのスポーツシューズの新しいラインは最新のトレンドを取り入れている。

After the merger, the board worked hard to integrate the corporate cultures of both companies.

合併の後、取締役会は2社の企業文化を統合することに懸命に取り組んだ。

The goal of our program is to foster children's interests in science.

私たちのプログラムの目標は子供たちの科学への関心を育むことです。

Our production facilities across Europe will be consolidated in the new plant in Poland.

ヨーロッパ中にある当社の生産施設はポーランドの新工場に統合される。

The company penetrated the computer market with an affordable new model.
affordable =「手頃な価格の」

その会社は手頃な価格の新モデルでコンピュータ市場に参入した。

Although the economy is improving, the exchange rate continues to fluctuate.
exchange rate =「為替レート」

経済は改善しているが、為替レートは変動し続けている。

Pollution and global warming are jeopardizing the agricultural industry.
global warming =「地球温暖化」

公害と地球温暖化が農業を危機に陥れている。

The festival culminated in live music, a costume parade and sword fighting.
costume parade =「仮装行列」

祭りは、生演奏、仮装行列、剣による戦いで最高潮に達した。

Column 1 **Part 5に出る前置詞**

前置詞の用法は Part 5 のターゲットになります。
よく出るものをまとめました。

□ **for/during** 〈一定の時間〉

➡ for [during] five days（5日間）

□ **by** 〈期限〉

➡ by the end of this month（今月末までに）

□ **until** 〈継続〉

➡ until this weekend（今週末までずっと）

□ **since** 〈起点〉

➡ since this morning（今朝から）

□ **in** 〈増減〉

➡ an increase in oil prices（石油価格の上昇）

□ **around/about** 〈おおよそ〉

➡ around [about] six（だいたい6時に）

□ **by** 〈差〉

➡ Revenues increased by 20%.（収入は20％増えた）

□ **behind** 〈遅延〉

➡ behind schedule（予定より遅れて）

□ **under** 〈進行中〉

➡ under consideration（検討中で）

□ **over** 〈期間〉

➡ over a period of 10 years（10年間にわたって）

□ **across** 〈全体〉

➡ across the country（国中で）

□ **despite** 〈逆接〉

➡ despite the bad weather（悪天候にもかかわらず）

形容詞・副詞

Adjectives & Adverbs

🔊 Track-31 ～ Track-58

1	**ideal** [aidí:əl]	形 理想的な ① an ideal candidate (理想的な候補者) 類 □ **perfect** 完ぺきな；申し分のない 　 □ **exemplary** 模範的な
2	**annual** [ǽnjuəl]　超頻出	形 毎年の；1年間の 派 □ **annually** 副 毎年；年に一度 類 □ **yearly** 年1回の；年間の
3	**familiar** [fəmíljər]　用法注意	形 よく知られている；よく知っている ① be familiar to A (Aによく知られている)、be familiar with A (Aに精通している) の形はどちらも重要。
4	**convenient** [kənví:niənt]	形 都合のいい ① 主語になるのはモノ・事で、人を主語にはできない。 派 □ **convenience** 名 利便性 反 □ **inconvenient** 不便な
5	**whole** [hóul]	形 全体の；すべての　名 全部 ① the whole A (Aの全体) の形でよく使う。 類 □ **entire** 全体の；すべての
6	**previous** [prí:viəs]	形 前の；先の ① a previous engagement (先約) 類 □ **former** 前の；先の
7	**further** [fə́:rðər]　超頻出	形 さらなる；それ以上の　副 さらに ① further notice (追っての通知)、further details (さらなる詳細) はともによく出る。
8	**informative** [infɔ́:rmətiv]　超頻出	形 (情報が) 役に立つ ① information (情報) の形容詞で、「情報が役立つ」という意味。 類 □ **instructive** 役に立つ；教育的な

The **ideal** candidate must have a passion for customer service.	理想的な候補者には顧客サービスへの情熱が必要です。
The company charges an <u>annual</u> membership fee of €55.	その会社は55ユーロの年会費を請求する。
This brand of shoe will be familiar to almost all female shoppers.	この靴のブランドは、ほとんどの女性買い物客によく知られるようになるだろう。
Let me know which day is convenient for you.	どの日がご都合がいいかお知らせください。
We spent the <u>whole</u> week inspecting the new software.	私たちは新しいソフトの点検に週いっぱい費やした
The house looks new, as the <u>previous</u> owner remodeled it entirely. entirely =「完全に」	前の所有者が完全に改修したので、その家は新築同様に見える。
The park is closed to the public until <u>further</u> notice.	この公園は追っての通知があるまでは一般の方々には閉鎖されます。
The sales seminar was both <u>informative</u> and motivational. motivational =「やる気を起こさせる」	その販売セミナーは役に立ち、またやる気を起こさせるものだった。

9	**brief** [brí:f] (類語重要)	形 簡潔な；短い ① brief and to the point (簡潔で要を得ている) 類 □ **concise** 簡明な 　 □ **succinct** 簡潔な
10	**obvious** [ábviəs]	形 明らかな 類 □ **clear** 明快な；明白な 　 □ **evident** 明らかな
11	**individual** [ìndivídʒuəl]	形 個人の；個別の　名 個人 類 □ **independent** 独立した 　 □ **sole** 単独の
12	**favorite** [féivərət]	形 お気に入りの　名 お気に入りのもの 派 □ **favor** 名 親切な行為；支持 　 □ **favorable** 形 好意的な
13	**particular** [pərtíkjələr] (用法注意)	形 特別な；特定の；(好みなどに) うるさい ① a particular region (特定の地域) 　 be particular about A (Aについてうるさい) 派 □ **particularly** 副 特に；とりわけ
14	**ongoing** [àngóuiŋ]	形 進行中の；継続中の 類 □ **advancing** 前進している 　 □ **in progress** 進行中の [で]
15	**additional** [ədíʃənəl] (超頻出)	形 追加の ① additional information (追加情報) 派 □ **add** 他 付け加える 類 □ **extra** 追加の；余分な
16	**challenging** [tʃǽlinʒiŋ]	形 困難な；やりがいのある ① 動詞 challenge (挑戦する) の現在分詞。 類 □ **demanding** 努力を要する

形容詞
副詞
600点レベル

We have little time left, so please be
<u>brief</u>.

時間がほとんどありません
ので、<u>簡潔</u>にお願いし
ます。

It was <u>obvious</u> that the expansion plan
wouldn't work out.

その拡張計画がうまく
いきそうにないのは<u>明らか</u>
だった。

Always keep your <u>individual</u> workspace
clean and tidy.

tidy = 「整理された」

あなたの<u>個人</u>の仕事場
は、いつもきれいに整理
された状態にしておいて
ください。

The Italian restaurant up the road is
Jackie's <u>favorite</u> place to eat.

この通りの先にあるイタ
リア・レストランはジャッ
キーの<u>お気に入り</u>の食事
の場所だ。

Pay <u>particular</u> attention to which
letters and symbols you select for your
password.

パスワードにどんな文字
と記号を選ぶかに<u>特別な</u>
注意を払ってください。

The attached file contains the list of
<u>ongoing</u> projects.

添付ファイルには<u>進行中
の</u>プロジェクトのリスト
が含まれています。

Excess baggage will incur <u>additional</u>
charges.

excess baggage = 「加重荷物」

加重荷物には<u>追加</u>料金
がかかります。

This job may be a bit <u>challenging</u> for a
new hire.

new hire = 「新入社員」

この仕事は新入社員には
ちょっと<u>難しい</u>かもしれ
ない。

17	**accurate** [ǽkjərət] (類語重要)	形 正確な；精密な 類 □ **precise** 正確な；的確な 　□ **exact** 正確な；的確な
18	**complete** [kəmplíːt] (超頻出)	形 完全な；完了した 反 □ **incomplete** 不完全な
19	**overall** [òuvərɔ́ːl]	形 全般的な　副 全般的に ① the overall cost (総経費) 類 □ **general** 全般的な；一般的な 　□ **universal** 全体の；全世界の
20	**appropriate** [əpróupriət] (類語重要)	形 適当な；妥当な 類 □ **proper** 適切な 　□ **suitable** 適した 　□ **adequate** 妥当な
21	**domestic** [dəméstik] (超頻出)	形 家庭の；国内の ① domestic chores (家事) 　a domestic market (国内市場)
22	**opposite** [ápəzit]	形 反対の；向こう側の ① 副詞 (反対側に)、前置詞 (〜の向かい側に)、名詞 (正反対のもの) でも使える。 類 □ **reverse** 逆の；あべこべの
23	**reasonable** [ríːzənəbl] (超頻出)	形 合理的な；(値段が) 手頃な ① a reasonable price (手頃な価格) など、値段の形容にもよく使う。 類 □ **rational** 理性的な；合理的な
24	**available** [əvéiləbl] (超頻出)	形 利用できる；(時間が) 空いている 類 □ **usable** 使用できる；便利な 反 □ **unavailable** 利用できない

The accountant gave an <u>accurate</u> estimate of the year-end figures.

estimate =「見積もり」

会計士が年末の数字の<u>正確</u>な見積もりを出した。

A <u>complete</u> list of art galleries can be found in the appendix.

appendix =「付録」

アートギャラリーの<u>完全</u>なリストは付録に掲載されています。

The doctor assured me that my <u>overall</u> health is quite sound.

その医師は、私の<u>全般的な</u>健康がきわめて良好だと請け合った。

The office is small, and doesn't have an <u>appropriate</u> place to hold a meeting.

事務所は小さくて、会議をする<u>適当な</u>場所がない。

Many women are becoming more and more frustrated with <u>domestic</u> chores.

chore =「雑務」

多くの女性が<u>家事</u>にますます不満を募らせている。

Our head office and laboratory are on <u>opposite</u> sides of the city.

当社の本社と研究所は市の<u>反対側</u>にある。

The staff had a meeting to find a <u>reasonable</u> solution to the problem.

スタッフはその問題の<u>合理的な</u>解決策を見つけるために会議を開いた。

Please stay on the line and the next <u>available</u> agent will help you.

電話を切らずにお待ちください。次に<u>手が空いた</u>職員がご相談を承ります。

25	**essential** [esénʃəl]	形 基本的な；不可欠な 派 □ **essence** 名 本質；根本 類 □ **requisite** 必要な；必須の
26	**due** [djú:]　超頻出	形 (支払いなどの) 期限が来た；予定で ① **a due date** (締め切り日)、**be due to do** (〜するはずだ) は必須表現。
27	**urgent** [ə́:rdʒənt]	形 緊急の；切迫した 類 □ **imminent** 切迫した □ **pressing** 差し迫った
28	**practical** [prǽktikəl]	形 現実的な；実際の 派 □ **practically** 副 実際には □ **practice** 名 練習；現実
29	**stable** [stéibl]	形 安定した；一定の 類 □ **steady** 安定した；一定の □ **firm** 確固とした
30	**competitive** [kəmpétətiv]　超頻出	形 競争が激しい；他に負けない ① **a competitive market** (競争の激しい市場) **a competitive salary** (他社に負けない給与) 派 □ **competitor** 名 競争相手；競合他社
31	**remarkable** [rimá:rkəbl]　超頻出	形 卓越した；際立った 類 □ **distinguished** 抜群の □ **conspicuous** 人目を引く
32	**potential** [pəténʃəl]	形 可能性のある；見込みのある　名 可能性 類 □ **possible** 可能性がある □ **likely** ありそうな

The contract was changed except for its <u>essential</u> terms.

その契約は基本的な条件を除いて変更された。

Here you will see the total amount <u>due</u> on your bill.

ここで請求書の支払い総額がわかります。

We received an <u>urgent</u> message from the boss calling for an emergency meeting.

call for = 「〜を求める」

私たちは緊急会議を求める上司からの緊急のメッセージを受け取った。

We must seek a <u>practical</u> solution to the dispute.

我々はその紛争の現実的な解決策を探さなければならない。

Semiconductor supply remained <u>stable</u> throughout the quarter.

semiconductor = 「半導体」

半導体の供給は四半期にわたって安定していた。

The retail sector is highly <u>competitive</u> and many shops close after one year in business.

小売業界はとても競争が激しく、多くの店が1年後には閉店となる。

Those who make <u>remarkable</u> achievements win the Employee of the Year Awards.

卓越した業績をあげた人には年間社員賞が授与される。

Several <u>potential</u> sites were considered for the new call center.

新しいコールセンターにはいくつかの候補地が検討された。

33	**proficient** [prəfíʃənt] 超頻出	形 熟達している ① be proficient in (〜に熟達している) 類 □ **skilled** 熟達している 　□ **adept** 熟達している
34	**efficient** [ifíʃənt] 超頻出	形 有能な；効率的な ① 人・物のどちらも形容できる。 　**an efficient system** (効率的なシステム) 派 □ **efficiency** 名 効率；手際の良さ
35	**grateful** [gréitfəl]	形 感謝して ① be grateful to A for B (Bという理由でAに感謝する) 類 □ **thankful** 感謝して
36	**delighted** [diláitid]	形 非常に喜んだ ① 動詞 delight (喜ばす) の過去分詞。 類 □ **pleased** 喜んだ
37	**disappointing** [dìsəpóintiŋ]	形 失望させる ① 動詞 disappoint (失望させる) の現在分詞。過去分詞は **disappointed** (失望した)。
38	**patient** [péiʃnt]	形 我慢強い；寛容な 派 □ **patience** 名 我慢；寛容 類 □ **persevering** 我慢強い 反 □ **impatient** 我慢できない
39	**visible** [vízəbl]	形 目に見える；明らかな 反 □ **invisible** 見えない
40	**related** [riléitid]	形 関係する ① related to A (Aに関係する) 派 □ **relation** 名 関係

Candidates must be proficient in programming and mathematics.	候補者はプログラミングと数学に熟達していなければならない。
Leon is an efficient accountant with plenty of experience.	レオンは豊富な経験を持つ有能な会計士だ。
I'm very grateful for the support that you have provided.	ご提供いただいたご支援に心より感謝いたします。
Customers will be delighted by our virtual try-on services.	顧客は私たちのバーチャル試着サービスを喜んでくれるでしょう。
Our company has had three disappointing quarters.	当社は3四半期にわたって失望する業績だった。
Please be patient when waiting for a response to your inquiry.	お問い合わせへの回答をお待ちの際は、ご寛容のほどお願いいたします。
The latest figures show a visible recovery of the company.	最近の数字は、その会社が目に見えて回復していることを示している。
Let's get started with the subjects related to the launch.	発売に関係する議題から始めましょう。

41	**critical** [krítikəl] (類語重要)	形 きわめて重要な；批評の
		派 □ **critic** 名 評論家；批評家
		類 □ **crucial** きわめて重要な
		□ **vital** きわめて重要な

42	**deliberate** [dilíbərət]	形 (考えが) 慎重な；故意の
		① a deliberate decision (慎重な決断)
		a deliberate attempt (意図的な企み)

43	**mutual** [mjú:tʃuəl]	形 相互の；共同の
		① mutual understanding (相互理解)
		類 □ **reciprocal** 互恵的な；相補的な

| 44 | **liable** [láiəbl] (超頻出) | 形 責任がある；〜しがちである |
| | | ① be liable for A は「Aに責任がある」、be liable to do は「〜する責任がある」「〜しがちである」の2つの意味で使う。 |

45	**generous** [dʒénərəs]	形 気前のいい；寛大な
		派 □ **generosity** 名 寛大 (な行為)
		類 □ **benevolent** 情け深い

46	**prior** [práiər] (超頻出)	形 前の；優先する
		① prior to A (Aより前の) の形もよく使う。
		prior notice (事前の通知) は必須表現。
		派 □ **priority** 名 優先事項

47	**sufficient** [səfíʃənt]	形 十分な
		派 □ **suffice** 自 他 十分である
		類 □ **ample** 十分すぎるほどの

48	**dedicated** [dédikèitid] (類語重要)	形 献身的な；懸命な
		① be dedicated to A (Aに懸命に打ち込んでいる)
		類 □ **committed** 専念した
		□ **devoted** 献身的な

As the election drew near, the candidate reached a <u>critical</u> point in the campaign.

選挙が近づき、その候補者は選挙運動の<u>重要</u>局面にさしかかった。

The section chief is <u>deliberate</u> in her decision-making process.

セクション長は意志決定の過程において<u>慎重</u>だ。

The two powerful leaders had <u>mutual</u> respect for each other.

その2人の力のある指導者は<u>互いに</u>尊敬し合っていた。

We are not <u>liable</u> for accidents caused by misuse of the user.

misuse =「誤用」

使用者の誤用による事故に対しては<u>責任を負いか</u>ねます。

The orphanage received <u>generous</u> donations from a businessperson who wants to be unnamed.

orphanage =「児童養護施設」

その児童養護施設は、匿名を希望するビジネスマンから<u>多額の</u>寄付を受けた。

I was unable to attend the reception owing to a <u>prior</u> engagement.

engagement =「約束」

<u>先約</u>があったため、私はそのレセプションに出席できなかった。

Ann has <u>sufficient</u> savings and can retire early.

アンは<u>十分</u>な貯金があり、早めに引退することができる。

The company is a <u>dedicated</u> protector of natural resources in the region.

その会社はこの地域で天然資源保護に<u>献身的</u>に取り組んでいる。

49	**upcoming** [ápkàmiŋ] 超頻出	形 近く起こる；来るべき 類 □ **forthcoming** 近づきつつある □ **impending** 差し迫った
50	**alternative** [ɔːltə́ːrnətiv] 超頻出	形 代わりの 名 代替物 ① 形容詞と名詞のどちらでも使える。
51	**competent** [kámpətənt]	形 有能な；適任の 類 □ **qualified** 資格 [免許] がある；適任の
52	**conventional** [kənvénʃənəl]	形 保守的な；慣習に従った 類 □ **traditional** 伝統的な □ **conservative** 保守的な 反 □ **radical** 急進的な
53	**typical** [típikəl]	形 典型的な；いつもの ① be typical of A (Aに典型的である) 派 □ **typically** 副 典型的に；一般的に
54	**diligent** [dílidʒənt]	形 勤勉な 類 □ **industrious** 勤勉な □ **hardworking** よく働く 反 □ **lazy** 怠惰な
55	**temporary** [témpərèri] 類語重要	形 仮の；臨時の 類 □ **tentative** 仮の；暫定の □ **interim** 仮の；暫定の □ **provisional** 仮の；暫定の
56	**reliable** [riláiəbl] 超頻出	形 信頼できる；頼もしい 類 □ **trustworthy** 信用できる □ **dependable** 信頼できる

The coach promised to lead his team to a championship in the upcoming season.	コーチは来るべきシーズンにはチームを優勝に導くと約束した。
The first sales campaign failed so we must come up with an alternative plan for the next one.	最初の販売キャンペーンが失敗したので、我々は次のキャンペーンのために代わりのプランを考えなければならない。
It is vital for small companies to retain competent employees.	中小企業にとって有能な社員を引き留めておくことはきわめて重要だ。
The boss likes to wear a conventional, navy suit.	上司は保守的なネイビーのスーツを着るのを好む。
Harold is a typical businessperson with a 9 to 5 job.	ハロルドは9時から5時まで働く典型的な会社員だ。
The diligent manager revived the failing business.	その勤勉なマネジャーは業績不振の会社を立ち直らせた。
Mr. Mansfield will be the temporary editor while Mr. Chang is on leave.	マンスフィールドさんはチャンさんの休暇中、臨時の編集長を務める。
According to reliable predictions, the market will double in five years. prediction =「予測」	信頼できる予測によると、そのマーケットは5年で2倍になる。

57		
respective [rispéktiv] (派生語重要)	形 それぞれの	① **respectful** (丁重な)、**respectable** (品のよい) と区別しよう。
	派 □ **respectively** 副 それぞれに	

58		
considerable [kənsídərəbl] (超頻出)	形 かなりの；注目に値する	① 数量表現としてよく使う。**considerate** (思いやりのある) と区別しよう。
	派 □ **consider** 他 よく考える	

59		
promising [práməsiŋ]	形 前途有望な；見通しの明るい	
	類 □ **prospective** 見込みのある	
	□ **up-and-coming** 有望な；活気のある	

60		
luxury [lʌ́gʒəri]	形 高級な；ぜいたくな　名 高級	① 形容詞と名詞の両方で使える。
	類 □ **luxurious** 高級な；ぜいたくな	
	□ **posh** しゃれた；上品な	

61		
lucrative [lú:krətiv] (超頻出)	形 もうかる	
	類 □ **profitable** 利益のあがる	
	□ **gainful** 利益のあがる	

62		
affluent [ǽfluənt]	形 裕福な	
	類 □ **wealthy** 裕福な	
	□ **prosperous** 繁栄している	

63		
primary [práimèri]	形 最も重要な；初級の	
	反 □ **secondary** 副次的な；第二の	
	□ **tertiary** 第三の	

64		
inexpensive [ìnikspénsiv]	形 安価な；手頃な値段の	
	類 □ **cheap** 安価な；安っぽい	
	□ **budget** 安価な；予算に合った	

The sisters are skilled in their own respective areas of science.

その姉妹は科学のそれぞれの領域に熟達している。

We spent a considerable amount of money on refurbishing the office.

refurbish =「改装する」

私たちは事務所の改装にかなりの金額を使った。

Analysts forecast promising stock market gains for next quarter.

アナリストたちは次の四半期には株式市場の上昇が期待できると予測している。

When Liz got a raise, she was able to afford a luxury car.

リズは昇給して、高級車を買う余裕ができた。

The alliance proved to be very lucrative for both companies.

alliance =「提携」

その提携は両社どちらにも大きな利益をもたらすものであることがわかった。

Chloe Taylor is an affluent investor who is active in the property market.

クロエ・テイラーは不動産市場で活躍する裕福な投資家だ。

Joshua has primary responsibility for guest services at the hotel.

ジョシュアはそのホテルで顧客をもてなすことが一番重要な職務である。

Paul searched for the most inexpensive flight over the Internet.

ポールはインターネットで最も安価なフライトを探した。

65	**affordable** [əfɔ́:rdəbl] 超頻出	形 手ごろな価格の ① 動詞 afford (〜する余裕がある) の形容詞形。 類 □ **economical** 経済的な；倹約の
66	**incredible** [inkrédəbl]	形 信じられない；すばらしい ① 「信じられないくらいすばらしい」の意味でよく使う。 類 □ **unbelievable** 信じられない；すばらしい
67	**flexible** [fléksəbl]	形 柔軟な 派 □ **flexibility** 名 柔軟性
68	**exclusive** [iksklú:siv]	形 独占的な；高級な 反 □ **inclusive** 含めて；包括的な
69	**equivalent** [ikwívələnt]	形 同等の　名 同等のもの ① **equivalent to A** (Aと同等の) 類 □ **similar** 同様の □ **identical** まったく同じの
70	**valid** [vǽlid] 超頻出	形 有効な；(理由などが) もっともな 派 □ **validity** 名 有効性 反 □ **invalid** 無効な □ **void** 無効な
71	**ambitious** [æmbíʃəs]	形 野心のある；熱望している 派 □ **ambition** 名 野心 類 □ **aspiring** 野心満々の
72	**impressive** [imprésiv]	形 印象的な 派 □ **impress** 他 印象づける 類 □ **magnificent** 見事な □ **breathtaking** 息を呑むほどすばらしい

I have been looking for affordable housing for a year now.

私は1年間ずっと、手ごろな価格の家を探している。

All guest rooms of the Peninsular Hotel have incredible ocean views.

ペニンシュラー・ホテルのすべての客室からすばらしい海の眺めが楽しめる。

The company grants staff flexible work hours, with some of them telecommuting.　telecommute =「在宅勤務をする」

その会社は社員に柔軟な労働時間で働くことを認めていて、社員の中には在宅勤務をする人がいる。

This offer is exclusive for members of the SAS Mileage Club.

このオファーはSASマイレージクラブの会員限定のものです。

Employees doing equivalent jobs should be paid the same amount.

同等の仕事をする社員には同額が支払われるべきだ。

The tourist visa for the country is valid for six months.

その国の観光ビザは6カ月間有効だ。

Ken is an ambitious man who wants to climb up the corporate ladder.　corporate ladder =「会社の出世階段」

ケンは会社の出世階段を上ろうとする野心のある男だ。

Mason's presentation to the client was quite impressive.

メイソンのクライアントへのプレゼンはきわめて印象的なものだった。

73	**administrative** [ədmínəstrèitiv]　超頻出	形 管理の ① 会社の運営・管理業務を表す形容詞。 類 □ **clerical**　事務の
74	**current** [ká:rənt]　超頻出	形 現在の；最近の ① one's current address（現住所） 類 □ **present**　現在の
75	**unanimous** [junǽniməs]　発音注意	形 全員一致の 派 □ **unanimously** 副 全員一致で
76	**external** [ikstə́:rnəl]	形 外部の 反 □ **internal**　内部の
77	**significant** [signífikənt]　超頻出	形 （数量が）相当な；重要な ① 数量表現としてよく出る。 派 □ **significance** 名 重要性；意義
78	**specific** [spəsífik]	形 具体的な；特定の ① specific age groups（特定の年齢層） 派 □ **specify** 動 具体的に述べる
79	**elementary** [èliméntəri]	形 基礎的な；初歩的な 類 □ **basic**　基本の；初歩的な □ **rudimentary**　基本の；初歩的な
80	**worth** [wə́:rθ]　用法注意	形 〜の価値がある ① この用法では worth を前置詞とする見解もある。 　 **be worth A**（Aの価値がある） 　 **be worth doing**（〜してみる価値がある）

形容詞
副詞　600点レベル

Yuri applied for an administrative position at an ad agency.	ユリは広告代理店の管理業務に応募した。
It's difficult to penetrate the market with our current product line.	我々の現在の製品ラインでその市場に参入するのは難しい。
The staff made a unanimous decision to set up a break room.	社員は休憩室の設置を満場一致で決定した。
We'll ask some external engineers for help.	私たちは外部のエンジニアに支援を求めます。
The report predicts significant increase in oil prices.	報告書は石油価格の大幅な上昇を予測している。
Can you be more specific?	もう少し具体的に言ってもらえませんか。
These classes take students from elementary to advanced level.	これらクラスは生徒を基礎レベルから上級レベルまで引き上げます。
The baseball player got a three-year contract worth one billion yen.	その野球選手は、10億円相当の3年契約を獲得した。

81	**aware** [əwéər] 用法注意	形 気づいて ① be aware of A (Aに気づいている) 類 □ **conscious** 気づいて □ **mindful** 心に留めて
82	**complicated** [kámpləkèitid]	形 複雑な ① 動詞 complicate (複雑にする) の過去分詞。 類 □ **complex** 複雑な
83	**sensitive** [sénsətiv]	形 秘密の；微妙な ① sensible (賢明な；思慮深い) と区別しよう。
84	**effective** [eféktiv] 超頻出	形 実施されて；効果的な ① the effective day (実施日) an effective way (効果的な方法) 派 □ **effect** 名 効果；影響
85	**permanent** [pə́:rmənənt]	形 (職責が) 常任の；永遠の 類 □ **long-term** 長期間の □ **perpetual** 終身の；永続する
86	**vacant** [véikənt] 超頻出	形 空いている；欠員の 派 □ **vacancy** 名 空き；欠員 反 □ **occupied** ふさがった
87	**overnight** [óuvərnàit]	形 一晩の；一泊の 副 [òuvərnáit] 一泊して ① over- (超えて) + night (夜) = overnight (一晩の；一泊の)。副詞でも stay overnight (一泊する) のように使う。
88	**jammed** [dʒǽmd] 類語重要	形 詰まった；混雑した 類 □ **congested** 混雑した；渋滞した □ **stuck** 動かなくなった

The management should have been <u>aware</u> of the risks.

経営陣はリスクについて<u>気づく</u>べきだった。

The dispute between the two companies is a <u>complicated</u> one.

2社の間の紛争は<u>複雑</u>なものである。

Only approved employees have access to <u>sensitive</u> internal information.

承認された社員だけが、守秘義務のある内部情報にアクセスできる。

The new rates will be <u>effective</u> on April 1.

新しい料金は4月1日から<u>施行</u>される。

I'm seeking a <u>permanent</u> position, not a temporary one.

私は臨時職ではなく、<u>正社員</u>の仕事を探しています。

The company put a help-wanted ad in the paper to fill the <u>vacant</u> manager position.

help-wanted ad = 「求人広告」

その会社は<u>欠員</u>の部長ポストを埋めるために新聞に求人広告を出した。

My wife left this morning for an <u>overnight</u> business trip.

私の妻は今朝、<u>一泊</u>の出張に出かけました。

Paper has got <u>jammed</u> in the copier again.

紙がまたコピー機に<u>詰まって</u>しまった。

89	**approximately** [əpráksimətli]　超頻出	副 おおよそ；約 ① 〈approximately + 数字 + 名詞〉の形で頻出。 類 □ **roughly**　おおよそ 反 □ **exactly**　厳密には
90	**nearly** [níərli]	副 ほとんど；危うく~するところで 類 □ **almost**　ほとんど
91	**initially** [iníʃəli]	副 最初は 類 □ **at first**　最初は
92	**certainly** [sə́ːrtənli]	副 確かに；その通り ① Certainly. や Definitely.、Absolutely. は相手の言葉を強く肯定するときに、「その通り」という応答で使う。
93	**relatively** [rélətivli]	副 比較的に；ある程度 類 □ **comparatively**　かなり；相当 □ **somewhat**　いくぶん；ある程度まで
94	**parallel** [pǽrəlèl]	副 並行して　形 平行の ① parallel to A (Aと並行して)
95	**shortly** [ʃɔ́ːrtli]	副 すぐに；手短に ① to put it shortly (手短に言うと)
96	**eventually** [ivéntʃuəli]　類語重要	副 最後には；結局は 類 □ **consequently**　結果として □ **as a result**　結果として

The flight is scheduled to arrive in <u>approximately</u> ten hours.

> このフライトは約10時間での到着を予定しております。

Revenues have <u>nearly</u> doubled in the last two years.

> 過去2年間で、収入はほぼ倍増した。

The boss was <u>initially</u> opposed to my proposal.

> 上司は、最初は私の提案に反対だった。

Paul and Susan are <u>certainly</u> welcome to join us for dinner tonight.

> 今夜のディナーにポールとスーザンが参加してくれることを心から歓迎します。

<u>Relatively</u> affluent people tend to buy this product line.

affluent = 「裕福な」

> ある程度裕福な人々がこの製品ラインを買う傾向がある。

Take the road running <u>parallel</u> to the river.

> 川と並行して走っている道路を行ってください。

The power plant resumed operations <u>shortly</u> after the quake.

> 発電所は地震の後すぐに操業を再開した。

After long negotiations, we <u>eventually</u> reached an agreement.

> 長い交渉の後、我々はついに合意にこぎつけた。

97	**otherwise** [ʌðərwàiz] (多義語)	副 そうでないと；別なふうに；他の点では ① 「そうでないと(or)」「別なふうに(differently)」 「他の点では (in other respects)」という3つ の意味がある。
98	**moreover** [mɔːróuvər] (Part6 頻出)	副 さらに；そのうえ ① 内容を付加するつなぎ言葉。 類 □ **furthermore**　さらに；そのうえ
99	**merely** [míərli]	副 単に；ただ ① 形容詞 mere (単なる；～にすぎない) の副詞。 only と同様に使える。
100	**actually** [ǽktʃuəli]	副 実は；実際に 類 □ **really**　実際に □ **in fact**　実際には；つまり
101	**gradually** [grǽdʒuəli]	副 徐々に；だんだんと 類 □ **steadily**　着実に □ **by degrees**　徐々に；少しずつ
102	**occasionally** [əkéiʒənəli]	副 ときどき 類 □ **from time to time**　ときどき □ **now and then**　ときどき
103	**immediately** [imíːdiətli] (超頻出)	副 ただちに 類 □ **promptly**　素早く □ **right away**　今すぐ
104	**rarely** [réərli]	副 めったに～ない 類 □ **seldom**　めったに～ない

Don't forget to send your deposit in advance; otherwise, your reservation will not be processed.

デポジットを事前に送金するのを忘れないでください。そうしていただかないと、ご予約が処理されません。

The CEO is hard-working; moreover, he is quite decisive.

CEOはハードワーカーだ。そのうえ、とても決断力がある。

Our new game is popular merely among game lovers.

私たちの新しいゲームは、ゲーム愛好家の間だけで人気がある。

Actually, I am a manager of the Miami branch, not the Houston one.

実は、私はヒューストン支店ではなく、マイアミ支店のマネジャーです。

We gradually became aware of our customers' hidden needs.

hidden = 「隠れた」

私たちは徐々に顧客の隠れたニーズがわかるようになった。

I occasionally meet my former boss for advice.

私はときどき、元上司に会って、アドバイスを求める。

Please contact the manufacturer immediately if there are any defects found in the product.

製品に欠陥が見つかったら、ただちに製造業者に連絡してください。

We rarely have heavy snow like this in our area.

私たちの地域ではこんな大雪はめったに降らない。

105	**acclaimed** [əkléimd] 超頻出	形 賞賛を受けている；高名な 類 □ **esteemed** 尊敬されている □ **renowned** 著名な
106	**innovative** [ínəvèitiv]	形 創造的な；革新的な 派 □ **innovation** 名 (技術) 革新
107	**knowledgeable** [nálidʒəbl] 用法注意	形 熟知している ① **be knowledgeable about** (〜を熟知している)
108	**resourceful** [risɔ́ːrsfəl]	形 能力の高い；才覚がある ① **resource** (能力) + **-ful** (形容詞の接尾辞) = **resourceful** (能力の高い) 類 □ **talented** 才能のある
109	**eligible** [élidʒəbl] 超頻出	形 資格がある ① **be eligible to do** (〜する資格がある) **be eligible for A** (Aの資格がある) 派 □ **eligibility** 名 資格
110	**prominent** [prάminənt]	形 傑出した；著名な 類 □ **notable** 著名な □ **eminent** 著名な
111	**comprehensive** [kàmprihénsiv]	形 総合的な；包括的な 派 □ **comprehend** 他 理解する；含む
112	**substantial** [səbstǽnʃəl] 超頻出	形 (数量が) 相当な；本質的な ① 「数量が相当な」の意味で頻出。副詞もよく出る。 派 □ **substantially** 副 相当に

The critically acclaimed movie *Knights of the Mist* won prizes in 28 countries.	批評家に高い評価を受けた映画『霧の騎士たち』は28カ国で賞を獲得した。
An innovative workplace is key to increase employees' productivity.	創造的な職場は社員の生産性を高めるカギになる。
Nadia is very knowledgeable about online marketing.	ナディアはオンラインマーケティングについて熟知している。
Our lab has a lot of innovative and resourceful engineers. lab =「研究所」	当社の研究所は創造的で能力の高い技術者を多数擁している。
All employees are eligible to enter the national pension plan. pension plan =「年金」	社員は全員が国の年金に入る資格がある。
Our guest tonight is the prominent composer and pianist, David Mackenzie.	私たちの今夜のゲストは、傑出した作曲家でピアニストでもあるデイビッド・マッケンジーです。
This booklet is a comprehensive guide to the tax returns in the country.	この小冊子は、この国での納税申告の総合的な手引きです。
I booked the 5-star hotel at a substantial discount.	私はその5つ星ホテルを大幅な値引き価格で予約した。

113	**consecutive** [kənsékjətiv] 超頻出	形 連続する ① 〈数字 + consecutive + 複数名詞〉=〈the + 助数詞 + consecutive + 単数名詞〉の形に注意。 類 □ **successive**　連続する；歴代の
114	**diverse** [dəvə́:rs] 超頻出	形 多様な；さまざまな 派 □ **diversity**　名 多様性 　 □ **diversify**　他 多様化する
115	**multiple** [mʌ́ltipl] 超頻出	形 多数の ① multiple locations (多数の店) は頻出。 類 □ **numerous**　多数の 　 □ **myriad**　無数の
116	**complimentary** [kàmpləméntəri] 超頻出	形 無料の；優待の ① complementary (補完的な) と区別しよう。 類 □ **free of charge**　無料の [で]
117	**intensive** [inténsiv] 反意語重要	形 集中的な；徹底的な ① extensive とセットで覚えよう。 反 □ **extensive**　広範囲の
118	**courteous** [kə́:rtiəs]	形 礼儀正しい；丁重な 派 □ **courtesy**　名 礼儀正しさ；作法 類 □ **polite**　礼儀正しい
119	**inevitable** [inévitəbl]	形 避けられない；必然的な ① in- (ない) + evitable (避けられる) = inevitable (避けられない) 類 □ **inescapable**　避けられない
120	**adjacent** [ədʒéisənt] 用法注意	形 隣に；隣接する ① adjacent to A (Aの隣に) の前置詞 to に注意。 類 □ **nearby**　近くの 　 □ **adjoining**　隣接する

Our company has posted profits for five consecutive years. post profits = 「利益を計上する」	我が社は5年間連続で利益を計上してきた。
The country is made up of many diverse cultures that must be preserved.	その国は、保存すべき数多くの多様な文化で形成されている。
We have considered multiple sites for our new factory.	我々は新しい工場のために多数の場所を検討してきた。
Some airlines no longer give out complimentary meals during flights.	航空会社の中にはフライト中に無料の食事をもう出さないところもある。
All new recruits must undergo intensive training at our company.	わが社では、新入社員は全員、集中研修を受けなければならない。
A good salesclerk should greet the customers in a courteous manner.	よい販売員は、顧客に対して礼儀正しい態度で応対するべきだ。
The scientist said that a big earthquake in the near future is inevitable.	その科学者は、近い将来、大地震が起きることは避けられないと言った。
Meg's office is adjacent to my office.	メグのオフィスは私のオフィスの隣だ。

121	**in-depth** [ìn-dépθ]	形 綿密な；徹底的な ① ハイフンなしで副詞として使う。**study in depth**（綿密に調査する） 類 □ **thorough** 徹底的な
122	**hands-on** [hӕndz-ɔ́n]　超頻出	形 実地の；実践の ① a hands-on approach（実際的なアプローチ） 　a hands-on manager（現場主義のマネジャー） 反 □ **hands-off** 無干渉の
123	**cutting-edge** [kʌ̀tiŋ-édʒ]　類語重要	形 最先端の；最新鋭の ① 製品や技術などが「最先端の」の意味で使う。 類 □ **state-of-the-art** 最新技術を駆使した
124	**high-profile** [hài-próufail]	形 人目を引く；知名度の高い ① a high-profile campaign（注目度の高いキャンペーン） 反 □ **low-profile** 目立たない；知名度の低い
125	**top-notch** [tàp-nátʃ]	形 一流の；最高の ① notch には「等級」の意味があり、top-notch で「最高等級の」→「一流の」。 類 □ **prestigious** 一流の；社会的地位の高い
126	**spacious** [spéiʃəs]　超頻出	形 広々とした ① space（空間）の形容詞。部屋の形容によく使う。 類 □ **roomy** 広々とした
127	**enormous** [inɔ́ːrməs]　類語重要	形 巨大な；莫大な 類 □ **huge** 巨大な；莫大な 　□ **immense** 巨大な；莫大な 　□ **vast** 広大な；莫大な
128	**confidential** [kànfidénʃəl]	形 機密の；内密の ① confident（自信のある）と区別しよう。

An in-depth study of the technical problem is necessary.

その技術問題の綿密な調査が必要とされている。

The training course gives new employees practical hands-on experience.

その訓練コースは新入社員に役に立つ実地の経験を教えるものだ。

The electronics maker is always creating cutting-edge products.

そのエレクトロニクス・メーカーはいつも最先端の製品を開発している。

Francine Patton is a high-profile executive who has often been interviewed by the business media.

フランシン・パットンは、ビジネス系のマスコミからよくインタビューを受ける知名度の高い経営者である。

Marvin Xia is a top-notch trader who earns his company substantial profits.

マービン・シアは、彼の会社に大きな利益をもたらす一流のトレーダーだ。

Rhonda's new house has a spacious kitchen.

ロンダの新しい家には広いキッチンがある。

Solar energy has enormous potential which is yet to be tapped.

tap =「利用する」

太陽光エネルギーは、まだ利用されていない莫大な可能性を持つ。

Confidential documents must be stored in locked cabinets.

機密書類は、カギのかかったキャビネットに保管しなければならない。

129	**discreet** [diskríːt]	形 慎重な；思慮深い 類 □ **considerate** 思いやりのある 　□ **attentive** 注意深い
130	**abundant** [əbʌ́ndənt]	形 豊富な 派 □ **abound** 自 たくさんある 類 □ **plentiful** 豊富な
131	**genuine** [dʒénjuin]	形 本物の；心からの 類 □ **bona fide** 正真正銘の；善意の
132	**authentic** [ɔːθéntik]	形 本物の；信頼できる ① authentic Japanese food（本場の日本料理） 　an authentic account（信頼できる説明）
133	**legitimate** [lidʒítəmət]	形 合法の；合理的な 類 □ **legal** 法律に関する；合法の 　□ **lawful** 合法の
134	**terse** [tɔ́ːrs]	形 簡潔な ① a terse report（簡潔な報告書）
135	**fragile** [frǽdʒəl]	形 壊れやすい ① 配送のとき「ワレモノ注意」の表示に使う。 類 □ **frail** 虚弱な 　□ **delicate** 壊れやすい；繊細な
136	**humble** [hʌ́mbl]	形 謙そんした；質素な 類 □ **modest** 謙そんした；控えめな 　□ **low-key** 控えめな

Scott Consulting is discreet with all client matters.

スコット・コンサルティングは顧客の案件すべてに慎重な対応をする。

The area was found to have abundant supplies of rare metal.

その地域は希少金属が豊富であることがわかった。

We looked over the document many times to make sure it was a genuine one.

私たちは、本物かどうか確認するためにその書類に何回も目を通した。

Some curators doubt that the painting is authentic.

curator = 「学芸員；キュレーター」

その絵画が本物であることを疑っている学芸員もいる。

Mr. Sloan is the legitimate owner of the business.

スローンさんがその会社の法的な所有者だ。

The boss always gives us terse answers to our questions.

上司いつも、私たちの質問に対して簡潔な回答をする。

Fuji Express takes care with fragile items, placing them in special wrapping.

フジ・エクスプレスは特別な包装を施して、壊れやすい物を慎重に取り扱います。

The sales manager made a humble apology to the client for the mistake in the order.

販売部長は注文ミスについて顧客に低姿勢で詫びた。

137 **splendid** [spléndid]	形 すばらしい；豪華な 類 □ **magnificent** 見事な；壮麗な 　□ **spectacular** 壮観な；劇的な
138 **cozy** [kóuzi]	形 心地よい；くつろいだ 類 □ **comfortable** 心地よい；くつろいだ 　□ **snug** 心地よい；(衣類が) ぴったり合う
139 **rigid** [rídʒid]	形 厳格な；硬直した 類 □ **strict** 厳格な；厳密な 　□ **stringent** 厳格な
140 **consistent** [kənsístənt]	形 一貫性のある；矛盾しない 派 □ **consistency** 名 一貫性 反 □ **inconsistent** 一貫性のない；矛盾した
141 **sustainable** [səstéinəbl] 派生語重要	形 持続可能な 派 □ **sustain** 動 維持する；支える 　□ **sustainability** 名 持続可能性；サステナビリティ
142 **obsolete** [àbsəlí:t] 類語重要	形 時代遅れの；廃れた 類 □ **out-of-date** 時代遅れの 　□ **old-fashioned** 旧式な
143 **intense** [inténs]	形 激しい；情熱的な 派 □ **intensify** 動 強くする 類 □ **keen** 熱心な；鋭い
144 **remote** [rimóut] 多義語	形 遠く離れた；(可能性などが) わずかな ① remote chance なら「わずかな可能性」の意味。 類 □ **faraway** 遠方の 　□ **unlikely** ありそうもない

形容詞
副詞 730点レベル

Dr. Cook is known for his splendid achievements in medicine.

クック博士は医学分野でのすばらしい業績で知られている。

The new restaurant is popular with women because it has a cozy atmosphere.

その新しいレストランは心地よい雰囲気を持っているので、女性に人気がある。

There are many rigid rules we have to follow while working at the factory.

工場で働くときには、守らなければならない厳格な規則がたくさんある。

We train staff thoroughly in order to provide consistent service levels.

私たちは一貫した水準のサービスを提供するため、スタッフを徹底的に訓練します。

Our company helps cities move toward sustainable energy consumption.

当社は都市が持続可能なエネルギー消費をめざすのを支援します。

My smartphone is obsolete compared to newer models but adequate for my purposes.

私のスマホは新しいモデルと比べると時代遅れだが、私の目的にはかなっている。

Craig had an intense discussion with the boss about business ethics.
business ethics =「企業倫理」

クレイグは企業倫理について、上司と激しい議論をした。

Liz lives in a remote area, far from any town or city.

リズはどの町や市からも遠い、へんぴなところに住んでいる。

145	**preliminary** [prilímənèri] 超頻出	形 予備的な；準備の ① preliminary research (予備調査) 　 a preliminary stage (準備段階)
146	**preceding** [prisí:diŋ]	形 先行する 派 □ **precede** 他 自 先行する
147	**cordial** [kɔ́:rdʒəl]	形 友好的な；心のこもった ① a cordial greeting (心のこもった挨拶) 類 □ **friendly** 友好的な
148	**extraordinary** [ikstrɔ́:rdənèri]	形 並外れた ① extra- (範囲外の) + ordinary (普通の) = 　 extraordinary (並外れた) 反 □ **ordinary** 普通の
149	**tidy** [táidi]	形 きれいに片づいた　他 片づける 類 □ **neat** きちんとした 　 □ **orderly** 整頓された
150	**overwhelming** [òuvərhwélmiŋ]	形 圧倒的な 派 □ **overwhelm** 他 圧倒する
151	**outstanding** [àutstǽndiŋ] 多義語	形 未払いの；卓越した ① out- (外に) + standing (立っている) = 　 outstanding (未払いの；卓越した) 　 an outstanding success (卓越した成功)
152	**outgoing** [àutgóuiŋ] 多義語	形 外向的な ① 「間もなく引退する」「外に出て行く」の意味もある。 類 □ **extrovert** 外向的な 　 □ **sociable** 社交的な

The preliminary Quarter 3 report had information that was confirmed later.

第3四半期の予備報告書には、後で確認されることになる情報が含まれていた。

During the preceding meeting, two outside directors were appointed.

先の会議で、2人の外部取締役が選任された。

Our talks were held in a cordial atmosphere.

我々の話し合いは友好的な雰囲気で行われた。

We must think up something extraordinary to increase sales.

売り上げを伸ばすには、何か並外れたことを考えないといけない。

Anna likes to keep a tidy desk, and has her files in alphabetical order.

アナはデスクをきれいに片づけておくのが好きで、ファイルをアルファベット順に並べている。

The large workload seemed overwhelming to some staff.

workload =「作業量」

その大きな作業量に圧倒されそうになる社員もいた。

I have a balance of over $300 outstanding on my account.

私の口座には300ドル以上の未払い残高がある。

I think I have an outgoing personality.

私は外向的な性格だと思います。

153	**ultimate** [ʌ́ltimət]	形 最終的な；最重要の 類 □ **eventual** 最終的な □ **fundamental** 最重要の
154	**ardent** [ɑ́:rdənt]	形 熱心な；情熱的な 類 □ **passionate** 情熱的な □ **avid** 熱心な
155	**pertinent** [pə́:rtənənt] (用法注意)	形 関連する；適切な ① **pertinent to A** (Aに関連する) 　**a pertinent question** (適切な質問)
156	**relevant** [réləvənt]	形 関連する；適切な ① **relevant to A** (Aに関連する・適した) 反 □ **irrelevant** 関係がない
157	**durable** [djúərəbl]	形 耐久性のある；丈夫な ① 名詞として **durables** で「耐久消費財」。 類 □ **sturdy** 頑丈な；たくましい
158	**mature** [mətúər]	形 成熟した；大人になった 反 □ **immature** 未成熟の
159	**joint** [dʒɔ́int]	形 共同の；合同の 類 □ **shared** 共有の □ **collective** 共同の
160	**transparent** [trænspǽərənt]	形 透明な ① 物が「透き通った」が原意で、文脈によって「明快な」「公明正大な」の意味で使う。 反 □ **opaque** 不透明な

形容詞・副詞 730点レベル

We must seek an <u>ultimate</u> solution to the problem.

私たちはその問題の最終的な解決策を探さなければならない。

The mayor is well-known as an <u>ardent</u> supporter of forest preservation.

市長は森林保護の熱心な支援者としてよく知られている。

We need more data <u>pertinent</u> to the reliability of the device.

reliability = 「信頼性」

その機器の信頼性に関するデータがもっと必要だ。

He was asked to make his speech <u>relevant</u> to the current project.

彼は現在のプロジェクトに関連したスピーチをするよう求められた。

The new jeans are made of a <u>durable</u> fabric that can stand hundreds of washings.

この新しいジーンズは耐久性のある繊維でできていて、何百回洗濯しても大丈夫だ。

We must shift from <u>mature</u> car markets such as Japan and the EU.

我々は日本やEUのような成熟した自動車市場からの転換を図らなければならない。

We bid for the bridge construction as a <u>joint</u> venture.

bid = 「入札する」

我々は合弁事業として、橋の建設工事に入札した。

We believe that the vote-counting took place in a <u>transparent</u> manner.

私たちは開票が透明な形で行われたと信じている。

161	**exquisite** [ikskwízit]	形 洗練された；優美な 類 □ **elegant** 洗練された；上品な 　□ **superb** すばらしい；上質の
162	**touching** [tʌ́tʃiŋ]	形 感動的な；胸を打つ ① 動詞 touch には「琴線に触れる」の意味がある。 　a touching speech (感動的なスピーチ) 類 □ **moving** 感動的な
163	**sweeping** [swíːpiŋ]	形 全面的な；徹底的な ① 動詞 sweep には「一掃する」の意味がある。 　a sweeping victory (圧勝) 類 □ **broad** 幅広い
164	**optimal** [áptiməl]	形 最適な ① optimum とも書く。 派 □ **optimize** 動 最適化する
165	**utmost** [ʌ́tmòust]	形 最高の；最上の ① utmost hospitality (上上のおもてなし) 類 □ **uppermost** 最上の 　□ **supreme** 最高の
166	**robust** [roubʌ́st]	形 活発な；頑丈な ① 経済活動などが「活発な」、人や物が「強い；頑丈な」の意味で使う。 類 □ **vigorous** 活発な；激しい
167	**moderate** [mádərət]	形 適度の 類 □ **average** 平均的な
168	**subtle** [sʌ́tl]	形 微妙な；かすかな ① a subtle difference (微妙な違い) 　a subtle approach (巧妙なアプローチ)

Her flat is furnished with exquisite taste.

彼女のアパートは洗練された趣味の家具が備えられている。

Her singing was the most touching part of the ceremony.

彼女の歌はそのセレモニーの最も感動的な一幕だった。

You can enjoy a sweeping view of the city from here.

ここからは、この市の全景を楽しむことができます。

We must look for the optimal timing to promote our new product.

私たちは新製品を売り込む最適のタイミングを探さなければならない。

We assemble watch movements with the utmost precision.

movement =「駆動装置」　precision =「正確さ」

私たちは最高の正確さで時計の駆動装置を組み立てます。

The CEO pledged the company would see robust growth next year.

CEOは、会社は来年には力強い成長をすると誓約した。

I'm looking for a hotel with a moderate price in London.

私はロンドンでほどほどの値段のホテルを探しています。

The cookie has a subtle flavor of cinnamon.

flavor =「風味」

このクッキーにはかすかなシナモンの風味がある。

169	**vital** [váitəl] 超頻出	形 きわめて重要な；不可欠な ① A is of vital importance（Aはきわめて重要だ）
170	**vibrant** [váibrənt]	形 活気に満ちた 類 □ **lively** 活発な 　□ **vivid** 生き生きとした
171	**profound** [prəfáund]	形 重大な；深刻な ① a profound effect（深刻な影響） 　a profound remark（重大な発言）
172	**biased** [báiəst]	形 偏向した；偏見を持った 派 □ **bias** 名 偏向；偏見 類 □ **prejudiced** 偏見を持った
173	**misleading** [mìslí:diŋ]	形 誤解を招きやすい ① mislead（誤って導く）の現在分詞。 類 □ **confusing** 紛らわしい
174	**skeptical** [sképtikəl]	形 疑って 類 □ **doubtful** 疑って 　□ **dubious** 疑って
175	**anonymous** [ənániməs]	形 非公表の；名前を伏せた 類 □ **unnamed** 名前を明かさない
176	**indispensable** [ìndispénsəbl]	形 不可欠な ① in-（ない）+ dispensable（なしで済ませられる）= indispensable（不可欠な）

122

Safety is of vital importance to automated driving.

安全は自動運転にきわめて重要である。

The hotel is located in a vibrant commercial district.

そのホテルは活気に満ちた商業地区に立地する。

The merger has brought profound changes to both companies.

その合併は両社に重大な変化をもたらした。

Biased views tend to spread easily on social media.

偏向した意見はソーシャルメディア上で容易に拡散する傾向がある。

The statement was so misleading that the company apologized for it.

statement = 「声明」

その声明はきわめて誤解を招きやすいものだったので、会社はそのことについて謝罪した。

The CEO is skeptical that the economy will recover soon.

CEOは経済が早期に回復することに懐疑的だ。

Do you want your donation to be anonymous?

あなたの寄付を非公表にしますか。

The R&D department is indispensable to the expansion plans of our company.

研究開発部門は、わが社の拡張計画に不可欠である。

177	**preferably** [préfərəbli]	副 できれば；なるべく 類□ **if possible** できれば
178	**accordingly** [əkɔ́ːrdiŋli] (用法注意)	副 それに従って ① 先述の内容を受けて「それに従って」の意味で使う。従うものを明示する文脈では **according to A** (Aに従って) を使う。
179	**understandably** [ʌ̀ndərstǽndəbli] (用法注意)	副 当然のことだが；もっともなことだが ① 「状況から納得できる」という意味が込められている。
180	**extremely** [ikstríːməli]	副 きわめて；極端に 類□ **exceedingly** 非常に；極端に 　□ **exceptionally** 非常に；例外的に
181	**thoroughly** [θə́ːrouli]	副 徹底的に；完全に 類□ **completely** 完全に
182	**apparently** [əpǽrəntli]	副 一見したところ；たぶん ① 形容詞 **apparent** は「外見上の」と「明らかな」の2つの意味で使うが、副詞の **apparently** は「明らかに」の意味ではほとんど使わない。
183	**regrettably** [rigrétəbli] (超頻出)	副 残念ながら ① 不採用や提案却下などネガティブな知らせをするときに、前置きの言葉として使う。 類□ **unfortunately** 残念ながら
184	**virtually** [və́ːrtʃuəli]	副 実質的に；事実上 類□ **effectively** 実際には；効果的に 　□ **practically** 実際には

形容詞・副詞 730点レベル

I want to meet you tomorrow morning, <u>preferably</u> at ten.

明日の朝にお会いしたいです。<u>できれば</u>、10時がいいのですが。

Property values declined, and the apartment owner set the rent <u>accordingly</u>.

不動産価格は下がり、マンションのオーナーは<u>それに従って</u>家賃を設定した。

The colleagues were <u>understandably</u> shocked by her sudden departure.

departure =「辞職；辞任」

<u>当然のことだが</u>、彼女の突然の辞職に同僚たちはショックを受けた。

Carl is <u>extremely</u> good at chess and plays it every day.

カールはチェスが<u>とても</u>上手く、毎日指す。

The land of the former chemical factory was examined <u>thoroughly</u>.

元化学品工場の土地は<u>徹底して</u>検査された。

<u>Apparently</u>, the prototype looked perfect.

prototype =「試作品」

<u>一見した限りでは</u>、その試作品は完ぺきに見えた。

<u>Regrettably</u>, your application has not been accepted.

<u>残念ですが</u>、ご応募にお応えできませんでした。

The entire city was <u>virtually</u> at a standstill during the blackout.

standstill =「停止」　blackout =「停電」

停電の間、全市が<u>実質的に</u>マヒ状態になった。

125

185	**simultaneously** [sàiməltéiniəsli] 超頻出	副 同時に 類 □ **at the same time** 同時に □ **concurrently** 同時に
186	**separately** [sépərətli]	副 別々に 派 □ **separate** 動 分ける 類 □ **individually** 個別に
187	**drastically** [dræstikəli]	副 劇的に；思い切って 派 □ **drastic** 形 劇的な；抜本的な
188	**hence** [héns] Part6頻出	副 それゆえ；したがって ① 因果関係を示すつなぎ言葉。
189	**subsequently** [sʌ́bsikwəntli] Part6頻出	副 後で；その後 ① 時間の前後関係を示す文脈で使う。 類 □ **later** 後で □ **afterward** 後で；その後
190	**clockwise** [klákwàiz]	副 時計回りに 反 □ **counterclockwise** 反時計回りに
191	**alike** [əláik] 用法注意	副 同様に 形 同様である ① A and B alike (AもBも同じように) 類 □ **equally** 同様に □ **similarly** 同様に
192	**literally** [lítərəli]	副 文字通り ① take A literally (Aを文字通り受け取る) 派 □ **literal** 形 文字通りの □ **literary** 形 文学の

A translation of the speech can be <u>simultaneously</u> heard during the broadcast.	放送中にスピーチの翻訳を同時に聞くことができます。
Ron and I decided to go to the trade show <u>separately</u>.	ロンと私はその見本市に別々に行くことに決めた。
Our company <u>drastically</u> changed after the new CEO came in.	新しいCEOが就任してから、当社は劇的に変わった。
The company had posted losses for three consecutive years; <u>hence</u>, the CEO resigned.	その会社は3年連続して赤字を計上した。それゆえ、CEOは辞任した。
She bought an old house in the suburbs, and <u>subsequently</u> renovated it completely.	彼女は郊外に古い家を買った。そして、その後でそれを完全にリフォームした。
Please state your opinions, going <u>clockwise</u> around the table.	テーブルの時計回りに、自分の意見を言ってください。
The lake is loved by locals and tourists <u>alike</u>.	その湖は地元の人にも観光客にも同じように愛されている。
Berta misunderstood her friend and took what he said <u>literally</u>.	ベルタは誤解して、友人が言ったことを文字通りに受け取ってしまった。

193	**concerted** [kənsə́rtid] (用法注意)	形 協調した ① a concerted effort (協調した努力) の表現でよく使う。
194	**mandatory** [mǽndətɔ̀:ri] (でる難語)	形 必須の；強制的な 類 □ imperative　必須の □ compulsory　義務の；強制的な
195	**iconic** [aikánik]	形 シンボル的な；象徴的な ① ビジネスでは「シンボル的な＝広く知られて確立された」の意味で使う。 派 □ icon 名 象徴；アイコン
196	**pivotal** [pívətəl]	形 重要な ① 名詞 pivot には「回転軸」→「要点」の意味がある。
197	**adverse** [ædvə́:rs]	形 不利な；逆の 類 □ unfavorable　不都合な □ harmful　有害な
198	**intact** [intǽkt]	形 完全な状態の；壊れていない 類 □ undamaged　壊れていない □ immaculate　完全な；汚れていない
199	**feasible** [fí:zəbl] (でる難語)	形 実現可能な 派 □ feasibility 名 実現可能性 類 □ viable　実現可能な
200	**synthetic** [sinθétik]	形 人工の；合成の 類 □ artificial　人工の

The two carmakers made a concerted effort to jointly develop a new engine.

自動車メーカー2社は、新しいエンジンの共同開発に協調して取り組んだ。

It is mandatory for managers to attend the leadership seminar.

管理職がそのリーダーシップ・セミナーに出席することは必須である。

The Singapore Sling is an iconic cocktail of the colonial-style hotel.

シンガポールスリングは、このコロニアル風ホテルのシンボル的なカクテルです。

Exposure to social media is pivotal to our sales campaigns.

exposure =「露出」

ソーシャルメディアへの露出は私たちの販売キャンペーンにとって重要だ。

Tax raises had an adverse effect on car sales.

増税は自動車販売に悪影響を及ぼした。

Pack fragile goods securely to ensure they arrive intact.

完全な状態のまま届くように、壊れやすい品物はしっかり包装してください。

The factory managers decided 10 percent more output was feasible.

output =「生産高」

工場のマネジャーたちは、さらに10%の生産増が実現可能だと決断した。

It's bad for your health to consume beverages with synthetic flavoring.

人工の香味料が入った飲料を飲むことは健康によくない。

201	**commendable** [kəméndəbl]	形 称賛すべき 派 □ **commend** 他 称賛する 類 □ **admirable** 称賛すべき 　 □ **laudable** 称賛すべき
202	**congenial** [kəndʒí:niəl]	形 好適な；親しみやすい ① 環境などが「心地よい；快適な」、人が「温厚で親しみやすい」の意味で使う。
203	**cumulative** [kjú:mjələtiv]	形 累積的な ① 数量・影響・効果などが「段階的に蓄積されている」状態を表す。 派 □ **cumulate** 他 蓄積する
204	**ubiquitous** [jubíkwətəs]	形 どこにでもある ① 「どこにでもあって利用できる」こと。「ユビキタス」とカタカナ化している。 類 □ **omnipresent** どこにでもある
205	**prevailing** [privéiliŋ]	形 普及している；流行している 派 □ **prevail** 自 普及する 類 □ **prevalent** 広く行き渡っている
206	**agile** [ǽdʒəl]	形 俊敏な；頭が切れる 類 □ **astute** 機敏な；抜け目ない 　 □ **shrewd** 判断が的確な；抜け目ない
207	**versatile** [və́:rsətəl]	形 用途が広い；(人が) 万能の ① 人にも使えて、**a versatile player** で「万能の選手」。 類 □ **adaptable** 適応力のある
208	**meticulous** [mətíkjələs]	形 こだわりが強い；とても注意深い ① **be meticulous about [in] A** (Aにこだわりが強い)

The rescue teams did <u>commendable</u> work in the flood-damaged area.

洪水被災地域で、その救助チームは称賛に値する仕事をした。

The small village is a <u>congenial</u> place for raising children.

raise children = 「子供を育てる」

その小さな村は子供を育てるのには<u>好適な</u>場所だ。

How do you plan to deal with your <u>cumulative</u> debts?

君は<u>積み上がった</u>債務をどう処理するつもり?

Free WiFi spots in the city are <u>ubiquitous</u>, from cafés to public spaces.

この市では、カフェから公共施設まで、無料のWiFiスポットが<u>どこにでも</u>ある。

Visiting locations of famous scenes is a <u>prevailing</u> trend among young moviegoers.

moviegoer = 「映画ファン」

有名シーンの場所を訪れることは、若い映画ファンの間で<u>流行の</u>トレンドになっている。

The investor was <u>agile</u> enough to sell all her stocks just before the crash.

crash = 「暴落」

その投資家はきわめて<u>俊敏</u>で、暴落の直前にすべての保有株を売り払った。

The Super Sponge is a <u>versatile</u> item usable on most home surfaces.

スーパースポンジは、家屋の表面部分のほとんどに使える<u>用途の広い</u>製品だ。

Miriam is <u>meticulous about</u> her appearance.

ミリアムは自分の見てくれ<u>へのこだわりが強い</u>。

209	**commensurate** [kəménsərət] (用法注意)	形 見合った；〜にふさわしい ① commensurate with A (Aに見合った) 類 □ corresponding　対応する；相当する
210	**unprecedented** [ʌnprésədèntid]	形 空前の；前代未聞の 類 □ unparalleled　無比の 　□ monumental　記念碑的な
211	**irrevocable** [irévəkəbl]	形 取り消しできない；解約不能の 派 □ revoke　働 取り消す
212	**intriguing** [intrí:giŋ]	形 魅力的な；興味深い ① 動詞 intrigue (興味をそそる) の現在分詞。
213	**assorted** [əsɔ́:rtid]	形 各種取りそろえた 類 □ varied　さまざまな 　□ miscellaneous　雑多な
214	**impeccable** [impékəbl]	形 完ぺきな；申し分のない 類 □ flawless　欠点のない
215	**ergonomic** [ə̀:rgənámik]	形 人間工学に基づいた ① ergonomics (人間工学) は、職場環境での人の快適性・効率性を追求する学問のこと。
216	**stellar** [stélər]	形 すばらしい ① 原意は「星の」で、「星のきらめきのようにすばらしい」という意味で使う。 関 □ rosy　(将来が) バラ色の；有望な

| I was offered a salary <u>commensurate with</u> my experience. | 私は自分の経験に見合った給与を提示された。 |

| The company enjoyed <u>unprecedented</u> success this year. | その会社は今年、空前の成功を収めた。 |

| The client was warned that his decision would be <u>irrevocable</u>. | 顧客は、彼の決定が取り消しできないものになると警告された。 |

| Their food is an <u>intriguing</u> combination of French and Japanese. | 彼らの料理はフランスと日本の魅力的な組み合わせだ。 |

| We offer <u>assorted</u> chocolates in white, milk, dark and more. | 私たちは、ホワイト、ミルク、ダークなど、各種詰め合わせたチョコレートを提供しています。 |

| Rena had <u>impeccable</u> leadership credentials, so she was often approached by executive recruiters. credential =「能力；実績」 | レナは申し分のない指導者の資質があったので、よく経営幹部専門のヘッドハンターからアプローチを受けた。 |

| Our <u>ergonomic</u> chairs are designed for workers who sit for long hours. | 当社の人間工学に基づいた椅子は、長い時間座って仕事をする人のために設計されています。 |

| She gave a <u>stellar</u> performance in "Violet." | 彼女は『バイオレット』ですばらしい演技をした。 |

133

217	**vulnerable** [vʌ́lnərəbl]	形 脆弱な；(攻撃に) さらされやすい ⓘ **be vulnerable to A** (Aに対して脆弱な) 類 □ **susceptible** 影響を受けやすい
218	**stagnant** [stǽgnənt]	形 沈滞した；淀んだ ⓘ 業績や景気が「不活発な；沈滞した」の意味でよく使う。 類 □ **sluggish** 不活発な；緩慢な
219	**repetitive** [ripétətiv]	形 繰り返しの；退屈な ⓘ 動詞 repeat (繰り返す) の形容詞形。 類 □ **monotonous** 単調な □ **tedious** 退屈な
220	**contentious** [kənténʃəs]	形 物議をかもす；議論を呼ぶ 派 □ **contend** 自 議論する 他 主張する 類 □ **controversial** 議論を呼ぶ
221	**nevertheless** [nèvərðəlés]　(Part6 頻出)	副 それでも；それにもかかわらず ⓘ 譲歩を表すつなぎ言葉。 類 □ **nonetheless** それにもかかわらず □ **notwithstanding** それにもかかわらず
222	**legibly** [léʤəbli]	副 読みやすい字で ⓘ 文書への記入を促す指示でよく使う。なお、動詞 **print** には「活字体できれいに書く」の意味があり、同様の場面で使う。
223	**arguably** [ɑ́ːrgjuəbli]	副 間違いなく ⓘ 形容詞の **arguable** には「議論の余地がある」「間違いない」の両方の意味がある。
224	**exponentially** [èkspənénʃəli]	副 急速に；飛躍的に ⓘ 数学で「指数関数的に」。増加の勢いが激しいことを表す副詞。

The glassware company feels it is <u>vulnerable</u> to some emerging competitors.

そのガラス製品会社は、台頭してきた競合相手に対して脆弱だと考えている。

The economy is <u>stagnant</u> partly because people prefer saving to spending.

経済が沈滞している一因は、人々が消費よりも貯蓄を好んでいるからだ。

I've been tired of doing <u>repetitive</u> work for over a week.

私は1週間以上、退屈な仕事をして疲れてしまっている。

The president finally dropped his <u>contentious</u> restructuring plan after facing fierce criticism.

fierce =「厳しい」

厳しい批判を浴びた後で、社長は最終的に彼の物議をかもした再編計画を取り下げた。

The climbing was difficult, but fun <u>nevertheless</u>.

その登山は難しかったが、それでも楽しかった。

This is an important document, so please write <u>legibly</u> in it.

これは重要な書類なので、読みやすい字で記入してください。

This is <u>arguably</u> the best Madonna painted by Raffaello.

これは間違いなく、ラファエロが描いた最高の聖母だ。

Online views of the dance video rose <u>exponentially</u> as word spread about it.

口コミが広がるにつれて、そのダンス動画のネット閲覧件数は急速に伸びた。

column 2　よく出るコロケーション

TOEICでよく使われる〈動詞 + 名詞〉のコロケーションを紹介します。Part 5 でも要注意です。

☐ assume a position　職位に就く

☐ blaze a trail　開拓する；先駆者になる

☐ conduct a survey　調査を行う

☐ deliver a speech　スピーチをする

☐ earn a reputation　評判を勝ち取る

☐ grab a bite　軽く食べる

☐ hold a meeting　会議を開く

☐ make efforts　努力する

☐ make progress　進歩する

☐ meet a deadline　締め切りを守る

☐ miss a target　目標を逸する

☐ pay a visit　訪問する

☐ place an order　注文する

☐ play a role　役割を果たす

☐ raise money　資金を調達する

☐ reach a conclusion　結論に達する

☐ run a business　事業を営む

☐ take action　行動を起こす

☐ take responsibility　責任を負う

☐ throw a party　パーティーを開く

1	**duty** [djúːti]	名 仕事；職務 ① **job**、**task**、**assignment** などとともに「仕事；職務」の意味でよく出る。

2	**position** [pəzíʃən] 超頻出	名 職位；仕事 ① 個々の仕事でなく、職位・職責を指す。**job** は「職位」の意味でも使う。 類 □ **post** 職位；ポスト

3	**firm** [fáːrm] 超頻出	名 会社 ① 名詞で「会社」の意味で使う。「会社」には **company**、**business**、**corporation** も使う。

4	**revenue** [révənjùː]	名 (会社の) 収入 ① 入ってくる全額を指す。**sales**(売り上げ) のほか、金利や不動産などの収入も含む。 類 □ **income** (個人の) 収入

5	**expense** [ikspéns] 超頻出	名 費用；経費 ① **at A's expense** (～の費用で) 類 □ **expenditure** 支出；経費 □ **spending** 支出

6	**fee** [fíː] 超頻出	名 料金；費用 ① 〈～ **fee**〉でさまざまな料金を表す。 類 □ **charge** 料金 □ **dues** 料金

7	**role** [róul] 用法注意	名 役割；機能 ① **play a role in A** (Aで役割を果たす) 類 □ **part** 役割；部分

8	**balance** [bǽləns] 超頻出	名 残高；均衡 ① TOEICでは「残高」の意味でよく出る。 **a current balance** (現時点の残高)

What time are you off <u>duty</u> today?	今日は何時に<u>仕事</u>が終わるの？
Candidates for the <u>position</u> must have five years of experience in the same field.	その<u>仕事</u>の候補者は同じ分野で5年間の経験を持っていなければならない。
I work for a law <u>firm</u> based in New York.	私はニューヨークに拠点を置く法律<u>事務所</u>で働いています。
The company has an annual <u>revenue</u> of \$72 million.	その会社の年間<u>収入</u>は7200万ドルだ。
She travelled around Asia at her company's <u>expense</u>.	彼女は会社の<u>費用</u>でアジア中を旅行した。
The admission <u>fee</u> is €6 for adults.	入場<u>料</u>は大人6ユーロです。
Mr. Taylor played an important <u>role</u> in the project's success.	テイラーさんはそのプロジェクトの成功に重要な<u>役割</u>を果たした。
We've maintained a healthy bank <u>balance</u> throughout the year.	我々は1年を通じて健全な銀行口座<u>残高</u>を維持している。

名詞600点レベル

9 □ □	**decade** [dékeid]	名 10年間 ① ten years の言い換えとして使われる。two decades = twenty years 関 □ **fortnight**　2週間
10 □ □	**delay** [diléi]	名 遅れ　自 遅れる ① **without delay**（遅滞なく） 派 □ **delayed**　形 遅れた
11 □ □	**policy** [páləsi]	名 方針；方策 類 □ **approach**　手法 □ **strategy**　戦略
12 □ □	**public** [páblik]	名 一般の人々；大衆　形 公共の ① **the public**（一般の人々） **in public**（人前で）
13 □ □	**matter** [mǽtər]	名 事柄；問題 類 □ **affair**　事柄；仕事 □ **problem**　問題
14 □ □	**sum** [sám]	名 金額；総計 ① 動詞として **sum up** で「合計する」「要約する」。 **the total sum**（総額）
15 □ □	**amount** [əmáunt]　超頻出	名 金額；数量 ① **the full amount**（全額） **a considerable amount**（相当な数量）
16 □ □	**rate** [réit]　超頻出	名 価格；比率 ① 動詞として「評価する」の意味がある。 類 □ **price**　価格 □ **ratio**　比率

I've worked as a broadcaster for three <u>decades</u>.

私は30年間、キャスターとして働いてきた。

After a <u>delay</u> of three hours, the plane finally took off.

3時間の遅れの後、飛行機はついに離陸した。

Please note that some company <u>policies</u> will change next week.

いくつかの会社の方針が来週、変更になることに注意してください。

The garden is closed to the <u>public</u> during the winter season.

その庭園は冬の期間は一般の人々には閉鎖される。

Lack of funds is another <u>matter</u> we must discuss.

資金不足は、私たちが話し合わなければならないもう一つの問題だ。

The total <u>sum</u> of your purchase is indicated in the bottom line.

お客様のご購入品の合計金額は最終行に示されています。

Maggie couldn't pay the full <u>amount</u> of the bill.

マギーは請求書の全額を支払うことができなかった。

You can reserve a room in the conference hotel at a special <u>rate</u>.

あなたは会議場のホテルに特別価格で部屋を予約できます。

名詞600点レベル

17	**line** [láin]　超頻出	名 (一連の) 商品 ① 「商品ライン」の意味で出る。〈a line of 商品〉の形が頻出。
18	**item** [áitəm]　超頻出	名 品目；項目 ① 「商品；品目」の意味でよく出る。
19	**unit** [jú:nit]	名 単位；装置 ① price per unit / unit cost (単価) a sink unit (シンク設備一式)
20	**device** [diváis]　超頻出	名 装置；機器 ① 主に「電気・機械製品」を指し、可算名詞で使う。 a handheld device (携帯機器)
21	**equipment** [ikwípmənt]　超頻出	名 機器；装置 ① 「特定の目的に使用される機器・装置」を指し、集合的に不可算名詞として使う。 派 □ equip 動 備え付ける
22	**facility** [fəsíləti]　超頻出	名 施設；設備 ① 「特定の目的に使用される場所・設備」を指す。可算名詞。 sporting facilities (スポーツ施設)
23	**utensil** [juténsəl]　Part1 頻出	名 用品；器具 ① 「台所や家庭で使う道具」を指す。 cooking utensils (調理器具) 関 □ instrument 器具；楽器
24	**appliance** [əpláiəns]　超頻出	名 機器；器具 ① 「家庭用の製品・機器」、主に「電化製品」を指す。 electric appliances (電気機器)

Our new line of running shoes is selling well.

私たちのランニングシューズの新しい商品ラインは売れ行きがいい。

We have a broad selection of gift items, such as T-shirts and keychains.

keychain =「キーホルダー」

私たちはTシャツやキーホルダーのようなギフト品を幅広く取りそろえています。

We are still negotiating with the vendor on price per unit.

vendor =「納入業者；ベンダー」

私たちはまだ、納入業者と単価について交渉している。

Our new car carries the most advanced safety devices.

当社の新車は最先端の安全装置を搭載している。

A man is arranging some equipment on the table.

男性がテーブルの上の機器を調整している。

The carmaker has three manufacturing facilities in Southeast Asia.

その自動車メーカーは東南アジアに3つの生産施設を持っている。

Our prime kitchen utensils are perfect for cooking lovers.

当社の高級キッチン用品は料理好きの人に最適です。

I replaced some electric appliances when I moved.

私は引っ越しをしたときに電気機器をいくつか入れ替えた。

25	**deal** [díːl]　用法注意	名 取引；契約 ① seal [close / land / strike] a deal (取引をまとめる) 類 □ transaction　取引
26	**demand** [diménd]	名 需要；要求　他 要求する ① meet demand (需要を満たす) 反 □ supply　供給
27	**rent** [rént]　超頻出	名 賃貸料　他 賃貸する；賃借する ① 家・アパート・車などの「賃貸料」の意味で使う。 　　動詞は「賃貸する」「賃借する」の両方向で使える。 関 □ lease　賃貸契約
28	**means** [míːnz]	名 手段；資力 ① a means of communication (通信手段) 　　within one's means (〜の資力の範囲で)
29	**manner** [ménər]　用法注意	名 方法；態度 ① in a timely manner (タイミングよく) 類 □ way　方法；様子 　　□ fashion　やり方；流行
30	**content** [kántent]	名 中身；内容物 ① 形容詞で「満足した」の意味がある。 　　a table of contents (目次)
31	**view** [vjúː]　超頻出	名 考え；意見；眺め　他 見る ① one's view on A (Aについての〜の意見) 　　a panoramic view (全景)
32	**review** [rivjúː]	名 調査；批評 ① re- (再び) + view (見ること) = review (見直し；調査) 　　book reviews (書評)

I'm going to Seattle to close a deal with the client.	クライアントとの取引をまとめるためにシアトルに行きます。
The demand for high-rise apartments is increasing as the economy grows.	経済が成長するにつれて、高層マンションの需要が高まっている。
Rent for this apartment is $2,400 per month.	このアパートの家賃は月額2400ドルです。
Social media is the best means to reach young consumers.	ソーシャルメディアは若い消費者に訴求するのに最適の手段だ。
In the future, we have to hire staff in a more timely manner.	今後、私たちはもっとタイミングのいい方法でスタッフを採用しなければならない。
The customs officer opened my suitcase to inspect its contents.	税関職員は私のスーツケースを開けて、その中身を調べた。
His view of the new project is too optimistic.	新しいプロジェクトに対する彼の考えは楽観的すぎる
City officials came for a review of safety measures.	安全対策の調査のために市の担当官が来社した。

名詞600点レベル

33	**condition** [kəndíʃən]	名 条件；状態 ① terms and conditions (条件) は頻出表現。 類 □ **term** 条件 　 □ **situation** 状態；状況
34	**location** [loukéiʃən]　超頻出	名 店；位置 ① 「位置；場所」が原意だが、TOEICでは「店」の意味でよく出る。
35	**mind** [máind]	名 考え；心　他 気にする 類 □ **thought** 考え 　 □ **attention** 注意；考慮
36	**benefit** [bénəfit]　超頻出	名 利益；給付；特典 ① for the benefit of A (〜のために) 派 □ **beneficial** 形 有益な
37	**proceeds** [próusi:dz]　超頻出	名 収益 ① 「イベント・活動からあがる収益」を指す。複数形で使う。 proceeds from [of] A (Aの収益)
38	**responsibility** [rispɑ̀nsəbíləti]	名 責任；職責 ① have responsibility for A (Aに責任がある) 派 □ **responsible** 形 責任がある
39	**operation** [ɑ̀pəréiʃən]　超頻出	名 操業；業務；手術 ① factory operations (工場の操業) 派 □ **operate** 他 操作する；経営する
40	**cooperation** [kouɑ̀pəréiʃən]　超頻出	名 協力 ① co- (共同の) + operation (業務) = cooperation (協力) 派 □ **cooperate** 自 協力する

We finally agreed on the conditions of the supply agreement.	我々は最終的に供給契約の条件に合意した。
The restaurant chain will open another location downtown.	そのレストランチェーンは繁華街にさらに一軒の店を開設する。
Do you have any particular meeting place in mind?	どこか特定の待ち合わせ場所を考えていますか。
The reduction in the price of the product was a great benefit for the client.	その製品の値下げは、顧客にとって大きな利益となった。
Proceeds from the concert will go to several charitable organizations.	コンサートの収益はいくつかの慈善団体に寄贈されます。
Saya has responsibility for managing office supplies.	サヤは事務用品の管理を担当している。
The factory was closed for months, but is back in operation now.	その工場は数カ月閉鎖されていたが、今は操業を再開している。
Thank you for your cooperation in organizing the fundraiser. fundraiser =「資金集めイベント」	資金集めイベントの開催でご協力いただいたことに感謝いたします。

名詞600点レベル

147

41	**aim** [éim]	名 目標；狙い　自 目標にする (at) ① set an aim（目標を設定する） achieve an aim（目標を達成する） 類 □ target 目標；標的
42	**code** [kóud]　(多義語)	名 規定；符号 ① a dress code（服装規定） a zip code（郵便番号）
43	**factor** [fǽktər]	名 要素；要因 ① important、key、major、crucial などの形容詞で強調する。 a factor in A（Aの要素）
44	**element** [élimənt]	名 要素；成分 派 □ elementary 形 基礎的な；初歩的な
45	**site** [sáit]	名 土地；敷地；(出来事が発生した) 場所 ① a historic site（史跡） 類 □ lot 用地；敷地
46	**suggestion** [sədʒéstʃən]	名 提案；アドバイス 派 □ suggest 他 提案する 類 □ proposal 提案 □ advice アドバイス
47	**session** [séʃən]	名 会合；集まり ① in session（開会中で） 類 □ conference 会議；大会 □ assembly 集会
48	**priority** [praió:rəti]	名 優先事項 ① set priorities（優先順位を決める） 派 □ prior 形 優先的な；前の

Our ultimate aim is to provide opportunities for jobless people.

私たちの究極の目標は職のない人々に機会を提供することだ。

Everyone in the company must follow its code of ethics.

会社のだれもがその倫理規定に従わなければならない。

Price isn't the most important factor in selling furniture.

家具を売るのに価格は最も重要な要素ではない。

Perseverance is a key element to success.

perseverance =「我慢強さ」

我慢強さは成功の重要な要素だ。

The architect will come to the construction site today.

建築家が今日、建設現場にやって来る。

Do you have any suggestions on the plan?

その計画に何かアドバイスはありますか。

The rescue team will undergo a series of practice sessions.

救助隊は一連の実地研修を受ける。

Increasing sales is a top priority for the new CEO.

売り上げを伸ばすことが新しいCEOの最優先課題だ。

名詞600点レベル

149

49	**representative** [rèprizéntətiv]	名 担当者；代表者 ① a sales representative (販売担当者) のように「担当者」の意味でも使う。 派 □ **represent** 他 代表する；示す
50	**loyalty** [lɔ́iəlti] 超頻出	名 愛顧；忠誠心 ① a loyalty card (お客様カード) brand loyalty (ブランドの愛顧)
51	**opportunity** [àpərtjú:nəti] 超頻出	名 機会；好機 ① an opportunity to do (〜する機会) take [use] an opportunity (機会を利用する) 派 □ **opportune** 形 絶好の；最適の
52	**issue** [íʃu:] 超頻出	名 問題；案件 他 発行する 類 □ **subject** 主題；テーマ □ **theme** テーマ；話題
53	**effect** [ifékt] 超頻出	名 効果；影響 ① take effect (効力を発揮する)
54	**option** [ápʃən] 派生語重要	名 選択肢；選択権 派 □ **opt** 自 選択する □ **optional** 形 選択できる；任意の 類 □ **choice** 選択肢；選択
55	**room** [rú:m]	名 場所；余地 ① room for growth (成長の余地) 類 □ **space** 空間；スペース □ **capacity** 容量；能力
56	**merchandise** [mə́:rtʃəndàis	-dàiz] 超頻出	名 商品 ① goods のフォーマルな言い方。集合名詞。 類 □ **goods** 商品

The CEO started his career as a sales representative.

CEOは販売員としてキャリアをスタートした。

It's very important for a clothing company to build brand loyalty.

衣料品会社にとってブランドへの愛顧をつくりあげることはきわめて重要だ。

I'd like to take this opportunity to offer thanks to all concerned.

all concerned = 「関係者全員」

この機会を借りて、関係者の皆様に感謝したいと思います。

The board members were eager to discuss the issue at hand.

at hand = 「目の前にある」

取締役会のメンバーは目の前にある問題を議論しようとした。

The new promotion had a substantial effect on sales.

新しい販売促進活動は売り上げに大きな効果があった。

Both parties have the option to cancel the contract at the end of the term.

term = 「期間」

両者は期限が来れば、その契約を破棄するという選択肢を持っている。

We'll make room for new seasonal items.

新しい季節の商品のスペースをつくりましょう。

A woman is reaching for the merchandise on the shelf.

女性が棚の上の商品に手を伸ばしている。

名詞600点レベル

57	**pleasure** [pléʒər]	名 楽しみ；娯楽 派 □ **pleasant** 形 心地よい；愉快な 類 □ **delight** 大喜び
58	**gratitude** [grǽtətjùːd] 超頻出	名 感謝 ! **express gratitude** (感謝の意を示す) 類 □ **thankfulness** 感謝
59	**assistance** [əsístəns]	名 援助 派 □ **assist** 他 援助する 類 □ **support** 支援 □ **aid** 援助
60	**measure** [méʒər]	名 手段；対策　他 測る ! **take measures** (手段をとる) 　 **security measures** (警備対策)
61	**method** [méθəd]	名 方法；手段 ! **a method for [of] doing** (〜する方法)
62	**procedure** [prəsíːdʒər] 超頻出	名 手順；手続き ! **follow a procedure** (手順に従う) 類 □ **proceeding** 手順；手続き
63	**influence** [ínfluəns]	名 影響　他 影響を与える 類 □ **impact** 影響；衝撃
64	**value** [vǽljuː] 派生語重要	名 価値；価格 派 □ **valuable** 形 貴重な；高価な □ **invaluable** 形 計り知れない価値がある

It was a pleasure to meet the employees of our affiliate company.

affiliate company =「関連会社」

私たちの関連会社の社員と会うのは楽しいことだった。

Let me express my sincere gratitude for all your support.

皆様のご支援すべてに心より感謝いたします。

I appreciate your assistance with my presentation to the client.

クライアントへの私のプレゼンを援助してくれたことに感謝いたします。

Some television producers take extreme measures to increase the ratings of their shows.

ratings =「視聴率」

テレビ・プロデューサーの中には、彼らの番組の視聴率を上げるために極端な手段をとる人もいる。

The team developed a new method for shipping fresh fish.

そのチームは鮮魚を配送する新しい方法を開発した。

It is standard procedure to fill out the form before entering the building.

建物に入る前に書式に記入するのは標準的な手順です。

Who has had an influence on you?

あなたはどんな人に影響されていますか。

The renovations would increase the value of the house.

リフォームすれば、その家の価値は上がるでしょう。

名詞600点レベル

65	**agency** [éidʒənsi]	名 代理店 ① 「2者間の仲介をする業種」を指す。 　an advertising agency（広告代理店） 派 □ **agent** 名 代行業者；代理人
66	**organization** [ɔ̀ːrɡənəzéiʃən]	名 団体；組織 派 □ **organize** 他 組織化する
67	**anniversary** [æ̀nivə́ːrsəri] 超頻出	名 記念日 ① 会社の「創立記念日」の意味で出る。 類 □ **commemoration** 記念；記念式典
68	**profession** [prəféʃən]	名 専門職；職業 ① 訓練や資格が必要な「専門職」のニュアンス。 類 □ **occupation** 職業；占有 　□ **vocation** 職業；天職
69	**expertise** [èkspəːrtíːz] 発音注意	名 専門知識・技能 類 □ **know-how** ノウハウ 　□ **proficiency** 技量
70	**status** [stéitəs] 用法注意	名 状況；地位 ① order status（注文状況） 　social status（社会的な地位）
71	**circumstance** [sə́ːrkəmstæns]	名 状況；環境 ① under no circumstances（いかなる状況でも 　〜ない）
72	**solution** [səlúːʃən]	名 解決（策） ① a solution to [for] A（Aの解決策） 派 □ **solve** 他 解決する

We are a travel agency focused on Tuscany, Italy.

私たちはイタリアのトスカーナ州に特化した旅行代理店です。

Steve works for an organization that plans various events for charity.

スティーブはさまざまな慈善イベントを企画する団体で働いている。

Tomorrow is the anniversary of the founding of the company.

明日は会社の創立記念日です。

The conference attendees included members of the medical profession.

その会議の出席者には医療専門職のメンバーが含まれていた。

The candidate has a lot of expertise in the management of hotels.

その候補者はホテルの運営について豊富な専門知識を持っている。

To find out your order status, please enter your 10-digit order number.

お客様の注文状況を調べるには、10桁の注文番号を入力してください。

The work on the building will start next week if circumstances permit.

状況が許せば、そのビルの作業は来週にも始まる。

The team developed several solutions to architectural problems in the bridge design.

architectural =「建築の」

そのチームは、橋梁設計における建築上の問題の解決策をいくつか考案した。

73	**custom** [kʌ́stəm]	名 (社会的な) 慣習；(複数で) 税関 ① a local custom (地元の慣習) 　 customs clearance (通関) 類 □ habit (個人の) 習慣
74	**reward** [riwɔ́ːrd]　(派生語重要)	名 特典；報酬 ① rewards program (特典プログラム) 派 □ rewarding 形 やりがいのある
75	**attempt** [ətémpt]	名 試み　他 試みる ① make an attempt to do (〜すること試みる) 類 □ trial 試み
76	**majority** [mədʒɔ́ːrəti]	名 過半数；大多数 反 □ minority 少数派
77	**resident** [rézidənt]　(超頻出)	名 住民 派 □ reside 自 住む 　 □ residential 形 居住の 類 □ dweller 住民
78	**honor** [ánər]	名 名誉；光栄 ① in honor of (〜に敬意を表して；〜を祝って) 派 □ honorable 形 尊敬すべき；名誉となる
79	**gain** [géin]	名 増加；利益　他 獲得する ① make gains (進歩する) 　 net gains (純利益)
80	**progress** [prágrəs]　(超頻出)	名 進歩；進行　自 進歩する ① in progress (進行中で) 　 make progress (進歩する) 派 □ progressive 形 進歩的な

It's a custom to eat turkey on Thanksgiving Day.

感謝祭の日には七面鳥を食べるのが慣習だ。

When you join our rewards program, you instantly get benefits, like free WiFi.

当社の特典プログラムに参加したら、すぐに無料 WiFi などの恩恵が受けられます。

The reporter made several attempts to contact the billionaire.

billionaire =「富豪；億万長者」

その記者はその富豪に数回連絡を取ろうと試みた。

The majority of the board of directors voted to hire the auditing firm.

auditing firm =「監査会社」

取締役会の過半数は、その監査会社の採用に賛成票を投じた。

The residents of the small village tend to live long lives.

その小さな村の住民は長生きする傾向がある。

Patti Weld considered it a great honor to be chosen Author of the Year.

パティ・ウェルドは、年度代表作家に選ばれるのは大きな名誉だと思った。

The company has made huge gains in the game market.

その会社はゲーム市場で大きく躍進した。

We are making steady progress toward a zero-carbon factory.

私たちはゼロカーボン工場を目指して着実に進歩している。

名詞600点レベル

157

81	**controversy** [kántrəvə̀:rsi]	名 議論 ⓘ controversy over [about] A (Aについての議論) 派 □ **controversial** 形 議論を呼ぶ
82	**caution** [kɔ́:ʃən]	名 注意；警告 ⓘ use [take] caution (用心する) 類 □ **warning** 警告；警報 　□ **alert** 警報；警戒態勢
83	**concern** [kənsə́:rn]　超頻出	名 懸念；関心　他 関係する 派 □ **concerned** 形 心配な；気遣って 　□ **concerning** 前 ～に関して
84	**attitude** [ǽtətjù:d]	名 態度；姿勢 類 □ **behavior** ふるまい 　□ **posture** 姿勢；態度 　□ **demeanor** 態度；ふるまい
85	**objective** [əbdʒéktiv]	名 目標　形 客観的な 類 □ **goal** 目標；ゴール
86	**purpose** [pə́:rpəs]	名 目的 ⓘ for the purpose of ～ (～という目的で)
87	**occasion** [əkéiʒən]　超頻出	名 機会；行事 ⓘ a rare occasion (めったにない機会) 　a special occasion (特別な行事)
88	**tip** [típ]　多義語	名 ヒント；心付け (チップ)；先端 ⓘ a generous tip (気前のいいチップ) 　the tip of the iceberg (氷山の一角)

There is a <u>controversy</u> over the plans to outsource some business functions.

outsource = 「外部委託する」

業務機能の一部を外部委託するという計画には<u>議論</u>がある。

He received a <u>caution</u> from his doctor about too much fat in his diet.

fat = 「脂肪」 diet = 「食事」

彼は食事で脂肪を摂りすぎていると医師から<u>注意</u>を受けた。

The rising unemployment rate has become a <u>concern</u> to the state government.

上昇する失業率が州政府の<u>懸念</u>になってきた。

Eve is a friendly person and has a good <u>attitude</u> toward work.

イヴは愛想のいい人で、仕事に対する<u>態度</u>も前向きだ。

Our main <u>objective</u> is to deliver packages as quickly as possible.

我々の主要な<u>目標</u>は、荷物をできるかぎり迅速に配送することだ。

The <u>purpose</u> of the event is to raise money for children's charities.

そのイベントの<u>目的</u>は子供たちの慈善事業のために資金を集めることだ。

The trade show is a good <u>occasion</u> for us to demonstrate our products.

その展示会は我々が自社製品を紹介するいい<u>機会</u>だ。

Check our Web site for many useful <u>tips</u> on travelling in Spain.

当社のウェブサイトでは、スペインを旅行するのに有益なたくさんの<u>ヒント</u>が見つかります。

89	**patron** [péitrən] 超頻出	名 後援者；常連客 ① a patron of the restaurant (レストランの常連客) 類 □ **sponsor** 後援者；広告主 　 □ **customer** 顧客
90	**account** [əkáunt] 多義語	名 顧客；取引；(銀行などの) 口座；説明 ① 多義語で、「口座」「説明」の他に、「取引」や「取引先→顧客 (会社・店など)」の意味でも使う。
91	**basis** [béisis]	名 原則；基礎 ① on A basis (Aを原則として) 　 on the basis of A (Aに基づいて)
92	**coverage** [kávəridʒ]	名 適用範囲 ① 保険の「保障範囲」、新聞などの「取材範囲」、電波などの「受信範囲」を表す。
93	**notion** [nóuʃən]	名 考え；見解 ① have a notion (考えを持つ) 　 accept a notion (考えを受け入れる)
94	**setting** [sétiŋ]	名 環境；状況 ① an idyllic setting (牧歌的な環境)
95	**misunderstanding** [mìsʌndərstǽndiŋ]	名 誤解 ① cause a misunderstanding (誤解を引き起こす) 反 □ **understanding** 理解
96	**finding** [fáindiŋ]	名 調査結果；発見結果 ① 動詞 find (見つける) の動名詞で、「見つけたもの」→「調査結果」の意味。 類 □ **discovery** 発見

160

The firm is known for being a patron of arts.

その会社は芸術の後援者として知られている。

Mr. Goh secured three international accounts in his first month on the job.

ゴーさんは仕事を始めた最初の月に3件の海外顧客を獲得した。

I work for the company on a contract basis.

私はこの会社で契約ベースで働いている。

The insurance policy offers full coverage on fire and theft.

theft = 「盗難」

この保険は、火災や盗難のすべてを保障範囲としている。

I don't have any clear notion of what to do next.

私は、次に何をすべきかについて明確な考えを持っていない。

The Oriental Hotel is the perfect setting for a luxurious holiday.

オリエンタル・ホテルはぜいたくな休暇にぴったりの環境です。

I'm afraid that there's a bit of a misunderstanding between us.

私たちの間にはいくらか誤解があるようです。

Findings on the latest consumer survey are posted on our Web site.

最新の消費者調査の結果は当社のウェブサイトにアップされています。

97	**ingredient** [ingrí:diənt]　超頻出	名 素材；構成要素 ① 「料理や食品などの素材」の意味でよく使われる。 題 □ **constituent** 成分；構成要素
98	**harvest** [há:rvist]	名 収穫 (物)　他 収穫する ① 動詞としてもよく使う。**locally harvested** (地元産の) 題 □ **crop** 農産物；収穫高
99	**prospect** [práspekt]	名 見通し；将来性 派 □ **prospective** 形 見込みのある 題 □ **outlook** 見通し；展望
100	**reform** [rifɔ́:rm]	名 改革　他 改革する ① 組織やシステムの「改革」を表し、部屋の「リフォーム」には使わない。 題 □ **improvement** 改良；進歩
101	**principle** [prínsəpl]	名 原則；主義 ① **in the principle of A** (Aを原則に) 　**in principle** (原則的には)
102	**drive** [dráiv]　用法注意	名 意欲；運動 ① **the drive to do** (〜しようとする意欲) 　**a donation drive** (寄付キャンペーン) 題 □ **motivation** 動機；やる気
103	**relief** [rilí:f]	名 安堵；(苦痛などの) 緩和 派 □ **relieve** 他 安心させる；和らげる 題 □ **reassurance** 安心
104	**outcome** [áutkàm]　超頻出	名 結果；成果 ① out- (外に) + come (来る) = outcome (結果) 題 □ **consequence** 結果 　□ **result** 結果

Our dishes are all made from organic <u>ingredients</u>.

organic =「有機栽培の」

当店の料理はすべて有機<u>素材</u>でつくられています。

Thailand had an enormous rice <u>harvest</u> this year.

タイは今年、コメが大豊<u>作</u>だった。

Gatner Zoo faces the <u>prospect</u> of more visitors as the weather becomes warmer.

ゲイトナー動物園は、気候が暖かくなるにつれて、ますます多くの訪問客を<u>見込める</u>。

Overall <u>reform</u> is necessary for the current pension system.

現在の年金制度には全般的な<u>改革</u>が必要だ。

We operate on the <u>principle</u> of putting the customer first.

当社は「顧客を第一に」という<u>原則</u>で業務を行っています。

The brokers have the <u>drive</u> to close deals at a very high rate.

ブローカーたちはきわめて高い成約率で取引をまとめようという<u>意欲</u>に満ちている。

I felt such a sense of <u>relief</u> when I received an acceptance letter.

採用通知を受け取って、私は心から<u>安堵</u>した。

Higher market share was the <u>outcome</u> of the two companies' merger.

市場占有率が上がったことは2社が合併した<u>成果</u>だった。

---

105 statement
[stéitmənt]

名 明細書；声明
① a bank statement (銀行明細)
　 a mission statement (使命表明)
派 □ **state** 他 言明する

---

106 input
[ínpùt]

名 意見；協力
① 「入力」のほかに、人が提供する「意見」「協力」の意味で使うので注意。

---

107 feedback
[fíːdbæk]
超頻出

名 感想；回答
① 製品に対する消費者の「感想」、アンケートなどへの「回答」の意味でよく使う。
類 □ **response** 反響；反応

---

108 regulation
[règjəléiʃən]

名 規則；法規
① rules and regulations (規則)
派 □ **regulate** 他 規制する

---

109 fine
[fáin]

名 罰金
① 名詞で「罰金」の意味で使う。
　 impose a fine (罰金を科す)
類 □ **penalty** 罰金；違約金

---

110 shortcoming
[ʃɔ́ːrtkʌ̀miŋ]

名 欠点；短所
類 □ **imperfection** 欠点；欠陥
　 □ **deficiency** 不足；欠点

---

111 inconvenience
[ìnkənvíːniəns]
超頻出

名 不便；迷惑
類 □ **trouble** 迷惑；面倒
　 □ **bother** 面倒

---

112 troubleshooting
[trʌ́blʃùːtiŋ]

名 問題解決
① 主に企業やコンピュータの問題を解決すること。
　 troubleshoot は動詞で「問題を解決する」。

Customers are encouraged to switch to online statements.

顧客はオンラインの明細書に切り替えることを勧められている。

The president always values helpful input from employees on improving the workplace.

社長は、職場改善についての社員からの有益な意見をいつも歓迎する。

Doctor Bobson provided feedback on the new surgical equipment.

surgical = 「手術の」

ボブソン医師は新しい手術用機器についての感想を伝えた。

It is against company regulations to wear shorts to work.

ショートパンツをはいて働くのは会社の規則に違反する。

A $500 fine is imposed for riding without a valid ticket.

有効な切符を持たない乗車には500ドルの罰金が科される。

I think my only shortcoming is a lack of experience in management.

私の唯一の短所はマネジメントの経験不足だと思います。

Airline staff apologized to passengers for their delayed departure inconvenience.

航空会社のスタッフは出発の遅れによる不便を乗客に謝罪した。

Before contacting us, please read the troubleshooting instructions on the website.

連絡していただく前に、ウェブ上の問題解決案内を読んでください。

113	**fare** [féər] (多義語)	名 (交通機関の) 運賃；料理 ⓘ air fares (航空運賃) 　local fare (地元料理)
114	**fair** [féər]	名 説明会；見本市 類 □ exhibition　展覧会；見本市 　□ exposition　博覧会
115	**obstacle** [ábstəkl]	名 障害；邪魔 類 □ barrier　障壁；柵 　□ impediment　障害；さまたげ
116	**aspect** [æspekt] (超頻出)	名 側面；観点 類 □ feature　特徴；特集 　□ dimension　側面；寸法
117	**perception** [pərsépʃən]	名 認識；知覚 ⓘ have a perception of A (Aについての認識を持つ) 派 □ perceive　動 理解する；知覚する
118	**credit** [krédət] (多義語)	名 称賛 ⓘ 他に「信用貸し」「預金」「出演者一覧」などの意味もある。 類 □ praise　称賛
119	**drawback** [drɔ́:bæk]	名 欠点；不利な点 ⓘ 動詞句の draw back は「後退する」の意味。 類 □ disadvantage　不利な点
120	**routine** [rù:tí:n]	名 日課；お決まりの仕事 ⓘ a daily routine (日課)

166

The City-Go Pass provides an easier way to cover daily commuting fares.

commuting =「通勤」

シティゴーパスは毎日の通勤運賃の支払いを簡便にします。

This job fair is targeted at international job seekers.

この就職説明会は海外の求職者を対象としたものだ。

Ignorance is an obstacle to progress.

無知は進歩の障害だ。

Can you see any negative aspects of the plan?

この計画にどこかマイナス面がありますか。

The president has a clear perception of the company's weakness.

社長は会社の弱みについて明確な認識を持っている。

So-yeon deserves credit for landing a big client.

ソヨンは大口顧客を獲得したことで称賛に値する。

The only drawback of the bike is its heavy weight.

この自転車の唯一の欠点は重いということだ。

A ten-minute yoga exercise is her morning routine.

10分間のヨガ体操が彼女の朝の日課だ。

名詞730点レベル

121	**initiative** [iníʃətiv] 用法注意	名 率先；構想 ① take the initiative in doing [to do] (率先して～する) 派 □ **initiate** 他 開始する；加入させる
122	**vision** [víʒən]	名 見通し；先見の明 派 □ **visionary** 形 先見の明のある 類 □ **foresight** 先見の明；将来の展望
123	**preference** [préfərəns]	名 好み；優先 ① have a preference for A (Aを好む) 派 □ **prefer** 他 ～のほうを好む
124	**criteria** [kraitíəriə]	名 判断基準 ① criterion [kraitíəriən] の複数形。 類 □ **standard** 水準；判断基準
125	**certificate** [sərtífikət] 発音注意	名 証明書；免状 派 □ **certify** 他 認定する；証明する 類 □ **license** 免許証
126	**reminder** [rimáindər] 超頻出	名 思い出させるもの；督促状 ① 相手が忘れていそうなことを思い出させる場面で使う。remainder (残りのもの) との区別に注意。 派 □ **remind** 他 思い出させる
127	**patronage** [péitrənidʒ] 超頻出	名 愛顧；常連客 類 □ **custom** 愛顧；常連客 □ **trade** 得意先；商売
128	**acquaintance** [əkwéintəns]	名 知人；面識 ① acquaintance は friend より親密度が薄い。

The assistant manager took the initiative in trying to solve the problem.

副課長は率先して、その問題を解決しようとした。

Only Ms. Hanson has the vision and the drive to make the project successful.

ハンソンさんだけがそのプロジェクトを成功させる見通しと意欲を持っている。

I have no particular preference for drinks.

私は飲み物には特別な好みはありません。

The company has established criteria for employee evaluations.

employee evaluations =「社員評価」

会社は社員評価の判断基準を確立している。

In order to receive a Social Security number, you must present your birth certificate.

社会保険番号を取得するためには、出生証明書を提示しなければならない。

Thank you for your kind reminder.

ご親切に思い出させてくれてありがとうございます。

The art gallery relies heavily on guest patronage for its operating funds.

その美術館は運営資金を来館者の愛顧に大きく依存している。

Our CEO prefers to do business with acquaintances and friends.

私たちのCEOは知人や友人と仕事をすることを好む。

129	**hospitality** [hὰspətǽləti]	名 歓待；もてなし ① hospitality industry (接客産業) 派 □ **hospitable** 形 温かくもてなす
130	**enthusiasm** [inθjú:ziæzm]	名 熱意；情熱 派 □ **enthusiastic** 形 熱心な；情熱的な 類 □ **passion** 情熱 □ **zeal** 熱意；熱中
131	**quest** [kwést]	名 探求；追求 ① in quest of A (Aを求めて) 類 □ **pursuit** 追求
132	**endeavor** [endévər]　発音注意	名 懸命な努力 自 懸命に努力する ① effort のフォーマルな言い方で、ビジネスで好まれる。 類 □ **effort** 努力 □ **exertion** 尽力
133	**evolution** [èvəlú:ʃən]	名 進化；発展 ① 技術やアイデアなどの「漸進的な変化」の意味で使う。 派 □ **evolve** 自 進化する；発展する
134	**compliance** [kəmpláiəns]　超頻出	名 (法令・規則の) 遵守；従うこと ① in compliance with A (Aに従って) 類 □ **observance** 遵守 □ **conformity** 遵守
135	**constraint** [kənstréint]	名 制約；制限 ① budget constraints (予算の制約) 類 □ **restriction** 制限
136	**comparison** [kəmpǽrisən]	名 比較 派 □ **compare** 他 比較する □ **comparative** 形 相対的な □ **comparable** 形 匹敵する

The resort chain offers exceptional <u>hospitality</u> in over 100 cities worldwide.
exceptional =「類いまれな」

そのリゾートチェーンは世界100以上の都市で類いまれなおもてなしを提供している。

Avery performs her job duties with great <u>enthusiasm</u>.

エイヴリーは強い熱意を持って、自分の職務を遂行する。

The athlete is on a <u>quest</u> for the gold medal at the Olympics.

その選手はオリンピックでの金メダル獲得を<u>目指</u>している。

We must make every <u>endeavor</u> to win back our market share.

我々はマーケットシェアを取り戻すためにあらゆる<u>努力</u>をしないといけない。

The successful project was the result of an <u>evolution</u> of many good ideas.

そのプロジェクトが成功したのは、多くのいいアイデアが<u>進化</u>した結果だった。

Our safety procedures are in <u>compliance</u> with the state regulations.

当社の安全手順は州の規則に<u>従った</u>ものだ。

We must finish the construction under strict time <u>constraints</u>.

私たちは厳しい時間的<u>制約</u>の中で建設工事を終えないといけない。

The sales manager made a <u>comparison</u> between the two graphs.

販売部長は2つのグラフを<u>比較</u>した。

名詞730点レベル

171

137	**quota** [kwóutə]	名 ノルマ；割当量 ① 仕事の「ノルマ」、輸入などの「割当量」の意味で使う。
138	**phase** [féiz]	名 段階；フェーズ ① プロジェクトや業務の「段階」を指す。 類 □ **stage** 段階；時期
139	**fraction** [frǽkʃən]	名 ほんの一部；断片 ① a fraction of A（わずかのA） 類 □ **fragment** 断片；かけら
140	**bulk** [bʌ́lk]	名 大量；大部分 ① in bulk（大量に） 類 □ **volume** 分量；容積 　□ **mass** 大量；一般大衆
141	**round** [ráund]	名 回数 ① 名詞で出来事などの「回数」の意味で使う。 類 □ **series** 連続；一連 　□ **streak** 一時期；一連
142	**scope** [skóup]	名 範囲；領域 類 □ **extent** 範囲；程度
143	**portion** [pɔ́ːrʃən]	名 部分；一部 類 □ **patch** 部分；土地の一区画
144	**likelihood** [láiklihùd]	名 可能性；見込み ① The likelihood is (that) ～（おそらく～である） 類 □ **probability** 見込み

The manager set new sales quota for salespersons.	部長は販売員の新しい販売ノルマを設定した。
The smart speaker was moved relatively quickly to a prototype phase.	そのスマートスピーカーは比較的早く試作品の段階まで進んだ。
A growing fraction of store customers are buying from the vegetarian section.	菜食主義の売り場で購入する買い物客の割合が増えている。
The bulk of company branches are in Southeast Asia and Europe.	会社の支店の大部分は東南アジアとヨーロッパにある。
She has passed the multiple rounds of job interviews.	彼女は数多くの面接を通過した。
Camille's position as quality control manager gives her a broad scope of authority.	カミーユの品質管理マネジャーとしての職位には幅広い権限領域がある。
Beth read only a portion of the contract but signed it anyway.	ベスは契約書のほんの一部しか読まなかったが、とにかくサインした。
There is little likelihood they will compromise on prices. compromise =「譲歩する；妥協する」	彼らが価格面で譲歩する可能性は小さい。

名詞730点レベル

173

145	**venue** [vénju:] 超頻出	名 開催場所 ⓘ「会議やイベントなどの開催場所」を表す。
146	**premises** [prémisis] 超頻出	名 (建物の) 敷地 ⓘ 会社や博物館などの「敷地」の意味で出る。この意味では複数で使う。 ⑳ □ **compound** 敷地；化合物
147	**packet** [pǽkət]	名 パッケージ；包み ⑳ □ **pack** 小箱
148	**receptacle** [riséptəkl]	名 容器 ⑳ □ **bin** 容器；ごみ箱 □ **container** 物入れ；(輸送用) コンテナ
149	**segment** [ségmənt]	名 区分；部分 ⓘ a market segment (市場区分) ⑳ □ **piece** 一片；一部分 □ **chunk** 一かたまり
150	**tier** [tíər]	名 階層 ⑳ □ **layer** 層
151	**literature** [lítərətʃər]	名 (案内・宣伝のための) 印刷物；文学 ⓘ ビジネスでは「印刷物」「パンフレット」の意味で使うので注意。不可算名詞。
152	**predecessor** [prédəsèsər]	名 前任者；前のもの ⓘ 人にも物にも使える。 ⑳ □ **precursor** 前任者；先駆者 ⓥ □ **successor** 後任者

Midtown Conference Hall is an ideal venue for large business or association gatherings.

association = 「団体」

ミッドタウン会議ホールは企業や団体の大きな会合を開くのに理想的な場所だ。

Guards patrol the building parking lot, lobby and other premises at night.

警備員は夜間、建物の駐車場とロビー、そして他の敷地を巡回する。

Please refer to the information packet attached for further details.

さらに詳しいことは添付の情報パッケージをご参照ください。

Separate receptacles for discarded glass, paper, and plastic are set up throughout the building.

廃棄されるガラス、紙、ビニール用のそれぞれの容器が館内中に設置されている。

We need to appeal to the younger segment of the market.

私たちはもっと若い市場区分に訴求する必要がある。

She has a contact in the top tier of the local government.

contact = 「コネ；つて」

彼女は地方政府の上層部にコネがある。

Zoo visitors may pick up attraction literature at the main gate.

動物園の訪問者は正門で見所を紹介するパンフレットを手に入れることができます。

We are more technologically advanced than our predecessors.

我々は前任者たちよりも技術的に進歩している。

名詞730点レベル

175

153	**tribute** [tríbju:t]	名 賛辞；尊敬のしるし ① pay a tribute to (〜に賛辞を送る) 類 □ **commendation** 賞賛 (の言葉)；推奨
154	**foundation** [faundéiʃən] (多義語)	名 根拠；基礎；財団 (法人) ① 化粧品の「ファンデーション」もこの単語。 派 □ **found** 動 設立する；基礎を置く
155	**insight** [ínsait] (用法注意)	名 見識；洞察力 ① an insight into A (Aについての見識) 類 □ **intuition** 直感；洞察
156	**scrutiny** [skrú:təni]	名 精査 ① under scrutiny (精査中で) 派 □ **scrutinize** 動 精査する
157	**aptitude** [ǽptitjù:d]	名 適性；才能 ① an aptitude test (適性検査) 類 □ **talent** 才能
158	**privilege** [prívəlidʒ]	名 特権；特典 派 □ **privileged** 形 特権を与えられた 類 □ **advantage** 利点
159	**phenomenon** [fənámənàn]	名 驚くべきこと；現象 ① 「世の中を驚かせる出来事・商品・人」などを指す。 類 □ **sensation** 世の評判になる人・こと
160	**legacy** [légəsi]	名 遺産；レガシー ① 「前任者・先行する時代から受け継いだもの」という意味。好悪両面で使える。 類 □ **heritage** (文化的な) 遺産；世襲財産

The Developer of the Year Award is a <u>tribute</u> to cutting-edge IT firms.

開発者年度大賞は最先端のIT企業を称えるものだ。

There was no <u>foundation</u> in the supervisor's objections.

上司の反対意見には根拠がなかった。

The survey provided new <u>insights into</u> the Indian market.

その調査はインド市場についての新しい見識をもたらしてくれた。

All legal agreements require close <u>scrutiny</u> before signing them.

すべての法的な合意文書は署名する前に慎重な精査が必要だ。

It takes a certain amount of skill and <u>aptitude</u> to do the job well.

その仕事をうまくこなすには、ある程度の技能と適性が必要だ。

Francis has the <u>privilege</u> of going to Europe on her business trip.

フランシスは出張でヨーロッパに行けるという特権を持っている。

Her first novel became the literary <u>phenomenon</u> of the decade.

彼女の最初の小説は10年来の文学の一大事件になった。

The CEO retired, leaving a <u>legacy</u> of corporate success.

CEOは会社の成功という遺産を残して退任した。

161	**conflict** [kánflikt] (用法注意)	名 (予定の) 重複；衝突 類□ **clash** 衝突；対立 □ **friction** あつれき
162	**contingency** [kəntíndʒənsi] (超頻出)	名 緊急事態 ① a contingency plan (緊急時対応策) 派□ **contingent** 形 不測の 類□ **emergency** 緊急事態
163	**flaw** [flɔ́:]	名 不備；欠陥 類□ **defect** 弱点；欠陥 □ **fault** 欠陥；誤り
164	**burden** [bə́:rdən]	名 重荷；荷物 類□ **responsibility** 責任 □ **load** 積み荷
165	**fatigue** [fətí:g]	名 過労 類□ **tiredness** 疲労 □ **exhaustion** 疲労困憊
166	**remedy** [rémədi]	名 救済策；改善策 類□ **treatment** 治療；処置
167	**proponent** [prəpóunənt]	名 提唱者；支持者 類□ **advocate** 提唱者 □ **champion** 支持者；擁護者
168	**proprietor** [prəpráiətər]	名 所有者 ①「会社や店などの所有者」を指す。 類□ **owner** 所有者 □ **possessor** 所有者

I have a scheduling <u>conflict</u> this Friday.	今週の金曜では予定が重複します。
The production department plans for multiple <u>contingencies</u>, such as raw material shortages.	生産部は原材料不足などの多様な緊急事態に備えて計画を立てている。
Our overseas investment plan seemed to have no <u>flaws</u>.	我々の海外投資計画には不備がないように思われた。
Some managers believe it's a <u>burden</u> to take responsibility for their people.	管理職の中には自分の部下に責任を負うことを重荷だと考える人もいる。
Neal decided to take his holidays off because he was suffering from severe <u>fatigue</u>.	ニールは極度の疲労に苦しんでいたので、休暇を取ることにした。
The committee proposed a set of <u>remedies</u> for the current financial crisis.	その委員会は現在の金融危機に対する一連の救済策を提案した。
The production manager is a strong <u>proponent</u> of on-site employee training. on-site =「実地の；現場の」	生産部長は社員の実地研修の強力な提唱者だ。
You can negotiate with the <u>proprietor</u> on the price of his property for sale.	売りに出ている不動産の価格は所有者と交渉できます。

名詞730点レベル

169	**proximity** [praksíməti] (でる難語)	名 近いこと ① proximity to A（Aに近いこと） 類□ **vicinity** 近所；近いこと □ **accessibility** 近づきやすさ
170	**protocol** [próutəkàl]	名 手順；儀礼 ① 決められている仕事などの「手順」の意味で使う。 類□ **formality** 手続き
171	**ambience** [ǽmbiəns]	名 雰囲気；環境 ① 店やホテルの部屋などの「雰囲気・環境」を表す。 類□ **atmosphere** 雰囲気
172	**allure** [əlúər]	名 魅力　他 魅惑する 類□ **charm** 魅力 □ **temptation** 誘惑 □ **lure** 魅力；引きつけるもの
173	**bustle** [básl]	名 活気；にぎわい ① hustle and bustle（にぎわい；喧噪）
174	**disclosure** [disklóuʒər]	名 開示 ① dis-（否定）+ closure（閉鎖）= disclosure（開示） 派□ **disclose** 他 開示する
175	**reference** [réfərəns]	名 推薦（人）；言及 ① 求人・採用のテーマで「推薦（人）」の意味で出る。 派□ **refer** 他 紹介する 自 言及する (to) □ **referral** 名 紹介
176	**transformation** [trænsfərméiʃən]	名 転換；変質 ① 「物事の劇的な変化」を表す。 派□ **transform** 他 一変させる 類□ **transition** 移行；変遷

Proximity to the railway terminal made Greenhills a prime residential area.

電車のターミナル駅に近いことでグリーンヒルズは上級の住宅地になった。

The accounting section set a new protocol for reimbursing expenses.

経理部は経費の払い戻しの新しい手順を定めた。

The restaurant is well-known for its relaxed ambience and splendid food.

そのレストランはゆったりとした雰囲気とすばらしい料理で有名だ。

This booklet is a great introduction to the allure of Florence.

この小冊子は、フィレンツェの魅力をたっぷり教えてくれます。

Get away from the hustle and bustle of the city with Weekend Resorts.

ウイークエンド・リゾーツで都市の喧噪から逃れてください。

Investors are demanding full disclosure of the financial details.

投資家たちは財務の詳細をすべて開示するように求めている。

Most companies ask for two or three references from a candidate.

ほとんどの会社は候補者から2人か3人の推薦人を求める。

In recent years, the IT industry has experienced a dramatic transformation.

最近の何年間かで、IT業界は劇的な転換を遂げた。

177	**momentum** [mouméntəm]	名 勢い；はずみ ❗ gain [pick up] momentum（勢いを増す） 　lose momentum（勢いを失う） 類 □ **impetus**　勢い；推進力
178	**outfit** [áutfit]	名 服装・用具（一式） ❗ 動詞として「装備する」の意味で使う。**outfit A** 　**with B**（AにBを装備する）
179	**turnout** [tə́:rnàut]	名 参加者（数） 類 □ **attendance**　出席者（数）
180	**oversight** [óuvərsait]	名 見落とし；不注意 ❗ by oversight（見落としによって）
181	**discretion** [diskréʃən]	名 裁量；慎重さ ❗ at one's discretion（〜の裁量のままに） 　with great discretion（きわめて慎重に）
182	**cluster** [klʌ́stər]	名 集積；集まり ❗ 産業・企業の「集積」の意味でよく使う。 類 □ **bunch**　群れ；束 　□ **crowd**　群衆
183	**array** [əréi]	名 多彩；並んだもの ❗ an array of A（多彩なA）の形でよく使う。 類 □ **selection**　精選品；セレクション
184	**roundup** [ráundʌp]	名 まとめ；総括 ❗ a news roundup（ニュースのまとめ） 　a product roundup（製品概要）

The mystery novel loses momentum toward the end.

そのミステリー小説は結末に向かって勢いがなくなっていく。

The electrician had to wear a special outfit when performing his duties.

その電気技師は業務を行うとき、特別な服を着用しなければならなかった。

Convention turnout was high, with people drawn to the exciting exhibits.

人々が魅力的な展示品に引きつけられたので、大会の入場者は多かった。

A clerical oversight left some important figures off the quarterly report.

事務処理の見落としにより四半期報告書からいくつかの重要な数字が抜け落ちた。

All decisions are left to the manager's discretion.

すべての決定はマネジャーの裁量に委ねられている。

In the provincial city, a cluster of IT companies has formed over the past decade.

provincial = 「地方の」

その地方都市では、過去10年間でIT企業の集積が形成された。

There is a wonderful array of food and drinks on the table.

テーブルの上には、すばらしく多彩な食べ物と飲み物が並んでいる。

The TV channel provides a news roundup on the hour.

on the hour = 「正時に」

そのテレビチャンネルは正時にニュースのまとめを放送する。

185	**showcase** [ʃóukèis]	名 紹介の機会；陳列ケース ① 文字通りには「陳列ケース」で、商品などを紹介するイベントなどにも使う。
186	**fanfare** [fǽnfèər]	名 派手な宣伝；大きな注目 ① 式典などで演奏される「ファンファーレ」のことで、「派手な宣伝やキャンペーン」の意味で広く使う。
187	**rundown** [rʌ́ndàun]	名 概要；要約 ① 形容詞の run-down は「荒れ果てた」。 類 □ **summary** 概要；要約 　□ **recap** 要約
188	**typo** [táipou]	名 誤植；ミスプリント ① typographical error の略記。
189	**plight** [pláit]	名 苦境 類 □ **difficulty** 困難 　□ **predicament** 苦境
190	**discrepancy** [diskrépənsi]	名 矛盾；不一致 ① 統計数字など「2つ以上のものの間の不一致」を指す。 類 □ **inconsistency** （論理の）矛盾
191	**prerequisite** [prì:rékwəzit]	名 必要条件；前提 類 □ **precondition** 必要条件
192	**stake** [stéik]	名 出資（金）；賭け（金） ① at stake（危険にさらされて；問題になって） 類 □ **interest** 利害 　□ **share** 取り分；株式

The convention is a showcase of the latest video games and entertainment software.

その会議は、最新のテレビゲームと娯楽ソフトを紹介する場である。

Let's celebrate the company's 100th anniversary with great fanfare.

会社の100周年記念日を盛大にお祝いしましょう。

Can you give us a rundown on the last meeting?

前回の会議の概要を教えてもらえませんか。

Could you check this document as there may still be some typos?

まだ誤植が残っているかもしれないので、この書類をチェックしてもらえますか。

Our company is now in a terrible plight, as it has lost substantial market share.

マーケットシェアを大きく失って、当社は今、大変な苦境にある。

Please look over the agreement to make sure there isn't a discrepancy in the terms.

条項に矛盾がないことを確認するために契約書に目を通してください。

An MBA degree is a prerequisite for the managerial position.

degree =「学位」

そのマネジャーの職位にはMBAの学位が必要条件となる。

Pauline invested €11 million into the startup, giving her a 55 percent stake.

ポーリーンはその新興企業に1100万ユーロを出資して、55%の出資比率を握った。

193	**intermission** [ìntərmíʃən]	名 休憩；中断 園 □ **interval** 休憩；幕間 □ **interlude** 幕間；間奏曲
194	**norm** [nɔ́:rm]	名 水準；基準 ① **above [below] the norm** (水準以上 [以下])
195	**outreach** [áutrìːtʃ]	名 普及活動；出張支援 ① 「手を伸ばすこと」が原意で、「芸術・企画などの普及活動」や「介護などの出張支援」に使う。
196	**inception** [insépʃən]	名 発足；開始 ① 「組織の発足」「活動の開始」の意味で使う。 園 □ **commencement** 始まり；開始 □ **onset** (望ましくないことの) 始まり
197	**disruption** [disrʌ́pʃən]　(でる難語)	名 中断；遮断 ① 「連続している活動・サービスを中断すること」を指す。
198	**twist** [twíst]	名 趣向；ねじれ ① 「ねじれ」が原意だが、「ひと味変化させた趣向」というポジティブな意味でよく使う。 **twists and turns** (紆余曲折)
199	**implication** [ìmplikéiʃən]	名 (予測される) 影響；含み ① 「影響」の意味では複数で使う。 園 □ **ramification** 影響 □ **repercussion** 良くない影響；反動
200	**extravaganza** [ekstrǽvəɡǽnzə]　(発音注意)	名 豪華なイベント ① 「大規模で派手なショーやイベント」を表す。 園 □ **spectacle** 見せ場；すばらしい眺め

The opera will last approximately 4 hours including one 20-minute <u>intermission</u>.

そのオペラは20分の<u>休憩</u>1回を含んで約4時間続きます。

The new salesperson's performance in her first month was above the <u>norm</u>.

その新人の販売員が最初の月にあげた実績は<u>水準</u>以上だった。

I'm in charge of the internship's <u>outreach</u> program to college students.

私は、大学生に対するインターンシップ<u>普及</u>プログラムを担当しています。

From its <u>inception</u>, the e-reader gained high market share.

<u>発売当初</u>からそのeリーダーは高い市場占有率を獲得した。

<u>Disruption</u> in the power supply sometimes happens in this country.

この国では<u>停電</u>が時々発生する。

Restaurant Tanjung offers traditional local dishes with modern <u>twists</u>.

レストラン・タンジュンは、現代的な<u>趣向</u>を加えた伝統的な地元料理を提供します。

The employees are worried about the <u>implications</u> of the planned merger.

社員たちは、計画されている合併の<u>影響</u>を心配している。

Every year before the final match, over-the-top <u>extravaganzas</u> are staged.

over-the-top =「超派手な」

毎年、決勝戦の前には、とても<u>派手なイベント</u>が開催される。

名詞900点レベル

187

column 3　つなぎ言葉

文脈を制御するつなぎ言葉は Part 6 で出題されます。
「順接」「逆説」「付加」をはじめ、さまざまな役割があります。

順接

- [ ] so　　　　　　　　　だから
- [ ] therefore　　　　　それゆえに
- [ ] hence　　　　　　　それゆえに

逆接

- [ ] still　　　　　　　　にもかかわらず
- [ ] but yet　　　　　　だが、それでも
- [ ] however　　　　　しかしながら
- [ ] nonetheless / nevertheless
  notwithstanding / despite that　　それにもかかわらず
- [ ] even so　　　　　　それでもなお

付加

- [ ] besides　　　　　　そのうえ
- [ ] moreover　　　　　さらには
- [ ] furthermore　　　さらには
- [ ] likewise　　　　　同様に
- [ ] in addition　　　それに加えて

結果

- [ ] accordingly　　　それを受けて
- [ ] consequently　　結果的に
- [ ] as a result　　　その結果

その他

- [ ] otherwise　　　　そうでなければ［否定の条件］
- [ ] afterward / subsequently　　その後に［時間の前後関係］
- [ ] in contrast　　　対照的に［比較］
- [ ] on the other hand　　一方で［比較］
- [ ] that is to say　　すなわち［言い換え］
- [ ] to sum up　　　要約すると［要約］

イディオム

Idioms

🔊 Track-84 ～ Track-103

1 ☐☐	**a range of**	さまざまな〜 ① wide、broad、full などの形容詞で強調できる。
2 ☐☐	**according to** 超頻出	〜によると ①「情報の出所」を表す。
3 ☐☐	**along with**	〜とともに；〜に加えて ① go along with（〜に同行する；〜に賛成する）
4 ☐☐	**apart from**	〜を除いて；〜はさておき 類 ☐ aside from　〜はさておき
5 ☐☐	**as far as 〜 concerned**	〜に関するかぎり ① 〜には〈主語 + be 動詞〉が入る。as far as I'm concerned（私に関するかぎり）
6 ☐☐	**as for**	〜について；〜に関して ① テーマの導入のため、文頭に用いる。
7 ☐☐	**as of** 用法注意	〜付で；〜時点で ① 期日を明示するのに使う。
8 ☐☐	**at the moment**	目下；ちょうど今 ① moment は「短い時間」のこと。 関 ☐ for the moment　今は；さしあたりは
9 ☐☐	**based on** 超頻出	〜に基づいて ① be based on（〜に基づいている）
10 ☐☐	**because of** 超頻出	〜のため；〜という理由で ① due to、owing to も同意。

The liquor shop carries a wide range of French wines.

その酒店は幅広い種類のフランスワインを扱っている。

According to a recent report, the jobless rate is steadily increasing.

最近の報告によると、失業率は着実に上昇している。

Along with Nikko, Hakone is the most popular destination around Tokyo.

destination = 「目的地；旅行先」

日光とともに、箱根は東京近郊の最も人気のある旅行先だ。

Apart from the chipped paint, this old car looks like new.

chipped = 「欠けた」

塗装が欠けていることを除けば、この中古車は新車のように見える。

As far as I'm concerned, I agree with you on that.

私については、その点であなたに賛成です。

As for taking a vacation this year, I am far too busy to do so.

今年休暇を取ることについては、私はあまりに忙しすぎて取れそうにない。

The item will be on sale as of noon tomorrow.

その製品は明日の正午に発売されます。

The boss is on business in Hanoi at the moment.

上司は目下、仕事でハノイにいます。

Based on the survey, India is the most potential market.

調査によるなら、インドは最も可能性がある市場だ。

All flights were cancelled because of the upcoming storm.

近づきつつある嵐のため、すべてのフライトが欠航となった。

11	**behind schedule**	予定より遅れて 反□ **on schedule**　予定通りに 関□ **lag behind**　後れをとる
12	**both A and B** 超頻出	AもBもどちらも ① A・Bには名詞だけでなく、形容詞・句・文なども入る。
13	**by chance**	偶然に；期せずして 類□ **by accident**　偶然に □ **accidentally** 副 偶然に
14	**by means of**	～によって；～を用いて 類□ **by way of**　～を手段として； 　　　　　　　　　～を経由して
15	**by the way** 用法注意	ところで 類□ **as an aside**　ところで；余談だが
16	**contrary to**	～に反して；～とは逆に ① **on the contrary** は「それどころか」という意味のつなぎ言葉。
17	**either A or B** 超頻出	AかBのどちらか ① **not either A or B**（AもBもどちらもない）は **neither A nor B** と同じ両否定の表現。
18	**either way** 用法注意	どちらにしても；いずれにしても
19	**every other** Part5 注意	1つおきの ① **every other week**（隔週で）
20	**except for** 超頻出	～を除いて ① **except that** ～（～であることを除いて）

The renewal of the café is behind schedule.	そのカフェの改装は予定よりも遅れている。
He has worked as both an editor and a sales manager.	彼は編集者と営業部長のどちらでも仕事をしてきた。
I met my former colleague by chance on the street.	私は元同僚と通りで偶然出会った。
They finished the assignment by means of hard work and dedication.	彼らはハードワークと献身的な努力によってその業務を完遂した。
By the way, do you have time this afternoon?	ところで、今日の午後、時間はありますか。
Contrary to what the figures show, our company is doing well.	数字が示していることに反して、我が社は順調である。
Our option is to either withdraw from the deal or renegotiate with them.	我々の選択肢は、取引から撤退するか彼らと再交渉するかである。
You can get to the airport by train or by bus, but either way it takes more than one hour.	空港には電車でもバスでも行けますが、どちらにしても1時間以上かかります。
Maria works at her part-time job every other day.	マリアは1日おきに時間給の仕事をしている。
Except for the CEO, every board member agreed to the plan.	CEOを除いて、すべての取締役がその計画に賛成した。

21 ☐☐	**far from** 用法注意	～にほど遠い；決して～ではない ① from 以下は名詞相当句だけでなく、例文のように形容詞や副詞も置ける。
22 ☐☐	**for the time being**	しばらくは；さしあたり 類 ☐ **for now** 今のところ；さしあたり
23 ☐☐	**in addition to** 超頻出	～に加えて ① in addition (加えて；そのうえ) は、前文を受けて文頭で使う。
24 ☐☐	**in advance** 超頻出	前もって；あらかじめ 類 ☐ **beforehand** 副 前もって 反 ☐ **afterward** 副 後で
25 ☐☐	**in brief**	簡潔に；要するに 類 ☐ **in short** 要するに；手短に言えば
26 ☐☐	**in case of**	～の場合に ① just in case なら「万一に備えて」。
27 ☐☐	**in charge of** 超頻出	～を担当して ① person in charge (担当者) も覚えておこう。
28 ☐☐	**in favor of**	～に賛成で；～を好んで ① in favor は「人気があって」、out of favor は「人気がなくて」。
29 ☐☐	**in order**	適切で；順番に 反 ☐ **out of order** 故障中で
30 ☐☐	**in place** 超頻出	準備が整って；うまくいって

Although the deadline is near, the manuscript is <u>far from</u> complete. manuscript =「原稿」	締め切りが近づいているが、原稿は完成にはほど遠い。
I'll stay here <u>for the time being</u>.	私はしばらくの間はここにいるつもりだ。
We arrange a wide range of tours <u>in addition to</u> flights and accommodations.	私どもは飛行機やホテルに加えて、さまざまな種類のツアーも手配します。
Thank you <u>in advance</u> for taking the time to respond.	ご回答にお時間をとっていただくことにあらかじめお礼をいたします。
The supervisor told us the purpose of the meeting <u>in brief</u>.	上司は私たちに会議の目的を簡潔に説明した。
<u>In case of</u> fire, please use the emergency exits.	火事が起こった場合には、非常用出口を使ってください。
Tanya is <u>in charge of</u> finding staff for the event.	タニヤはそのイベントのスタッフを探す仕事を担当している。
We are all <u>in favor of</u> a dress down on Friday.	私たちはみんな、カジュアルフライデーに賛成です。
Please confirm all documents are <u>in order</u> before submitting them.	提出する前にすべての書類が整っているか確認してください。
The airport master plan will be <u>in place</u> by the end of this year.	空港の基本計画は年末までに準備ができるだろう。

31 ☐☐	**in shape**	体調 [状態] が良好で ① in good shape でも同意。 反 ☐ **in bad shape** 体調 [状態] が悪くて
32 ☐☐	**in spite of** (Part5 注意)	〜にもかかわらず 類 ☐ **despite** 前 〜にもかかわらず
33 ☐☐	**instead of** (超頻出)	〜ではなく；〜の代わりに
34 ☐☐	**next to** (超頻出)	〜に隣接して；〜の次に ① next to each other（隣り合って）
35 ☐☐	**no later than** (用法注意)	〜までに ①「遅くとも〜までに」と締め切りを設定する 表現。not later than とすることも。
36 ☐☐	**now that**	今や〜だから；〜であるからには ① that 節では理由や結果を述べる。
37 ☐☐	**on behalf of**	〜を代表して；〜のために 類 ☐ **as a representative of** 〜を代表して
38 ☐☐	**on one's own**	独力で；一人で 類 ☐ **all by oneself** 独力で；一人で ☐ **without help** 手助けなしで
39 ☐☐	**on purpose**	意図して；故意に 類 ☐ **purposely** 副 故意に
40 ☐☐	**on the other hand** (Part6 注意)	一方で ① Part 6 で要注意の対比表現。on one hand（一方で）と呼応することもある。

Cal exercises daily in order to stay <u>in shape</u>.	キャルは健康を維持するために毎日運動している。
<u>In spite of</u> some objections, the company introduced a teleworking policy.	いくらか反対があった<u>にもかかわらず</u>、会社は在宅勤務の制度を導入した。
I took the bus <u>instead of</u> the train to work this morning.	私は今朝出勤するのに電車<u>ではなく</u>バスを使った。
We'd like to sit <u>next to</u> each other.	私たちは<u>隣り合う</u>ように座りたいのですが。
Please reply <u>no later than</u> this weekend.	今週末<u>までに</u>お返事ください。
<u>Now that</u> she is so popular, Mayor Wang may run for reelection in December.	ワン市長は今はとても人気がある<u>ので</u>、12月に再選をめざして立候補するかもしれない。
<u>On behalf of</u> the entire staff, I would like to welcome you to our company.	全社員を<u>代表して</u>、皆さんを我が社にお迎えしたいと思います。
I think I can manage this <u>on my own</u>.	これは<u>自分で</u>何とかできると思います。
The strange ad was done <u>on purpose</u> to attract attention.	注目を引くために、その奇妙な広告は<u>意図的に</u>打たれた。
Meg is outgoing, but, <u>on the other hand</u>, she is cautious about everything.	メグは外向的だが、<u>一方で</u>、すべてにおいて慎重だ。

197

41 ☐☐	**once in a while**	ときどき
42 ☐☐	**one after another**	次々に；入れ替わり立ち替わり ① one another なら「お互いに」の意味。
43 ☐☐	**out of town**	出張中で ①「街を離れて」→「出張中で」の意味で使う。
44 ☐☐	**owing to** 超頻出	〜のため；〜という理由で
45 ☐☐	**regardless of** 用法注意	〜にかかわらず 🏷☐ **irrespective of** 〜にかかわらず
46 ☐☐	**side by side** Part1 頻出	並んで ① side by side with で「〜と協力し合って」。
47 ☐☐	**thanks to**	〜のおかげで 🏷☐ **by virtue of** 〜のおかげで
48 ☐☐	**under way** 超頻出	進行中で ① get under way で「進行中になる→始まる」。
49 ☐☐	**up to** 多義語	〜の義務 [担当] で；〜次第で ①「〜に従事して」「〜まで」という意味でも使う。
50 ☐☐	**when it comes to**	〜については；〜の話になると ① 話題を明示するのに使う。

It's a good idea to take a break <u>once in a while</u> when working on the computer.	コンピュータを使って仕事をしているときは、ときどき休憩するのがいい。
The secretary stacked the files <u>one after another</u>.	秘書はファイルを<u>次々に</u>積み重ねた。
I'll be <u>out of town</u> next week.	私は来週、<u>出張に出かけます</u>。
The trains are running slightly behind schedule <u>owing to</u> the snow.	雪のために、電車は少し予定より遅れて運行しています。
The City Marathon will take place as planned, <u>regardless of</u> the weather.	市民マラソン大会は、天気にかかわらず予定通り行われます。
The caterers placed the dishes <u>side by side</u> on the table.	ケータリング業者はテーブルの上に料理を<u>並べて</u>置いた。
The island country had a booming economy <u>thanks to</u> the tourist trade. booming =「好況の」	その島国は観光業の<u>おかげで</u>好景気に沸いた。
Plans are already <u>under way</u> for a new amusement park.	新しい遊園地の計画はすでに<u>進行中</u>だ。
The menu for the banquet is entirely <u>up to</u> Rina.	宴会のメニューについてはすべて、リナに<u>任されている</u>。
<u>When it comes to</u> sales, no one is as skilled as Samuel.	販売<u>については</u>、サミュエルほど腕の立つ者はだれもいない。

イディオム600点レベル

199

51	**be about to** *do* (Part1頻出)	まさに〜しようとしている；まもなく〜する ① 行動・状態が差し迫っているときに使う。Part 1 の写真描写にも出る。
52	**be likely to** *do*	〜しそうだ；〜する可能性が高い ① likely は「ありそうな」の意味。
53	**be located in** (超頻出)	〜に立地している 関□ **be based in**　〜に本社 [本拠] を置く
54	**be supposed to** *do* (超頻出)	〜することになっている；〜するはずだ ① 規則・約束などによって「〜することになっている」の意味。
55	**call for**	〜を要求する；〜を必要とする
56	**care for**	〜の世話をする 類□ **look after**　〜の世話をする
57	**carry out** (超頻出)	〜を実行する；〜を果たす 類□ **conduct** 動 実施する；運営する
58	**catch up with**	(最新の情報) についていく；〜に追いつく
59	**come along**	うまく行く；同行する ① **come along with A** (Aと同行する)
60	**come up with** (超頻出)	〜を考え出す；〜を提案する 類□ **think up**　〜を考え出す

They <u>are about to</u> enter the building.

彼らは建物に入ろう<u>とし</u><u>ている</u>。

The new movie <u>is likely to</u> break all box office records.

box office = 「チケット売り場；興行成績」

その新しい映画はすべての興行成績を塗り替え<u>そうだ</u>。

Our head office <u>is located in</u> Amsterdam.

当社の本社はアムステルダム<u>にあります</u>。

All employees <u>are supposed to</u> punch in every morning.

社員は全員が毎朝、タイムカードを押す<u>ことになっている</u>。

Isabel's promotion <u>calls for</u> a celebration.

イサベルが昇進したので<u>お祝いをしないといけない</u>。

イディオム600点レベル

The clinic <u>cares</u> deeply <u>for</u> its patients.

その診療所は患者<u>に</u>行き届いた<u>ケアをする</u>。

Mr. Harris is new, but <u>carries out</u> instructions properly.

ハリスさんは新人だが、指示<u>を</u>的確に<u>実行する</u>。

EconoWorld Online enables investors and executives to <u>catch up with</u> the latest financial news.

エコノワールド・オンラインは投資家や経営幹部が最新の金融ニュースに<u>ついていける</u>ようにします。

The construction of the new monument is <u>coming along</u> well.

その新しいモニュメントの建設は順調に<u>進んで</u><u>いる</u>。

We must <u>come up with</u> a new strategy for the next ad campaign.

私たちは次の広告キャンペーンのために新しい戦略を<u>考え出さ</u>なければならない。

61	**consist of**	～から成る；～から構成される ① consist in (～に存する；～に基づく)
62	**count ～ in** 用法注意	～を数に入れる ① Count me in. は自分も参加することを知らせる決まり文句。
63	**count on**	～を当てにする；～に頼る
64	**deal with** 超頻出	～に対処する 麵 □ cope with ～に対処する
65	**depend on** 超頻出	～による；～に依存する ① 口語では「状況・場合による」の意味で It depends. や Depends on. をよく使う。
66	**do ～ a favor** 用法注意	～に手を貸す；～のために役立つ ① ask a favor (頼み事をする) とセットで覚えよう。
67	**do away with**	～を廃止する 麵 □ abolish 囮 廃止する
68	**end up *doing***	結局～になる 麵 □ result in 結局～になる
69	**feel free to *do***	自由に～する；気楽に～する 麵 □ don't hesitate to do 遠慮なく～する
70	**feel like *doing***	～したい気がする

The new snack item consists of fat-free ingredients.	その新しいスナック製品は無脂肪の材料で作られている。
I have no plans this weekend, so count me in.	今週末は予定がないので、私も数に入れておいて。
The employees are counting on year-end bonuses.	社員たちは年末のボーナスを当てにしている。
It's very urgent that we deal with falling revenue from the European market.	我々がヨーロッパ市場の収入減に対処することは急を要する。
It all depends on the president's decision.	すべては社長の決断にかかっている。
Could you do me a favor and check this document?	お願いがあるのですが、この書類を確認してもらえませんか。
The company decided to do away with the old dress code. dress code = 「服装規定」	その会社は古い服装規定を廃止することを決めた。
Ms. Werner ended up applying for a position overseas.	ワーナーさんは最終的に海外の仕事に応募した。
Feel free to browse around the shop and try on items that you like.	ご自由に店内を見て歩いて、お気に入りのものを試着してください。
I feel like having Italian food for dinner.	夕食にはイタリア料理を食べたいね。

71 **fill in** 超頻出	(申請書など) に記入する ① fill in と fill out は同様に使える。 類 □ **fill out** ～に記入する
72 **get rid of**	～を取り除く
73 **get together**	集まる；一緒になる 類 □ **gather** 自 集まる
74 **hand in**	～を提出する；～を手渡す 関 □ **hand out** ～を配布する
75 **have nothing to do with**	～と関係がない 反 □ **have something to do with** 　　　～と関係がある
76 **keep ～ in mind**	～を考慮する；～を念頭に置く ① keep in mind that ～ (～であることを考慮する)
77 **keep up with**	～に遅れずついていく
78 **kick off**	～を始める 類 □ **start off** ～を始める
79 **look forward to** 用法注意	～を楽しみに待つ ① to 以下は名詞相当句のみ。
80 **manage to *do***	なんとか～する

Please <u>fill in</u> all the blanks on the application form.

申請書のすべての空欄に<u>記入してください</u>。

Vivian couldn't seem to <u>get rid of</u> her cold and took several days off of work.

ヴィヴィアンは風邪が<u>抜けきらない</u>ようだったので、数日間仕事を休んだ。

The alumni of the university will <u>get together</u> for a party next month.
alumni = 「同窓生」

その大学の同窓生は来月、パーティーのために<u>集まる</u>。

The audit department <u>handed in</u> its report with comments on areas needing improvement.

監査部は、改善が必要な領域のコメントが付いた報告書を<u>提出した</u>。

The CEO's departure <u>has nothing to do with</u> the recent merger.

そのCEOの辞任は最近の合併<u>とは関係がない</u>。

<u>Keep in mind</u> that there are no direct flights to Venice from Helsinki.

ヘルシンキからベネチアへの直行便はないことを<u>頭に入れておいてください</u>。

I am so busy it's hard to <u>keep up with</u> the latest news.

私はとても忙しいので、最新のニュースに遅れず<u>ついていくのが難しい</u>。

The firm is set to <u>kick off</u> a campaign next week.

その会社は、来週にもキャンペーンを<u>始める</u>予定だ。

Ingrid is really <u>looking forward to</u> her long summer vacation.

イングリッドは長い夏期休暇を<u>心待ちにしている</u>。

The secretary <u>managed to</u> revise her manager's itinerary within an hour.
itinerary = 「旅行日程」

秘書は部長の旅行日程を1時間以内に<u>なんとか</u>修正<u>できた</u>。

81 ☐☐	**pay attention to**	〜に注意を払う；〜に気を配る
82 ☐☐	**point at** (Part1頻出)	〜を指し示す ① Part 1 で、人が何かを指し示している写真で使われる。
83 ☐☐	**put off**	〜を延期する ❸☐ postpone 他 延期する
84 ☐☐	**put on** (用法注意)	〜を身につける ① put on は身につける動作、wear は身につけている状態を表す。
85 ☐☐	**put 〜 together** (超頻出)	〜を組み立てる；〜をまとめる ①「ばらばらのものを組み上げる」という意味で使う。
86 ☐☐	**rely on** (超頻出)	〜に頼る；〜を当てにする
87 ☐☐	**sign up for** (超頻出)	〜に登録する；〜と契約する ① いったん登録したサイトなどに入るときは sign in を使う。
88 ☐☐	**stand for**	〜を表す；〜を象徴する ❸☐ represent 他 表す
89 ☐☐	**stop by**	〜 (場所) に立ち寄る ❸☐ call on 〜 (人) に立ち寄る
90 ☐☐	**suffer from**	〜に苦しむ；〜の損害を受ける

We always <u>pay attention to</u> the latest market trends.	我々はいつも最新の市場動向に注意を払っている。
She <u>pointed at</u> the pie chart on the whiteboard. pie chart =「円グラフ」	彼女はホワイトボード上の円グラフを指し示した。
I can't <u>put off</u> cleaning my workplace area any longer.	仕事スペースの掃除をこれ以上は延ばせない。
I want a knitted hat to <u>put on</u> in the winter.	冬に被るニットの帽子が欲しい。
It takes less than 30 minutes to <u>put</u> the shelf <u>together</u>.	この棚を組み立てるのには30分もかかりません。
We must <u>rely on</u> our common sense when working out difficult problems.	難題を解決するときには、私たちは常識に頼らなければならない。
Customers who <u>sign up for</u> 12-month memberships get one month free.	12カ月の会員に登録されるお客様は1カ月分が無料となります。
Our company name <u>stands for</u> "integrity".	当社の名前は「誠実」を表している。
<u>Stop by</u> my place anytime when you have a moment.	時間のあるときにいつでも私のところに立ち寄ってください。
All carmakers have <u>suffered from</u> a slowing domestic market.	すべての自動車メーカーは沈滞する国内市場に苦戦している。

イディオム600点レベル

91	sum up	～を要約する 🔁 □ **summarize** 他 要約する
92	take advantage of	～をうまく利用する ① 「～につけ込む」というネガティブな意味でも使う。
93	take ～ into account	～を考慮に入れる 🔁 □ **take account of** ～を考慮に入れる
94	take over	～を引き継ぐ；～を買収する
95	try on　Part1頻出	～を試着する 🔁 □ **fit on** ～を試着する
96	turn down	～を却下する；(音量など)を下げる ① **turn down a volume** (音量を下げる)
97	turn in	～を届け出る；～を提出する ① 遺失物を届け出る場面でTOEICに出る。
98	turn on	(電気など)をつける 🔁 □ **switch on** ～のスイッチを入れる
99	turn out to *be*　用法注意	～という結果になる； ～であることがわかる 🔁 □ **prove to be** ～であることがわかる
100	used to *do*	昔は～したものだ；～だった ① **be used to A** (Aに慣れている) との区別に注意。

To <u>sum up</u>, we have fallen behind our two competitors.	要するに、我々はライバルの2社に後れを取っているということです。
Tim <u>takes advantage of</u> international conferences to develop personal contacts.	ティムは個人的な人脈を広げるために、国際会議を活用している。
An architect must <u>take</u> the budget <u>into account</u> when he or she creates a building design.	建物の設計をするとき、建築家は予算を考慮しなければならない。
Do you want me to <u>take over</u> for you while you are out of town?	出張中はあなたの仕事を引き受けましょうか。
Excuse me, but may I <u>try on</u> this jacket?	すみませんが、このジャケットを試着してもいいですか。
Marion was distraught after being <u>turned down</u> for the position. distraught =「動転した」	そのポストに就くことが却下されて、マリオンは動転した。
Your passport may have been <u>turned in</u> to the lost and found desk. lost and found desk =「遺失物取扱窓口」	あなたのパスポートは遺失物取扱窓口に届けられているかもしれません。
It's very hot here. Shall I <u>turn on</u> the air conditioner?	ここはとても暑いね。エアコンをつけようか。
It <u>turned out to be</u> a perfect day for a flea market and each vendor sold a lot of goods. flea market =「フリーマーケット；のみの市」	フリーマーケットには最高の一日になり、どの売り手もたくさんの品物を売った。
Mr. Boyd <u>used to</u> be a software engineer but now he's an artist.	ボイド氏は、昔はソフトウエアの技術者だったが、今は美術家だ。

101 ☐☐	**above all**	何にもまして；とりわけ 🔵☐ **first of all**　まず第一に
102 ☐☐	**as a token of** 〔用法注意〕	～のしるしとして ① **of** の後には感情を表す単語が入る。
103 ☐☐	**at any rate**	いずれにしても；とにかく 🔵☐ **in any case**　とにかく
104 ☐☐	**at hand**	間近に迫って；手近に ① 時間的・空間的に「ごく近くに」という意味で使う。
105 ☐☐	**at one's convenience**	都合のいいときに ① **at one's earliest convenience**（都合の許すかぎりできるだけ早く）
106 ☐☐	**for a change**	気分転換に ① **change** には「気分転換」の意味がある。
107 ☐☐	**for the sake of**	～のために；～を目的に ① **sake** は「利益；目的」の意味。
108 ☐☐	**given that** 〔用法注意〕	～を考慮に入れると；～という前提で ① **given** は「与えられた前提で」の意味の前置詞で、**that**（省略可）以下に前提を示す文が入る。
109 ☐☐	**in a row** 〔超頻出〕	一列に並んで；連続して ① 時間の並びにも使える。**four days in a row**（連続して4日間）
110 ☐☐	**in a rush**	大急ぎで；焦って 🔵☐ **in a hurry**　急いで；あわてて ☐ **in haste**　急いで；あわてて

Above all, all the employees should be ethical.

何にもまして、社員は全員が倫理的であるべきだ。

As a token of an apology, a discount coupon is enclosed.

お詫びのしるしにディスカウントクーポンを同封します。

At any rate, I will attend the company party tomorrow night.

いずれにしても、私は明日の夜の会社のパーティーには出席します。

The time is at hand when I must think about retirement.

退職について考えなければならない時が間近に迫っている。

I'd appreciate it if you could sign the contract at your earliest convenience.

ご都合の許すかぎりできるだけ早く契約書にご署名いただけますとありがたいです。

We decided to eat at a nice restaurant for a change.

私たちは気分転換に高級レストランで食事をすることに決めた。

Compassion means doing things for the sake of others.
compassion = 「思いやり」

思いやりとは他人のために何かをすることを意味する。

Given that he is new, this job may be a little hard for him.

彼が新人であることを考えると、この仕事は彼には少し難しいかもしれない。

The valets parked the three guests' cars in a row outside the main entrance.
valet = 「駐車係」

駐車係は正面玄関の外にゲストの3台の車を並べて駐めた。

We were in a rush to get to the airport in time.

私たちは空港に時間通りに着くようにと焦っていた。

111	**in accordance with** 超頻出	～ (規則など) に従って； ～ (状況など) に合わせて ① accordance は「(規則・状況への) 合致」の意味。
112	**in connection with** 用法注意	～の件で；～に関連して 題 □ in relation to　～に関して
113	**in honor of**	～に敬意を表して；～を称えて ① honor は「敬意；名誉」の意味。
114	**in light of**	～を考慮して
115	**in line with**	～に合わせて；～と連動して ① in line で「列になって」の意味。
116	**in person**	直接自分で；(名詞の後で) ～本人 題 □ personally　圃 直接に；個人的に
117	**in place of**	～の代わりに 題 □ in lieu of　～の代わりに
118	**in search of**	～を求めて；～を探して ① search は「探求」の意味。
119	**in terms of**	～の点では；～の観点から ① 論点や話題を明確にするのに使う。
120	**in the long run**	長い目で見れば；結局 題 □ ultimately　圃 最終的には

mini☆vanで行く!!

TOEIC® L&R TESTで
さらなる高得点を目指すための
学習ロードマップ

TOEIC® 対策書のご案内

**TOEIC® L&R TEST
英単語スピードマスター
mini☆van 3000**

成重寿 著／A5 判変型
1200 円（税込 1320 円）

Jリサーチ出版

2021 年 8 月 1 日現在

スピードマスターシリーズで

リーディング対策に最適!

Part 5 と 6 をすばやく正確に解けるようになる

TOEIC®TEST 英文法スピードマスター

NEW EDITION　　　　　成重寿 著／A5 判／1300 円（税込 1430 円）

DAY 1「代名詞・関係詞」、DAY 2「時制・仮定法・態・準動詞」など、10 日間の学習メニューで構成。各 DAY の最後に本番と同じ難度のエクササイズがあり、目標スコア別（600・730・860 点）に制限時間が設定してある。はじめての受験者にも、リピーターの直前対策にもおすすめ。

タイムマネジメントを意識した実戦練習ができる

TOEIC®TEST 英文法 問題集

NEW EDITION　　　　　成重寿 著／A5 判／1400 円（税込 1540 円）

Part 5・6 を 6 セット収録。解答集 REVIEW BOOK は切り離しできる別冊になっていて、復習がしやすい。

難関の Part 7 を 9 日間でマスターできる

TOEIC®TEST リーディングスピードマスター

NEW EDITION　　　　　成重寿 著／A5 判／1400 円（税込 1540 円）

まず DAY 1 の「Part 7 の総合戦略」で、8 種類の設問への対処法、タイムマネジメント、言い換え、速読法など、Part 7 攻略に必要なノウハウを紹介。DAY 2 ～ DAY 8 では、問題文のスタイル別に問題演習をして、DAY 9 で仕上げの「模擬テスト」にトライする。

精選された良問で、Part 7 をしっかり疑似体験できる

TOEIC®TEST リーディング 問題集

NEW EDITION　　　　　成重寿 著／A5 判／1400 円（税込 1540 円）

TOEIC の最難関である Part 7 の読解問題を 3 セット・162 問収録。

● 目標スコア別の「TARGET シリーズ」（裏面を参照）も、自分に合ったレベルで学習できるのでオススメです。

速のスコアアップを目指す！

リスニング対策に最適！

問題数をこなして、確実に解く力を身につける

TOEIC®TEST リスニングスピードマスター

NEW EDITION　　松本恵美子 著／A5 判／1400 円（税込 1540 円）

リスニング・セクションの攻略に必須のテクニックをPart 別に紹介。1 日 2 解法、12 日間で全 24 解法をマスターできるようになっている。難問も一部組み込み、600 点突破はもちろん、より高得点をとるための実力をつけられる。リスニング・セクション 100 問の模試 1 回分を収録。

リスニング・セクションを疑似体験して本番に備える

TOEIC®TEST リスニング問題集

NEW EDITION　　松本恵美子・マイケル・ダンバー 著／A5 判／1400 円（税込 1540 円）

リスニング・セクション（Part 1 〜 4）の模擬テスト 3 セット・計 300 問を収録。

ある程度の語彙力が身についた中上級者にオススメ！

スマホで学習できる、中上級者向けの単語集

TOEIC®L&R TEST 英単語スピードマスター

成重寿 著／A5 変形／1400 円（税込 1540 円）

TOEIC によく出る 3000 語を収録した単語集。700→800→900 点とレベルアップしていく構成。英単語アプリ「mikan」対応。

「超」頻出の 1000 語を覚えて、さらに高得点を目指す

TOEIC®TEST 必ず☆でる単スピードマスター上級編

成重寿 著／新書判／880 円（税込 968 円）

厳選 1000 語を身につければ、TOEIC で知らない単語はほぼなくなる。700 点→800 点→900 点と 3 段階でステップアップできる構成で、最短 20 日間でスピードマスターできる。

We must pay taxes in accordance with the law.	私たちは法律に従って税金を納めなければならない。
I'm writing in connection with the job vacancy notice on your Web site. job vacancy = 「求人」	御社のホームページの求人掲示の件で書いています。
The doctor was given the prestigious award in honor of her achievements.	その医者は業績を称えられて権威ある賞を授与された。
We gave up the campaign in light of budget issues.	予算の問題を考慮して、我々はそのキャンペーンをあきらめた。
All TGT Foods items are organic, in line with company policy.	会社の方針に合わせて、TGTフーズの製品はすべて有機栽培のものです。
This warranty can be redeemed in person or online.	この保証書は直接にでも、オンラインでも使うことができます。
Lawrence was sent to the headquarters in place of Carolyn.	ローレンスはキャロリンの代わりに本社に派遣された。
The company is always in search of new marketing techniques.	その会社はいつも新しいマーケティング手法を求めている。
In terms of stock price, Mandoloy Technologies is quite prospective.	株価という点では、マンドロイ・テクノロジーズはきわめて有望だ。
Mutual funds are a good investment in the long run. mutual funds = 「投資信託」	長い目で見れば、投資信託はいい投資である。

イディオム730点レベル

213

121	**just around the corner**	もうすぐ；すぐ近くに ① 時間的・空間的に「すぐ近くに」の意味。
122	**let alone** 〔用法注意〕	〜はもちろん；〜は言うまでもなく ① 通例、否定の文脈で、さらに否定を強調するのに使う。
123	**on account of**	〜のために ①「原因・理由」を示す表現。because of や owing to が類似表現。
124	**on short notice** 〔超頻出〕	急な知らせで；予告なしに ① at short notice でも使う。
125	**on the whole**	全体として；概して ⑱ □ all in all　全体的に見て
126	**quite a bit** 〔用法注意〕	かなり多い [多く] ① 量に使う。数が「かなり多い [多く]」は quite a few で表す。
127	**that is to say**	つまり；すなわち ① より詳しい、わかりやすい説明を導くのに使う。
128	**to date** 〔Part5注意〕	これまでに ⑱ □ so far　これまでのところ
129	**to some extent**	ある程度まで ① to the extent that 〜 (〜する程度まで) で、that 以下で具体的な説明ができる。
130	**with regard to** 〔超頻出〕	〜に関して ⑱ □ with respect to　〜に関して

The holiday season is <u>just around the corner</u>, so we must be well prepared.	休暇シーズンはもうすぐなので、私たちは準備を整えなければならない。
We can't afford the rent for the apartment, <u>let alone</u> buy it.	私たちはアパートを買うことはもちろんその家賃を払う余裕すらない。
Marine Drive was congested <u>on account of</u> the cricket game.	マリーンドライブはクリケットの試合のため混雑していた。
Thank you for coming to help me <u>on</u> such <u>short notice</u>.	あんな急な知らせだったのに手助けに駆けつけてくれてありがとう。
<u>On the whole</u>, the audience was satisfied with the performance.	観客はおおよそその公演に満足した。
We still have <u>quite a bit</u> of inventory, so let's do a two-for-one sale.	私たちはまだ在庫をかなり残しているので、半額のセールを実施しましょう。
Harold is an expert analyst, <u>that is to say</u> he works well with numbers and always does a good job.	ハロルドは熟練のアナリストだ。つまり、数字に長けていて、いつもいい仕事をする。
<u>To date</u>, over one million people have visited the city museum.	これまでに100万人以上が市立博物館を訪れた。
Everyone is unhappy with his or her work <u>to some extent</u>.	だれもがある程度まで自分の仕事に不満足なものだ。
<u>With regard to</u> your offer, I'm afraid we'll have to decline.	あなたの申し出については、残念ながら我々はお断わりしなければなりません。

215

131 ☐☐	**account for**	〜を説明する；〜の割合を占める
132 ☐☐	**adhere to**	〜を遵守する；〜に付着する 題 ☐ **abide by** 〜を遵守する 　 ☐ **stick to** 〜にくっつく
133 ☐☐	**be entitled to** 超頻出	〜の権利 [資格] がある ① to 以下は動詞でも名詞相当句でもよい。
134 ☐☐	**be subject to** 用法注意	〜を必要とする；〜の影響を受けやすい ① be subject to colds (風をひきやすい)
135 ☐☐	**break down** 多義語	〜を分類する；〜を壊す；気落ちする ① 名詞 breakdown は「明細」「故障」「衰弱」の意味がある。
136 ☐☐	**bring about**	〜をもたらす；〜を引き起こす 題 ☐ **cause** 他 引き起こす
137 ☐☐	**call off**	〜を中止する；〜を取り消す 題 ☐ **cancel** 他 中止する
138 ☐☐	**carry over**	〜を持ち越す；〜を繰り越す ① 名詞 carryover は「繰越金」の意味。
139 ☐☐	**come across**	〜に偶然出会う；〜に遭遇する 題 ☐ **run into** 〜に偶然出会う； 　　　　　　　　 〜に遭遇する
140 ☐☐	**comply with** 超頻出	〜を遵守する ① in compliance with (〜を遵守して)

The company couldn't <u>account for</u> the loss of revenue in the third quarter.	その会社は第3四半期の減収について<u>説明する</u>ことができなかった。
Both parties must strictly <u>adhere to</u> the terms of the contract.	両者は契約書の条項を厳格に<u>遵守</u>しなければならない。
All residents in the apartment <u>are entitled to</u> use the gym facilities.	そのマンションの住人はだれもがジム施設を利用する<u>権利がある</u>。
The project <u>is subject to</u> approval by the senior committee.	このプロジェクトは上級委員会の承認を<u>必要とする</u>。
The file should be <u>broken down</u> into smaller groups before it is entered into the computer.	コンピュータに入力する前に、そのファイルは小項目に<u>分類した</u>ほうがいい。
The appointment of a new chairman is expected to <u>bring about</u> change in the company.	新しい会長の指名はその会社に変化を<u>もたらす</u>ものと期待されている。
The boss <u>called off</u> a meeting to deal with a visiting customer.	上司は訪問客に応対するために会議を<u>中止した</u>。
The shop decided to <u>carry over</u> the fall items to winter.	その店は秋の商品を冬にまで<u>持ち越す</u>ことに決めた。
I <u>came across</u> a former colleague on my way home from work.	私は仕事の帰りに昔の同僚に<u>偶然出会った</u>。
Our restaurant must <u>comply with</u> the health and sanitation laws of the state. sanitation =「衛生」	私たちのレストランは州の健康・衛生法規を<u>遵守</u>しなければならない。

217

141 ☐☐	**dispose of**	～を捨てる；～を処分する 類 ☐ **throw away** ～を捨て去る
142 ☐☐	**draw up** 超頻出	～を立案する；(文書など) を作成する
143 ☐☐	**drop in on** 用法注意	～に立ち寄る ① on の後は「人」。「場所」を続けるときには **drop in at** とする。
144 ☐☐	**figure out**	～を考え出す；～を解決する
145 ☐☐	**go over**	～をよく調べる；～を越える ①「～をよく調べる」の意味でよく出る。
146 ☐☐	**hand over**	～を手渡す；～を譲渡する
147 ☐☐	**have ～ on board** 用法注意	～をメンバーとして迎える；～を参加させる ① **on board** には「組織などに加わって」の意味がある。
148 ☐☐	**have yet to *do***	まだ～していない ① **have to do** に **yet** を挟んで、「しなければならないことをまだしていない」の意味。
149 ☐☐	**keep abreast of**	～ (最新情報など) を把握している； ～に遅れずついていく ① 動詞は **keep** のほかに、**stay** や **be** も使える。
150 ☐☐	**keep ～ posted**	～に常に情報を伝える 類 ☐ **keep ～ informed** ～に常に情報を伝える

Visitors to the park are asked to dispose of their trash in the bins provided. bin =「（ごみ）箱」	その公園の訪問者は、指定のごみ箱にごみを捨てることが求められる。
The architect drew up several different plans for the new city hall.	その建築家は新しい市役所のためにいくつかの異なるプランを作成した。
Miriam will drop in on the buyer later today.	ミリアムは今日遅くにバイヤーのところに立ち寄る予定だ。
Aid 4 Children has figured out some ideal methods for assisting young people in developing regions.	エイド・フォー・チルドレンは発展途上地域の若者を支援する理想的な方法を考え出した。
The product development group went over every aspect of the new aircraft components.	製品開発グループは新しい航空機部品のあらゆる側面をよく調べた。
Hand over your name tag at reception when you leave.	お帰りになるときは、受付に名札をお戻しください。
We're very glad to have you on board, Chris.	クリス、私たちはあなたをメンバーに迎えられてとても嬉しいです。
The director has yet to decide who will receive the job promotion.	その役員はだれを昇格させるのかをまだ決定していない。
This Web site helps executives keep abreast of events in real-time.	このウェブサイトは、経営者が出来事をリアルタイムに把握するのに役立ちます。
I'll keep you posted on the updates.	最新情報を常にお伝えするようにします。

219

151	lean against (Part1頻出)	〜に立てかける；〜にもたれかかる ① Part 1 の写真描写に頻出。
152	live up to	〜に応える；〜にかなう 類 □ **meet** 他 かなえる；満たす
153	make a difference	違いをもたらす；大いに役立つ ① 「違いをもたらす」→「影響を及ぼす；大いに役立つ」という意味。
154	make it (用法注意)	成功する；やり遂げる；(電車などに) 間に合う ① 口語的な表現で、it はさまざまな場面で成すべきことを指す。
155	make out	〜を判読する；〜を理解する 類 □ **make sense of** 〜を理解する
156	make up for	〜を埋め合わせる 類 □ **compensate for** 〜を埋め合わせる
157	mark down	〜を値下げする 反 □ **mark up** 〜を値上げする
158	opt to *do*	〜することを選ぶ ① opt は option (選択) の動詞形。
159	page through	〜に目を通す 類 □ **flip through** 〜に目を通す
160	report to (用法注意)	〜に直属する；〜に出頭する ① 「〜に報告義務がある」→「〜の部下である」の意味でよく使う。

My umbrella is the one leaning against the wall.	私の傘は壁に立てかけてあるあれです。
Regrettably, our revenues this year failed to live up to the investors' expectations.	残念ですが、今年の私たちの収入は投資家の期待には応えられませんでした。
An electrician certification made a difference in her career.	電気技術者の認定証は彼女の職業に大いに役立った。
It is Rochelle's dream to make it in show business.	ショービジネス界で成功することがロシェルの夢だ。
The writing on the fax was so faint I couldn't make out what it said. faint = 「かすかな」	そのファクスの文字はとても薄かったので、何が書いてあるのか判読できなかった。
When I returned from my trip, I had to make up for lost time.	私は旅行から戻ってくると、仕事をしなかった時間の埋め合わせをしなければならなかった。
The store marked down all its summer items by 50 percent.	その店は夏物をすべて50パーセント値下げした。
Young people opt to rent or share cars instead of buying them.	若い人たちは、自動車を買うよりも、借りたりシェアしたりすることを選ぶ。
Can you page through my plan and give me your opinion on it?	私の計画に目を通して、意見を言ってくれませんか。
Mr. Watson reports to Ms. Pierce, who is the director.	ワトソンさんは、取締役のピアースさんの直属の部下だ。

161 □□	**run errands**	使いに行く ① go on errands や do errands とも言う。
162 □□	**run short of**	～を使い切る；～が不足する ① short には「不足して」の意味がある。
163 □□	**stand out**	目立つ；際立つ
164 □□	**succeed to**	～を引き継ぐ ① succeed in (～に成功する) と区別しよう。
165 □□	**take ～ for granted** 用法注意	～を当然だと思う ①「当然だと思う」→「軽視する」とネガティブな意味で使う。
166 □□	**take on**	～を引き受ける 類 □ **undertake** 他 引き受ける
167 □□	**touch base with**	～と連絡を取る 類 □ **make contact with** 　　　～と連絡を取る
168 □□	**turn around**	～を好転させる；～を方向転換させる ① 名詞 turnaround で「(会社の) 立て直し」の意味。
169 □□	**would rather A than B** 用法注意	BするよりもAしたい ① than なしで、would rather do (～するほうがいい) でも使う。
170 □□	**wrap up** 多義語	(仕事・会議など) を終える；厚着をする ①「厚着をする」の意味では bundle up が類語。

Julia is away from her desk because she had to <u>run errands</u>.	ジュリアは<u>お使いに行か</u>なければならなくて、席を外しています。
We are <u>running short of</u> funds for the project.	私たちはそのプロジェクトの資金を<u>使い切りつつ</u>ある。
We'll use a colorful signboard so that our booth can <u>stand out</u>. signboard =「看板；掲示板」	私たちは自分たちのブースが<u>目立つ</u>ようにカラフルな看板を使います。
After the president retires, his son will <u>succeed to</u> his position.	社長が退職した後は、息子が彼の地位を<u>引き継ぐ</u>だろう。
We never <u>take</u> customers <u>for granted</u>, being sure to respond to even the smallest complaints.	私たちは顧客の存在を<u>当然のことと考え</u>ず、どんな小さな苦情にも確実に対応している。
I'll <u>take on</u> my new position with great enthusiasm.	大いに意気込んで、新しい仕事を<u>お受け</u>します。
I'll <u>touch base with</u> you later today about our trip to Vietnam next week.	来週のベトナム出張について、今日遅くにあなた<u>に連絡</u>します。
We have a proven track record of <u>turning around</u> a lot of failing companies. proven =「証明された」　track record =「実績」	私たちには不振企業を数多く<u>再生させた</u>というしっかりした実績があります。
I <u>would rather</u> invest in real estate <u>than</u> stocks.	私は株式<u>よりも</u>不動産に<u>投資したい</u>。
She was able to <u>wrap up</u> her project earlier than expected.	彼女は自分のプロジェクトを予定よりも早く<u>完了</u>できた。

223

171 □ □	**a pile of** でる難語	たくさんの〜；山のような〜 🔀 □ **a stack of** 大量の〜；束になった〜
172 □ □	**a spectrum of**	幅広い〜；さまざまな〜 ① spectrum [spéktrəm] は「光のスペクトル」のことで、「範囲」「種類」の意味で使う。
173 □ □	**as is**	現況 [現品] のままで ① 不動産や中古品の説明として使われる。「汚れや傷があるまま」ということ。
174 □ □	**at a standstill**	停止して；止まって ① standstill は「止まった状態」の意味。
175 □ □	**from scratch**	ゼロから；初めから ① scratch は「スタートライン」のこと。
176 □ □	**in a bid to *do***	〜することを目指して；〜するために ① bid には「入札」のほか、「試み；努力」の意味がある。
177 □ □	**in arrears**	支払いが遅れて
178 □ □	**in conjunction with**	〜と共に；〜と協力して ① conjunction は「関連；同時発生」の意味。
179 □ □	**in full swing**	最高潮で ① この swing は「盛り上がり」の意味。
180 □ □	**on the grounds that**	〜という理由で ① on the grounds of A (Aという理由で)

Kirk had <u>a pile of</u> forms on his desk that he needed to fill out.

カークの机の<u>上</u>には、彼が記入しなければならない書式の<u>山</u>があった。

Our school offers <u>a</u> broad <u>spectrum of</u> classes for foreign language learners.

当スクールは、外国語学習者のために幅広い種類のクラスを用意しています。

Cars at the Rordan Dealership are sold <u>as is</u>, without any warranties.

ローダン販売店の車は、保証なしで、<u>現品のまま</u>販売されています。

I'll be late, as traffic is now <u>at a standstill</u>.

今、車の流れが<u>止まって</u>いるので、遅れます。

Danielle is an excellent cook who makes everything <u>from scratch</u>.

ダニエルは優秀な料理人で、すべてを<u>ゼロから</u>作る。

We hired a famous actress <u>in a bid to</u> promote our new lipsticks.

私たちは新しい口紅を宣伝するために有名な女優を起用した。

Your rent has been <u>in arrears</u> for three months.

あなたの家賃は3カ月間、<u>支払いが遅れて</u>います。

The opera concert will be held <u>in conjunction with</u> the fall festival.

秋のフェスティバル<u>と共に</u>オペラのコンサートが開催される。

Harvest season in Bordeaux starts <u>in full swing</u> this September.

ボルドーの収穫期はこの9月に<u>最盛期</u>を迎える。

Most members were opposed to the plan, <u>on the grounds that</u> it's too risky.

多くのメンバーは、リスクが高すぎる<u>という理由</u>でその計画に反対した。

181 ☐☐	**be poised to *do***	～する用意ができている；～する態勢にある ① be poised for A（Aの用意ができている）で名詞を続けられる。
182 ☐☐	**be slated to *do***	～することが予定されている 🔄☐ be scheduled to do 　　～することが予定されている
183 ☐☐	**be tied up**	手が離せない；動きがとれない ① be tied up with A（Aで手が離せない）
184 ☐☐	**bode well for**	～にとって幸先がいい 反☐ bode ill for　～にとって幸先が悪い
185 ☐☐	**boil down to**	要するに～である；～に帰着する 🔄☐ come down to　要するに～である
186 ☐☐	**cash in on**	～から利益を得る 🔄☐ profit from　～から利益を得る
187 ☐☐	**concur with**	～に同意する 🔄☐ agree with　～に同意する
188 ☐☐	**cut corners**	手抜きをする；節約する ① 原意は「corners（角）を回らず近道をする」の意味。
189 ☐☐	**iron out**	～を解決する
190 ☐☐	**jot down**	～を書き留める 🔄☐ write down　～を書き留める

The conglomerate is poised to take over the TV station by next month. conglomerate =「複合企業；コングロマリット」	その複合企業は、来月までにそのテレビ局を買収する用意ができている。
Mr. Thompson is slated to transfer to another branch of the company.	トンプソンさんは会社の他の支店に異動になる予定だ。
Sorry, but right now I'm tied up.	すみません、今は手が離せません。
The discovery of new gas fields bodes well for the country's future.	新しいガス田の発見はその国の未来にとって吉兆である。
Being a good CEO all boils down to having leadership skills.	よきCEOであるとは、要するに指導者の技能を身につけていることである。
We'll start to cash in on our new venture soon.	我々はまもなく新しい事業から収益をあげることになるでしょう。
The directors concurred with my opinion.	役員たちは私の意見に同意した。
We cannot cut corners on quality even if our budget is tight.	予算が厳しいからと言って、品質をおろそかにはできない。
The engineers had a meeting to iron out the flaws in the design.	エンジニアたちは設計上の不備を解決するために会議を開いた。
Let me jot down your idea because it's very interesting.	君のアイデアを書き留めさせて。とても面白いからね。

イディオム900点レベル

227

191 □ □	jump to conclusions	結論を急ぐ ① 通例、「拙速に結論を出す」というネガティブな意味で使われる。
192 □ □	pave the way for	～への道を開く；～の下準備をする 類 □ herald 動 先駆けとなる
193 □ □	pertain to	～に関係がある；～に付随する ① pertaining to (～に関する) の形にして前置詞的に使える。
194 □ □	prop up	～を支える ① Part 1 の物の描写に使われる。
195 □ □	rest assured	安心する ① rest (安らぐ) + assured (確信して) = rest assured (安心する)
196 □ □	roll out	～を開始する；(巻いてあるもの) を広げる ① roll out a carpet (カーペットを広げる) の用法は Part 1 で注意。
197 □ □	rule out	～を除外する；～を認めない
198 □ □	spin off	～を分離独立させる； ～を副次的に生み出す ① 名詞 spinoff は「分社化；副産物」の意味。
199 □ □	tear down (でる難語)	～を取り壊す ① tear [téər] の活用は tear-tore-torn。
200 □ □	wine and dine	～を接待する ① 文字通り「お酒と食事でもてなす」こと。

We must take a closer look at the deal before jumping to conclusions.

結論を急ぐ前に、我々はその取引をもっとしっかり検討しないといけない。

The director's first film paved the way for the success of the sequels.

sequel =「続編」

その監督の最初の映画は、続編の成功への道を開いた。

All the questions from the reporters pertained to the rumored new product.

記者からの質問はすべて、うわさされている新製品に関するものだった。

The stadium's dome roof is propped up by a complicated steel skeleton.

スタジアムのドーム型の屋根は複雑なスチールのスケルトンに支えられている。

Rest assured that we can find a hotel to suit your needs.

あなたの要望にぴったりのホテルを我々が見つけますのでご安心ください。

The bank will roll out new security procedures as of April 1.

その銀行は4月1日付で新しい安全手続きを開始する。

During her speech, the CEO ruled out the possibility of stepping down.

step down =「辞任する」

CEOはスピーチの中で辞任する可能性を否定した。

The company plans to spin off its property arm into a separate company.

その会社は不動産部門を別会社として分離独立させる計画だ。

The old shopping mall will be torn down to build a high-rise apartment.

high-rise =「高層の」

高層マンションを建てるために、古いショッピングモールは取り壊されることになる。

We'll wine and dine the client at the best French restaurant in town.

私たちはクライアントを街で最高のフレンチレストランで接待しよう。

Column 4 役に立つ接頭辞

接頭辞は未知の単語の意味を類推するのに役立ちます。
代表的な接頭辞を紹介します。

ann- (年)

□ annual 年次の □ anniversary 記念日

audi- (音；聴く)

□ audience 聴衆 □ auditorium 講堂；音楽堂

auto- (自身の)

□ automobile 自動車 □ autobiography 自伝

bi- (2；双)

□ biweekly 隔週の；隔週で □ bilateral 相互の；2国間の

co- (一緒の；共同の)

□ cooperate 協力する □ collaborate 協業する

contra/o- (反対の)

□ controversy 議論 □ contradict 矛盾する

en- (〜にする)

□ enable 可能にする □ enlarge 大きくする

inter- (〜の間；相互の)

□ interactive 双方向の □ intervene 仲裁する；干渉する

mis- (誤った)

□ misplace 置き間違える □ misunderstand 誤解する

over- (過度の；越えて)

□ overcome 克服する □ overwhelming 圧倒的な

pre- (前の)

□ pre**dict** 予測する □ pre**liminary** 事前の

under- (不完全な ; 下の)

□ under**graduate** 大学生 □ under**estimate** 過小評価する

sub- (下 ; 副)

□ sub**sidiary** 子会社 □ sub**ordinate** 部下

sur- (上の ; 超えて)

□ sur**face** 表面 □ sur**pass** より勝る

trans- (越えて ; 横切って)

□ trans**fer** 転勤 ; 乗り換え □ trans**form** すっかり変える

un- (反対)

□ un**pack** (包みを) 解く □ un**load** (荷物を) 降ろす

Column 5 品詞がわかる語尾

単語の語尾から品詞を類推することができます。
知っておけば、Part 5 の品詞識別問題にも役立ちます。

名詞の語尾

-tion	op**tion** (選択肢)	-sion	deci**sion** (決定)
-ment	move**ment** (動き)	-nce	convenie**nce** (便利)
-ity	qual**ity** (品質)	-ship	member**ship**(会員資格)
-ness	kind**ness** (親切)	-cy	efficien**cy** (効率性)

形容詞の語尾

-ble	capa**ble** (可能な)	-al	mutu**al** (相互の)
-ful	power**ful** (力強い)	-ent	suffici**ent** (十分な)
-ive	competit**ive** (競争力のある)		
-ic	domest**ic** (国内の；家庭の)		
-ous	enorm**ous** (莫大な)		
-que	pictures**que** (絵のように美しい)		

動詞の語尾

-fy	satis**fy** (満足させる)	-en	short**en** (短くする)
-ze	reali**ze** (理解する；実現する)		
-ate	cre**ate** (作り上げる；創造する)		
-ire	inqu**ire** (問い合わせる)		

副詞の語尾

-ly	annual**ly** (毎年)	respective**ly** (それぞれ)

注意すべき例外

・語尾 -ly なのに、副詞ではなく形容詞

order**ly** (整理された)　　　　　time**ly** (時宜を得た)

・語尾 -ly で、形容詞としても副詞としても使う

on**ly** (唯一の／ただ)　　　　　quarter**ly** (四半期の／四半期で)

year**ly** (1 年の／ 1 年で)　　　like**ly** (ありそうな／おそらく)

応用編①

ビジネス語

Business Vocabulary

🔊 Track-104 ～ Track-133

会社を紹介する場面はTOEICでもよくあります。基本語を知っておきましょう。

Perling Taylor Group is the world's ❶**leading** management consultancy ❷**firm**, with ❸**headquarters** in London and ❹**branches** in 45 countries. ❺**Founded** in 1973, we've helped thousands of companies ❻**around the globe** to improve their performance. Whatever your ❼**industry**, you can trust Perling Taylor Group to save you time and money. Our ❽**corporate** social responsibility ❾**division** can also advise on more ethical business practices. Find out about our work by requesting a ❿**brochure** from www.perlingtaylor.com.

パーリング・テイラー・グループは、世界❶トップクラスの経営コンサルタント❷会社で、❸本社はロンドンにあり、45カ国に❹支社があります。1973年に❺設立された当社は、❻世界中の何千もの企業が業績を向上させる支援をしてきました。御社がどんな❼業種でも、時間とお金を節約するならパーリング・テイラー・グループにお任せください。私どもの❽企業の社会的責任❾部門はまた、より倫理的な業務慣行についても助言いたします。当社の仕事についてお知りになりたい場合は、www.perlingtaylor.com. から❿パンフレットをリクエストしてください。

---

❶ □ **leading** [líːdiŋ] 形 トップクラスの；主要な
 ▶ a leading company（トップ企業）

❷ □ **firm** [fáːrm] 名 会社 ▶ company と同様よく使われる。

❸ □ **headquarters** [hédkwòːrtərz] 超頻出 名 本社
 ▶ main office も使う。動詞としても be headquartered in A（Aに本社を置く）のように使える。

❹ □ **branch** [bræntʃ] 名 支社；支店

❺ □ **found** [fáund] 他 設立する ▶ establish も同意で使う。

⑥ □ **around the globe** 世界中の；世界中で
　▶ **around the world** も同意。

⑦ □ **industry** [índəstri] 名業界；産業；工業

⑧ □ **corporate** [kɔ́:rpərət] 形企業の
　▶ **corporation** (会社；株式会社) の形容詞。

⑨ □ **division** [divíʒən] 名部門
　▶ **department** や **section** も同意で使う。

⑩ □ **brochure** [brouʃúər] (超頻出) 名パンフレット
　▶ **a company brochure** (会社案内)

(会社組織)

□ **subsidiary** [səbsídièri] 名子会社

□ **affiliate** [əfílièit] 名関連会社；系列組織
　▶ **affiliated company** とも言う。

□ **bureau** [bjúərou] 名事務所；部局

□ **liaison office** 連絡事務所

□ **conglomerate** [kəŋɡlámərət] 名複合企業
　▶ 異業種の多くの会社から構成される。

□ **organization chart** 組織図

(会社紹介)

□ **capital** [kǽpətəl] 名資本　▶ **raise a capital** (資本を調達する)

□ **shareholder** [ʃéərhòuldər] 名株主　▶ **stockholder** とも言う。

□ **family-owned** 形家族所有の

□ **directory** [dəréktəri] 名名簿；案内表示
　▶ **a company directory** (企業名簿)

□ **multinational** [mÀltinǽʃənəl] 形多国籍の

□ **mission statement** 使命記述書；ミッションステートメント
　▶ 会社の使命・行動指針をまとめた文章。

□ **milestone** [máilstòun] 名 (会社の歴史での) 重要な出来事

□ **annex** [ǽnəks] 名別館

ビジネス語

235

日常業務の単語はTOEICに頻出のものばかり。実際のビジネスでもよく使います。

🅐 Some days I regret taking a promotion. I feel like I'll never finish this ❶ **assignment**.

🅑 I noticed you've been ❷ **working overtime** a lot lately.

🅐 Yes, every night this week! My ❸ **supervisor** gives me so much work. I see my ❹ **colleagues** leaving at five and I wish I could ❺ **punch out** with them.

🅑 Look, when's your ❻ **deadline**? Maybe I can help.

🅐 The ❼ **paperwork** is ❽ **due** by nine tomorrow.

🅐 ときどき、昇格したことを後悔しているわ。この❶仕事を終えられそうにないの。

🅑 最近、君がずいぶん❷残業しているのには気づいていたよ。

🅐 そう、今週は毎晩よ! ❸上司が私に仕事をたくさん振るの。❹同僚たちが5時に退社するのを見ると、私も彼らと一緒に❺タイムカードを押して帰りたくなるわ。

🅑 ねえ、君の仕事の❻締め切りはいつなの? 手伝えるかもしれない。

🅐 この❼書類仕事は明日の9時が❽締め切りよ。

---

❶ ☐ **assignment** [əsáinmənt] （超頻出） 名仕事;業務
   ▶ 動詞 assign は「割り当てる」で、「割り当てられた仕事」を指す。

❷ ☐ **work overtime** 残業する

❸ ☐ **supervisor** [súːpərvàizər] 名上司;管理職
   ▶ 「上司」は boss もよく使う。

❹ ☐ **colleague** [káliːg] （超頻出） 名同僚
   ▶ coworker、peer、associate も同意で使う。

❺ ☐ **punch out** タイムカードを押して退社する
   ▶ punch in (タイムカードを押して出社する)

❻ ☐ **deadline** [dédlàin] 名締め切り;納期

236

❼ □ **paperwork** [péipərwə̀ːrk] 名書類仕事

❽ □ **due** [djúː] 形期限が来た；予定で

(通勤・職場)

□ **commute** [kəmjúːt] 超頻出 自通勤する 名通勤
▶ go to work も「通勤する」の意味で使う。

□ **telecommute** [téləkəmjùːt] 自在宅勤務をする

□ **workplace** [wə́ːrkplèis] 名職場

□ **work a shift** 交替勤務で働く ▶ a night shift は「夜間勤務」。

(日常業務)

□ **business card** 名刺 ▶ card と略すことも。

□ **notice** [nóutəs] 名告知；通知

□ **memorandum** [mèmərǽndəm] 超頻出 名社内回覧；事務連絡票
▶ memo と略す。

□ **subordinate** [səbɔ́ːrdinət] 名部下

(施設・規則)

□ **reception desk** 受付 ▶ receptionist (受付係)

□ **cafeteria** [kæ̀fətíəriə] 超頻出 名社員食堂

□ **break room** 休憩室 ▶ staff [employee] lounge とも言う。

□ **conference room** 会議室 ▶ meeting room も使う。

□ **supply room** 備品室

□ **parking lot** 駐車場 ▶ 英国では car park。

□ **fire drills** 火災避難訓練

□ **dress code** 服装規定
▶ dress-down Friday (カジュアル・フライデー)

□ **code of conduct** 行動規範；倫理規定

ビジネス語

237

事務用品をまとめて紹介します。Part 1 の写真問題に出るものもあります。

Please note a change in office policy: ❶ **office supplies** are no longer kept in this ❷ **cupboard**. If you require any ❸ **stationery**, please contact the ❹ **administration** for assistance. We are also asking staff to use the basement ❺ **photocopier** until further notice. The second floor machine has suffered repeated ❻ **paper jams** and is due to be ❼ **serviced** (paper is still available from the bottom ❽ **drawer** of the ❾ **filing cabinet**). We apologize for any inconvenience caused.

オフィスの方針の変更に注意してください。❶事務用備品はもうこの❷戸棚には保管されていません。❸文具類が必要な場合には、❹総務部に連絡して支援を求めてください。また、追って通知があるまでは、地下の❺コピー機を使用するようにお願いします。2階の機械は頻繁に❻紙詰まりを起こしていて、❼点検してもらう予定です（用紙はまだ、❾書類整理棚の一番下の❽引き出しにあります）。ご不便をおかけすることをお詫びいたします。

---

❶ ☐ **office supplies** 超頻出 事務用備品 ▶ 用紙、文具、トナーなど。

❷ ☐ **cupboard** [kʌ́bərd] 名戸棚；キャビネット

❸ ☐ **stationery** [stéiʃənèri] 名文具類
▶ 文房具全体を指す集合名詞。

❹ ☐ **administration** [ədmìnistréiʃən] 名総務（部）；管理業務

❺ ☐ **photocopier** [fóutoukàpiər] 名コピー機 ▶ **copier** とも言う。

❻ ☐ **paper jam** 超頻出 紙詰まり

❼ ☐ **service** [sə́ːrvəs] 他点検する；修理する

❽ ☐ **drawer** [drɔ́ːər] 名引き出し

❾ ☐ **filing cabinet** 書類整理棚；ファイルキャビネット

文具

☐ **stapler** [stéiplər] 名ホチキス ▶ staple (ホチキスの針)

☐ **ruler** [rú:lər] 名定規

☐ **eraser** [iréisər] 名消しゴム

☐ **notepad** [nóutpæd] 名(はぎ取り式の) メモ帳

☐ **scissors** [sízərz] 名はさみ

☐ **briefcase** [brí:fkèis] 名書類かばん；ブリーフケース

☐ **clipboard** [klípbɔ̀:rd] 名紙ばさみ；クリップボード

☐ **adhesive** [ədhí:siv] 名接着剤 ▶ adhesive tape (粘着テープ)

☐ **envelope** [énvəlòup] 名封筒

☐ **letterhead** [létərhèd] 名レターヘッド
   ▶ 上部にロゴ・社名・住所などが印刷された会社の便せん。

☐ **calculator** [kǽlkjəlèitər] 名電卓

設備

☐ **shelf** [ʃélf] 名棚

☐ **bulletin board** 掲示板

☐ **cubicle** [kjú:bikl] 名仕事スペース
   ▶ パーティションで区切られた社員個人の仕事場。

☐ **fluorescent light** 蛍光灯
   ▶ fluorescent の発音は [flù:ərésənt]。

☐ **plant** [plǽnt] 名観葉植物

管理スタッフ

☐ **janitor** [dʒǽnətər] (超頻出) 名用務員
   ▶ 清掃などの職場の管理業務を行う。

☐ **security guard** 警備員

☐ **custodian** [kʌstóudiən] 名守衛

ビジネス語

239

業績評価や報酬、福利厚生など、会社の人事に関連する言葉を紹介します。

Next month the ❶ **Human Resources** Department
will be conducting ❷ **performance** ❸ **evaluations** with
all customer service ❹ **personnel**. This is an
opportunity for the company to assess which
❺ **employees** should be considered for a ❻ **promotion**
and/or a ❼ **raise** in salary. However, it is also a chance
for employees to make suggestions on improvements in
❽ **working conditions**, to express any ❾ **grievances**
they may have, or to explain in detail the reasons for
any ❿ **absenteeism** over the past year.

---

❶人事部は来月、すべての顧客サービスの❹社員を対象に、❷実績❸評価を実施します。これは会社が、どの❺社員に❻昇格または（および）❼昇給を考慮すべきかを評価する機会です。一方で、また、社員の皆さんが❽職場環境の改善の提案をしたり、抱えているかもしれない❾苦情を表明したり、過去1年における❿欠勤の理由を詳細に説明したりする機会でもあります。

---

❶ ☐ **human resources** 超頻出 人事（部）；人材
  ▶「人事部」はHRと略す。

❷ ☐ **performance** [pərfɔ́:rməns] 名実績；業績

❸ ☐ **evaluation** [ivæ̀ljuéiʃən] 名評価
  ▶ performance evaluations（実績評価）

❹ ☐ **personnel** [pə̀:rsənél] 超頻出 名社員；人事部
  ▶ アクセントは後ろに置く。

❺ ☐ **employee** [implɔ́i:] 名社員；被雇用者 ▶ employer は「雇用主」。

❻ ☐ **promotion** [prəmóuʃən] 名昇格 ▶ 動詞 promote は「昇格させる」。

❼ ☐ **raise** [réiz] 名昇給 ▶ pay raise とも言う。

❽ ☐ **working conditions** 職場環境；労働条件

❾ ☐ **grievance** [grí:vəns] 名苦情 ▶ file a grievance（苦情を訴える）

⑩ □ **absenteeism** [æbsəntíːizm] 名 (常習的な) 欠勤

報酬・福利厚生

□ **paycheck** [péitʃèk] 名 給与
  ▶ check (小切手) で支払われることから。他に、**pay**、**salary**、**wage** も使われる。

□ **compensation** [kàmpənséiʃən] 名 給与；報酬

□ **remuneration** [rimjùːnəréiʃən] 名 報酬；給与

□ **commission** [kəmíʃən] 名 歩合給；コミッション
  ▶ **work on commission** (歩合給で働く)

□ **allowance** [əláuəns] 名 手当　▶ a transport allowance (通勤手当)

□ **paid holiday**　有給休暇　▶ **paid leave** も同意。

□ **annual leave**　年次休暇

□ **incentive** [inséntiv] 名 奨励措置；インセンティブ
  ▶ 業績給、ボーナス、ストックオプションなど、仕事の動機付けをする措置のこと。

□ **perk** [pə́ːrk] 名 諸手当；特典　▶ **perquisite** の略語。

□ **fringe benefits**　諸手当；付加給付
  ▶ 会社が提供する本給・賞与以外の経済的利益。

□ **dental plan**　歯科保険制度

□ **annuity** [ənjúːəti] 名 年金　▶ **pension** も同意。

職場環境

□ **transfer** [trǽnsfəːr] 名 異動

□ **morale** [mərǽl] 名 士気；モラール

□ **tardiness** [táːrdinəs] 名 遅刻

□ **diversity** [dəvə́ːrsəti] 名 多様性　▶ カタカナで「ダイバーシティ」と言う。

□ **gender** [dʒéndər] 名 性
  ▶ **gender** は「社会的な性」を、**sex** は「肉体的な性」を表す。

□ **race** [réis] 名 人種

□ **labor union**　労働組合

求人・採用はTOEICで必須のテーマです。基本語をしっかり押さえておきましょう。

Are you a ❶ **people person**? Catzen Coffee is looking for two ❷ **extroverted** baristas, ideally with ❸ **prior experience**, for evening and weekend shifts. As well as customer service ❹ **skills**, you should have a genuine love for our products. In return we offer a generous hourly rate, ❺ **flexible hours**, and free coffee!

To apply for this ❻ **vacancy**, send your ❼ **résumé** with a ❽ **cover letter** to maria@catzencoffee.com. Successful ❾ **applicants** will be invited to ❿ **interview** before March 6.

あなたは❶社交的な人ですか。カツン・コーヒーは❷外向的な性格のコーヒー職人を2人募集しています。夜と週末のシフト勤務で、❸業務経験があれば理想的です。顧客サービスの❹技能とともに、当社の製品に純粋な愛情を持ってもらわないといけません。その代わりに、当社は高い時給や❺柔軟な勤務時間、無料のコーヒーを提供します！

この❻求人に応募するには、❽カバーレターの付いた❼履歴書を maria@catzencoffee.com. まで送ってください。選ばれた❾応募者には3月6日までに❿面接の手配をいたします。

---

❶ ☐ **people person** 社交的な人

❷ ☐ **extroverted** [ékstrəvə̀ːrtid] 形外向的な
　▶「内向的な」は **introverted**。

❸ ☐ **prior experience** 業務経験 　▶ **prior** は「前の」の意味。

❹ ☐ **skill** [skíl] 名技能

❺ ☐ **flexible hours** 柔軟な勤務時間；フレックスタイム

❻ ☐ **vacancy** [véikənsi] 超頻出 名求人；欠員
　▶ **vacant position** も同意。

❼ ☐ **résumé** [rézəmèi] 超頻出 名履歴書　▶ **curriculum vitae** とも言う。

❽ □ **cover letter** カバーレター；添え状
  ▶ 志望動機などをアピールする。
❾ □ **applicant** [ǽplikənt] (超頻出) 名応募者
  ▶ apply for [to] A で「Aに応募する」。
❿ □ **interview** [íntərvjùː] (超頻出) 名面接 ▶ **job interview** とも言う。

求人

□ **help-wanted ad** (超頻出) 求人広告
  ▶ want ad、classified ad も使われる。

□ **candidate** [kǽndidèit] (超頻出) 名候補者
  ▶ a successful candidate (合格した候補者)

□ **shortlist** [ʃɔ́ːrtlist] 名最終候補者 他候補者を絞る

採用条件

□ **expertise** [èkspəːrtíːz] 名専門知識 [技能]

□ **proficiency** [prəfíʃənsi] 名熟達；技量

□ **credential** [krədénʃəl] 名能力の証明となるもの；証明書
  ▶ 通例、複数。

□ **qualification** [kwὰlifikéiʃən] 名資格；適性

□ **preferred** [prifə́ːrd] 形望ましい ▶ **required** (必須の)

□ **dedication** [dedikéiʃən] 名献身

□ **selling point** セールスポイント

□ **track record** 実績；業績
  ▶ a proven track record (証明された実績) は決まり文句。

新入社員

□ **new recruit** 新入社員 ▶ new employee、new hire なども使う。

□ **apprentice** [əpréntis] 名見習社員 ▶ trainee とも言う。

□ **probation** [proubéiʃən] 名見習期間

仕事に関連する重要語の数々です。自分が仕事をするイメージで覚えていきましょう。

Journalism is a competitive industry with more than one ❶**career path** — but if writing is your ❷**calling**, these tips can help you succeed. First, find a ❸**mentor** to give you honest feedback. Second, consider an ❹**internship**. You can learn ❺**on the job** and it could lead to a ❻**permanent** ❼**position**. Third, start a blog so ❽**employers** can read your work. And finally, accept that you will be ❾**rejected**. Every great writer was a ❿**novice** once — just keep trying.

ジャーナリズムは競争の激しい業界で、いくつもの❶キャリアパスがある。しかし、もし書くことがあなたの❷天職なら、次のようなヒントがあなたの成功を助けるだろう。第一に、率直な意見を言ってくれる❸メンターを見つけることだ。第二に、❹インターンシップを考えることだ。あなたは❺実地で学ぶことができるし、それは❻正社員の❼職にもつながる可能性がある。第三に、あなたの仕事を❽雇用主が読めるように、ブログを始めることだ。そして、最後に、❾不採用になるのを受け入れることだ。どんな偉大な書き手もかつては❿新米だった。トライし続けることだ。

---

❶ ☐ **career path**　キャリアパス；仕事の道筋

❷ ☐ **calling** [kɔ́:liŋ]　❷天職　▶ 自分に向いた仕事。

❸ ☐ **mentor** [méntɔːr]　超頻出　❷メンター；指導係　⽥指導する
　　▶ 職場・業界での「先輩の指導者」のこと。動詞でも使う。

❹ ☐ **internship** [íntəːrnʃip]　❷インターンシップ
　　▶ 在学中における企業での実地研修のこと。

❺ ☐ **on the job**　実地で；実地の　▶ on-the-job training (実地研修)

❻ ☐ **permanent** [pə́ːrmənənt]　形正社員の

❼ ☐ **position** [pəzíʃən]　❷職位；仕事　▶ post も同様に使う。

❽ ☐ **employer** [implɔ́iər]　❷雇用主

❾ □ **reject** [ridʒékt] 他不採用にする　▶ **accept** (採用する)

❿ □ **novice** [návis] 名新人；新米

職業・職位

□ **job title**　職位；肩書き　▶ **title** 単独でも使う。

□ **job description**　職務記述書
　▶ 募集する仕事の詳細を記述した文書。

□ **management** [mǽnidʒmənt] 超頻出 名経営陣；経営

□ **the board of directors** 超頻出　取締役会
　▶ **the board** と略す。

□ **CEO (chief executive officer)**　最高経営責任者
　▶ **COO (chief operating officer)** (最高執行責任者)

□ **executive** [igzékjətiv] 名役員；幹部

□ **hierarchy** [háiərà:rki] 名(組織の) 階層；ヒエラルキー　▶ 発音注意

□ **incumbent** [inkʌ́mbənt] 形現職の

□ **tenure** [ténjər] 名在職期間

□ **vice** [váis] 形副～　▶ **vice president** (副社長)

転職・辞職

□ **switch jobs**　転職する　▶ **change jobs** も同意。

□ **step down**　退任する　▶ 会社幹部が職を辞すときに使う。

□ **retire** [ritáiər] 自退職する

□ **lay off**　～を解雇する　▶ **dismiss**、**fire**、**let go** なども使う。

□ **outplacement** [áutplèismənt] 名再就職の斡旋
　▶ 自社を辞める社員のための再就職支援サービス。

ビジネス語

求人・採用の場面でよく使う表現をまとめました。学科もまとめて覚えましょう。

Thank you for visiting the website of the Rohn University ❶**Faculty** of ❷**Architecture**. We are now inviting applications for our ❸**graduate** research program. Rohn is among the leading ❹**institutions** in Europe, with experienced ❺**tutors**, modern facilities, and an international outlook. ❻**Scholarships** of up to €7,000 per ❼**semester** are also available. If you have a ❽**master's degree** in Architecture, and are looking to achieve your ❾**doctorate** within five years, click here to apply.

ローン大学❷建築❶学部のウェブサイトを訪問していただきありがとうございます。私たちは今、❸大学院生の研究プログラムの募集を行っています。ローンはヨーロッパで屈指の❹機関で、経験豊富な❺個別指導教師、現代的な施設、国際的な展望を備えています。❼学期ごとに7000ユーロまでの❻奨学金も利用できます。建築の❽修士号を持っていて、5年以内に❾博士号を収得することを目指しているなら、ここをクリックして応募してください。

---

❶ □ **faculty** [fǽkəlti] 名学部；教授陣

❷ □ **architecture** [ɑ́ːrkətèktʃər] 超頻出 名建築（学）

❸ □ **graduate** [grǽdʒuèit] 名大学院生；大学卒業生

❹ □ **institution** [ìnstitjúːʃən] 名（特定の目的を持つ）機関；団体

❺ □ **tutor** [tjúːtər] 名個別指導教師

❻ □ **scholarship** [skάlərʃip] 名奨学金

❼ □ **semester** [səméstər] 名学期
▶ 2学期制の場合。3学期制では term を使う。

❽ □ **master's degree** 修士号 ▶ bachelor's degree（学士号）

❾ □ **doctorate** [dάktərət] 名博士号 ▶ doctor's degree とも言う。

学業成績

- □ **transcript** [trǽnskript] 名 (大学などの) 成績証明書
- □ **degree** [digríː] 超頻出 名 学位
- □ **diploma** [diplóumə] 名 卒業証書
- □ **major** [méidʒər] 名 専攻 ▶ minor (副専攻)
- □ **grade** [gréid] 名 成績

大学教育

- □ **tuition** [tjuíʃən] 超頻出 名 授業料
- □ **undergraduate** [ʌ̀ndərgrǽdʒuət] 名 大学生
- □ **principal** [prínsəpəl] 名 学長
- □ **liberal arts** 一般教養科目
- □ **humanities** [hjumǽnətiz] 名 人文学科
- □ **business administration** 経営学
  - ▶ MBA (Master of Business Administration) (経営学修士)
- □ **linguistics** [liŋgwístiks] 名 言語学
- □ **archaeology** [àːrkiálədʒi] 名 考古学
- □ **social welfare** 社会福祉
- □ **economics** [ìːkənámiks] 名 経済学
- □ **finance** [fáinæns] 名 財政学
- □ **medicine** [médisən] 名 医学 ▶ 「医薬品」の意味もある。
- □ **physics** [fíziks] 名 物理学
- □ **chemistry** [kémistri] 名 化学 ▶ 「人同士の相性」の意味もある。
- □ **astronomy** [əstránəmi] 名 天文学
- □ **phychology** [saikálədʒi] 名 心理学
- □ **mathematics** [mæ̀θəmǽtiks] 名 数学 ▶ math と略す。

ビジネス語

TOEICでは職業を問う設問が頻出です。基本的な職業を押さえておきましょう。

Our annual Creative Jobs Fair will be held on June 24. This year's guest speakers include ❶ **author** Pamela Hayes, who will discuss her latest novel, Nigerian ❷ **architect** Hillary Oyekan, and ❸ **curator** Grace Ladipo from the Mellon Street Gallery. A lunchtime workshop will be led by the ❹ **sculptor** Alice Bade, while award-winning ❺ **gardeners** and ❻ **florists** will host an outdoor Q&A session at 3 P.M. Please contact our ❼ **receptionist** for more information or to buy tickets.

私たちの年次のクリエイティブジョブ・フェアは6月24日に開催されます。今年のゲストスピーカーには、小説の最新作について話してくれる❶作家のパメラ・ヘイズ、ナイジェリアの❷建築家のヒラリー・オイエカン、メロンストリート・ギャラリーの❸学芸員のグレイス・ラディポが入っています。昼食時のワークショップは❹彫刻家のアリス・ベイドが主宰し、一方で、受賞歴のある❺庭師や❻フローリストが午後3時に屋外で質疑応答セッションを行います。さらに情報が必要な場合やチケットを購入するには、私たちの❼受付係にご連絡ください。

---

❶ □ **author** [ɔ́ːθər] 超頻出 名作家

❷ □ **architect** [ɑ́ːrkitèkt] 名建築家

❸ □ **curator** [kjúreitər] 名学芸員；キュレーター

❹ □ **sculptor** [skʌ́lptər] 名彫刻家 ▶ sculpture (彫刻)

❺ □ **gardener** [gɑ́ːrdnər] 名庭師

❻ □ **florist** [flɔ́ːrist] 名花屋；フローリスト

❼ □ **receptionist** [risépʃənist] 名受付係

専門職

□ **lawyer** [lɔ́iər] 名弁護士 ▶ **attorney** とも言う。

□ **accountant** [əkáuntənt] 名会計士

□ **librarian** [laibréəriən] 名図書館司書

□ **carpenter** [ká:rpəntər] 名大工

□ **plumber** [plʌ́mər] 超頻出 名配管工

□ **mechanic** [mikǽnik] 超頻出 名機械工；修理工

□ **firefighter** [fáiərfàitər] 名消防士

□ **care worker** 介護福祉士

アーティスト

□ **novelist** [návəlist] 名小説家

□ **poet** [póuət] 名詩人

□ **painter** [péintər] 名画家 ▶ **painting** (絵画)

□ **performer** [pərfɔ́:rmər] 名芸人；役者

公職

□ **governor** [gʌ́vənər] 名知事

□ **mayor** [méiər] 名市長

さまざまな仕事

□ **secretary** [sékrətèri] 名秘書

□ **usher** [ʌ́ʃər] 名(劇場などの) 案内係

□ **valet** [vælléi] 名(ホテルなどの) 駐車係

□ **housekeeper** [háuskì:pər] 名家政婦；お手伝い

職業の単語の第2弾です。少し応用的なものを中心に紹介します。

---

❶ **Psychologists** believe humans have a "left brain" and "right brain." Could this help you choose your career? People with dominant left brains are good at language, numbers and problem-solving; they might enjoy being ❷ **proofreaders**, ❸ **bookkeepers** or ❹ **auditors**. Those with dominant right brains love creative jobs — like penning dramas as ❺ **playwrights** or working with their hands as ❻ **artisans**. Are you a mix of logic and emotion? Take on the business world as an ❼ **entrepreneur**, or help sick pets as a ❽ **veterinarian**.

---

❶心理学者は、人間は「左脳」と「右脳」を持っていると考えている。このことは仕事を選択するのに役立つだろうか。 左脳が勝っている人々は、言語や数字、問題解決に優れている。彼らは、❷校正者や❸簿記係、❹会計検査官が向いているかもしれない。右脳が勝っている人々は、❺脚本家としてドラマを書く、❻職人として手を使って働くなど、創造的な仕事を好む。論理と感情を兼ね備えている? それなら、❼起業家としてビジネスの世界に乗り出すか、❽獣医として病気のペットを助けるのもいい。

---

❶ □ **psychologist** [saikáɪədʒist] 名心理学者

❷ □ **proofreader** [prúːfrìːdər] 名校正者

❸ □ **bookkeeper** [búkkìːpər] 名簿記係

❹ □ **auditor** [ɔ́ːditər] 名会計検査官

❺ □ **playwright** [pléiràit] 名脚本家

❻ □ **artisan** [áːrtəzən] 名職人;工匠

❼ □ **entrepreneur** [àːntrəprənáːr] 超頻出 名起業家;企業家

❽ □ **veterinarian** [vètərənéəriən] 名獣医 ▶ vet と略す。

専門職

- [ ] **actuary** [金ktʃuèri] 名保険数理士；アクチュアリー
- [ ] **realtor** [rí:əltər] 名不動産業者
- [ ] **landscaper** [l金ndskèipər] (超頻出) 名造園家；庭師
- [ ] **interpreter** [intə́:rprətər] 名通訳者
- [ ] **correspondent** [kɔ̀:rəspάndənt] 名記者；通信員
- [ ] **meteorologist** [mì:tiərάlədʒist] 名気象予報士
  - ▶ **weather forecaster** も同意で使う。
- [ ] **impresario** [ìmprəsά:riòu] 名 (歌劇・コンサートなどの) 興行主
- [ ] **astronaut** [金strənɔ̀:t] 名宇宙飛行士
- [ ] **connoisseur** [kὰnəsə́:r] 名鑑定家

医療関連

- [ ] **physician** [fizíʃən] 名医師；内科医 ▶ **surgeon** (外科医)
- [ ] **cardiologist** [kὰ:rdiάlədʒist] 名心臓病専門医
- [ ] **ophthalmologist** [ὰfθælmάlədʒist] 名眼科医
- [ ] **psychiatrist** [saikáiətrist] 名精神科医
- [ ] **pharmacist** [fά:rməsist] 名薬剤師
- [ ] **paramedic** [pὰrəmédik] 名救急医療士

さまざまな仕事

- [ ] **pundit** [pλndit] 名識者；評論家
  - ▶ マスコミなどに登場するその分野の専門家。
- [ ] **bank teller** (銀行の) 窓口係；出納係
- [ ] **rancher** [r金ntʃər] 名牧場経営者
- [ ] **welder** [wéldər] 名溶接工
- [ ] **locksmith** [lɔ́ksmiθ] 名錠前工 ▶ **smith** は「金属細工師」。

ビジネス語

会社の業績を伝える場面では財務・会計の表現が使われます。基本語を紹介します。

Potenta Corporation is pleased to announce a return to
① **profit** in the last ② **quarter** of the ③ **fiscal year.**
After restructuring its overseas plants, it was able to
④ **cap** ⑤ **overhead** which had been increasing year
after year. The company would have ⑥ **posted** a ⑦ **net**
profit earlier in the year had it not been forced to
⑧ **write off** ⑨ **debt** owed by one of its suppliers.
⑩ **Turnover** ⑪ **projections** continue to be positive, and
⑫ **dividends** may be paid next year.

ポテンタ社は、今③事業年度の最後の②四半期に①黒字に復帰したことを発表
できるのを喜ばしく思っている。海外工場を再編した後に、年々増加していた⑤一般管理費を④抑えることができた。同社は、サプライヤーの1社が負っていた⑨債務を⑧償却することを迫られていなければ、今年度の早期に⑦純利益を⑥計上できただろう。⑩売り上げ⑪見通しは引き続き良好で、来年度には⑫配当を支払うことができそうだ。

---

① □ **profit** [práfət] 名利益；黒字 ▶ **loss** (損失；赤字)

② □ **quarter** [kwɔ́ːrtər] **超頻出** 名四半期
   ▶ **quarterly** (四半期の；四半期で)

③ □ **fiscal year** 事業年度；会計年度

④ □ **cap** [kǽp] 他～に上限を設ける；抑える

⑤ □ **overhead** [óuvərhèd] 名一般管理費
   ▶ 人件費を含めた間接費のこと。

⑥ □ **post** [póust] 他計上する；発表する ▶ **post a profit** (利益を計上する)

⑦ □ **net** [nét] 形正味の；純～
   ▶ **a net profit** (純利益)、**a gross profit** (粗利益)

⑧ □ **write off** ～を償却する

⑨ □ **debt** [dét] 名債務；借入金

⑩ □ **turnover** [tə́:rnòuvər] 名売り上げ

⑪ □ **projection** [prədʒékʃən] 名見通し;予測

⑫ □ **dividend** [dívidènd] 名配当 ▶ 株式の配当金のこと。

業績

□ **earnings** [ə́:rniŋz] (超頻出) 名収入;事業所得
  ▶ income (収入;所得)

□ **revenue** [révənjù:] 名収入

□ **expenditure** [ikspénditʃər] 名支出;経費 ▶ outlay とも言う。

□ **funds** [fʌ́ndz] 名資金 ▶ 通例、複数。

□ **borrow** [bɔ́:rou] 他借りる

□ **lend** [lénd] 他融資する

□ **interest rate** 金利

□ **booming** [bú:miŋ] 形急成長する
  ▶ bankrupt (倒産した)、collapse / go bust (倒産する)

□ **soar** [sɔ́:r] 自急上昇する ▶ 反意語は plummet (急低下する)

□ **investment** [invéstmənt] 名投資

会計

□ **financial statements** 財務報告書
  ▶ 「バランスシート」「損益計算書」「キャッシュフロー計算書」から成る。

□ **bottom line** 純損益 ▶ 損益計算書の最後に記載されることから。

□ **asset** [ǽset] 名資産

□ **liability** [làiəbíləti] 名負債

□ **audit** [ɔ́:dət] 他会計監査する

□ **break even** 損益分岐点に達する
  ▶ 売り上げが利益・損失ゼロの分岐点に達すること。

□ **accounts payable** 買掛金
  ▶ これから支払う必要がある金額。accounts receivable (売掛金) はこれから入ってくる金額。

ビジネス語

253

明細書や請求書でよく使われるマネーの基本語を紹介します。

Please find enclosed your monthly ❶ **statement** for
❷ **account** number 7359840, showing ❸ **transactions**
from 14 July to 13 August. Your current ❹ **balance** is
$1,302.

A ❺ **payment** of $45.00 to our credit card services
department is now ❻ **overdue**. This letter is a
❼ **reminder** to pay the amount before 27 August or
face an additional ❽ **charge** of $20.00. If you would like
to set up a direct ❾ **debit** for future payments, please
call our helpline.

---

❷口座番号7359840の月次❶明細書を同封いたします。7月14日から8月13日までの❸取引を示すものです。お客様の現在の❹残高は1302ドルです。

当社のクレジットカード・サービス部門への45ドルの❺支払いが現在、❻期限が過ぎております。この手紙は、8月27日までにその金額をお支払いいただかないと、20ドルの追加❽請求が発生することを❼お知らせするものです。もし、将来のお支払いに口座❾引き落としを設定されたい場合には、ヘルプラインにお電話ください。

---

❶ ☐ **statement** [stéitmənt] 超頻出 名明細書
　　▶ a bank statement（銀行明細書）

❷ ☐ **account** [əkáunt] 名口座　▶ a savings account（普通預金口座）

❸ ☐ **transaction** [trænzǽkʃən] 名取引

❹ ☐ **balance** [bǽləns] 名残高
　　▶ the outstanding balance（未払い残高）

❺ ☐ **payment** [péimənt] 名支払い

❻ ☐ **overdue** [òuvərdjúː] 形支払期限が過ぎた　▶ in arrears も同意。

❼ ☐ **reminder** [rimáindər] 名知らせるもの；督促状

⑧ ☐ **charge** [tʃáːrdʒ] 名請求

⑨ ☐ **debit** [débət] 名引き落とし
▶ a direct debit（口座引き落とし）

支払い

☐ **invoice** [ínvɔis] 超頻出 名請求書；インボイス

☐ **bill** [bíl] 他請求する；請求書を送る

☐ **billing address** 請求先住所 ▶ delivery address（配送先住所）

☐ **due date** 支払日 ▶「締め切り；納期」の意味でも使う。

☐ **expiration date** 超頻出 有効期限
▶ 動詞 expire は「失効する」の意味。

☐ **owing** [óuiŋ] 形未払いの
▶ outstanding、due、payable も同意で使う。

銀行

☐ **deposit** [dipázət] 他預金する

☐ **withdraw** [wiðdrɔ́ː] 他引き出す

☐ **credit** [krédət] 他（口座に）入金する；振り込む
▶ credit history（信用履歴）

☐ **PIN (personal identification number)** 暗証番号
▶ PIN number とも言う。

☐ **passbook** [pǽsbùk] 名預金通帳

☐ **remit** [rimít] 他送金する ▶ remittance（送金）

☐ **telegraphic transfer (TT)** 電信送金
▶ wire transfer も使う。

取引

☐ **estimate** [éstimèit] 超頻出 名見積（書） ▶ quotation とも言う。

☐ **currency** [kə́ːrənsi] 名通貨 ▶ foreign currencies（外貨）

☐ **foreign exchange** 外国為替 ▶ Forex や FX と略す。

☐ **small change** 小銭

リスニング・セクションでは電話の場面が頻出します。基本語を覚えておきましょう。

Ⓐ Can I ❶**speak to** Ms. Deane, please?

Ⓑ ❷**Hold on**, please … I'm afraid Ms. Deane is ❸**on another line** ❹**at the moment**. Would you like to ❺**leave a message**?

Ⓐ Yes, could you ask her to ❻**get back to** me as soon as possible? This is Mr. Kowalski.

Ⓑ Of course. I'm sorry, but can you ❼**spell** your name for me?

Ⓐ Certainly. It's K-O-W-A-L-S-K-I.

Ⓑ And what's your number?

Ⓐ She can ❽**reach** me at 020-473-2789.

Ⓐ もしもし。ディーン様❶とお話しできますでしょうか。

Ⓑ ❷そのままお待ちください。…申し訳ありませんが、ディーンは❹ただ今、❸他の電話に出ております。❺ご伝言をお残しになりますか。

Ⓐ はい、できるだけ早く、❻折り返しの電話をお願いしたいのですが。こちらはコワルスキです。

Ⓑ かしこまりました。すみませんが、お名前の❼スペルをお教えいただけますか。

Ⓐ はい、K-O-W-A-L-S-K-I です。

Ⓑ そして、お電話番号は?

Ⓐ 020-473-2789 で私に❽つながります。

---

❶ ☐ **speak to** 〜と話をする

❷ ☐ **hold on** そのまま待つ ▶ hang up (電話を切る)

❸ ☐ **on another line** 他の電話に出て

❹ ☐ **at the moment** ただ今

❺ ☐ **leave a message**　伝言を残す

　▶ take a message（伝言を受ける）

❻ ☐ **get back to**　〜に折り返し電話する　▶ call back も同意。

❼ ☐ **spell** [spél]　他 スペルをつづる　▶ 名詞は spelling（スペル）である。

❽ ☐ **reach** [ríːtʃ]　他（電話が）つながる；連絡を取る

応対の基本語

☐ **connect** [kənékt]　他（電話を）つなぐ

　▶ transfer、put 〜 through も同意。

☐ **get through to**　〜につながる；〜に連絡がつく

☐ **person in charge**　担当者

☐ **busy** [bízi]　形 通話中で

☐ **let me check**　確認させてください

☐ **wrong number**　間違い電話

　▶ have a wrong number（間違い電話をかける）

出られない理由

☐ **step out**　外出する；席を外す

☐ **out of town**　出張中で

☐ **off duty**　勤務時間外で

☐ **unavailable** [ʌ̀nəvéiləbl]　形 電話に出られない

よく使う表現

☐ **extension** [iksténʃən]　超頻出　名 内線

☐ **call in sick**　病欠の電話をする

☐ **prior engagement**　先約

☐ **voicemail** [vɔ́ismèil]　超頻出　名 留守番電話

会議準備のチャットで会議の基本語を覚えましょう。agenda や handout は必須語です。

Lily Corbin 08:19

Dan, have you printed the ❶ **agenda** and ❷ **handouts** for the meeting I'm ❸ **chairing** at 9 o'clock?

Dan Leroy 08:25

Yes, they're done. The ❹ **diagram** isn't very clear, though.

Lily Corbin 08:26

Don't worry. The ❺ **participants** will see it on the big screen, too. Is there any ❻ **flip chart** paper in the room? I think we should start with a group ❼ **brainstorm**.

Dan Leroy 08:29

There is. Do you need anything else?

Lily Corbin 08:33

Can you check again that the ❽ **videoconference** system is working?

Dan Leroy 08:34

Sure. Leave it with me.

Lily　ダン、私が❸司会をする9時の会議の❶議題リストと❷資料を印刷しましたか。

Dan　はい、できています。しかし、❹図表があまり鮮明ではないですね。

Lily　気にしなくていいですよ。❺参加者は大きなスクリーンでもそれを見ますから。部屋に❻フリップチャートの用紙はありますか。グループでの❼アイデア会議から始めようと思っています。

Dan　あります。他に必要なものがありますか。

Lily　❽テレビ会議システムが作動するかどうかもう一度確認してもらえませんか。

Dan　わかりました。お任せください。

❶ □ **agenda** [ədʒéndə] 超頻出 名議題リスト
▶ 個別の「議題」は topic や item、subject で表す。

❷ □ **handout** [hǽndàut] 超頻出 名(配付)資料

❸ □ **chair** [tʃéər] 他司会をする

❹ □ **diagram** [dáiəgræm] 名図表

❺ □ **participant** [pɑrtísipənt] 名参加者；出席者 ▶ attendee も同意。

❻ □ **flip chart** フリップチャート
▶ 綴じた大判の紙束で、1枚ずつめくって使う。

❼ □ **brainstorm** [bréinstɔ̀:rm] 名アイデア会議；ブレスト
▶ brainstorming session とも言う。

❽ □ **videoconference** [vìdioukánfərəns] 名テレビ会議
▶ conference call (電話会議)

会議を開く

□ **call ~ to order** ~の開催を宣言する
▶ call a meeting to order (会議の開催を宣言する)

□ **preside over** (会議の) 司会をする ▶ chair と同意。

□ **convene** [kənví:n] 他 (会議を) 招集する

□ **adjourn** [ədʒə́:rn] 他 (会議を) 休止する；延期する

□ **moderator** [mádərèitər] 名司会者 ▶ scribe (書記)

□ **face-to-face** 形直接対面した ▶ virtual (オンラインの)

□ **webinar** [wébinà:r] 名ウェビナー ▶ web + seminar の造語。

資料・設備

□ **visual aids** 視覚資料

□ **statistics** [stətístiks] 名統計数字 ▶ sales statistics (販売統計)

□ **figure** [fígjər] 名数字 ▶ sales figures (売り上げ数字)

□ **chart** [tʃɑ́:rt] 名図表；グラフ ▶ table (表)

□ **graphic** [grǽfik] 名画像；図表

□ **podium** [póudiəm] 名演壇 ▶ platform も同意で使う。

ビジネス語

259

会議を進行するための表現を覚えましょう。minutes や update などは頻出語です。

Dear all,

I would like to thank Kate Harvey for the ❶**minutes** of yesterday's meeting and to ❷**clarify** two points. First, I realize there are still strong ❸**objections** to Mark Short's ❹**proposal** on moving offices. After we receive his ❺**update**, we will ❻**vote** again; I assure you no action will be taken until ❼**consensus** is reached. Second, as there was no time for me to ❽**present** the client feedback, I am attaching an ❾**overview** here and would welcome your comments.

皆様

昨日の会議の❶議事録を取ってくれたケイト・ハーヴェイに感謝するとともに、2つのポイントを❷明らかにしたいと思います。第一に、オフィスの移転についてのマーク・ショートの❹提案にはまだ強い❸反対意見があるのを理解しています。彼からの❺最新情報を受けてから、もう一度❻票決しましょう。❼合意が得られるまで、行動をしないと約束します。第二に、私がクライアントの意見を❽発表する時間がありませんでしたので、ここに❾概要を添付します。ご意見をお願いします。

❶ □ **minutes** [mínəts] 超頻出 图議事録
　 ▶ take the minutes (議事録を取る)
❷ □ **clarify** [klǽrəfài] 他明らかにする
❸ □ **objection** [əbdʒékʃən] 图反対意見
❹ □ **proposal** [prəpóuzəl] 图提案
❺ □ **update** [ʌ́pdèit] 图最新情報
❻ □ **vote** [vóut] 自他票決する　图投票

❼ ☐ **consensus** [kənsénsəs] 名合意；一致した見解

❽ ☐ **present** [prizént] 他発表する ▶ **present a plan** (計画を発表する)

❾ ☐ **overview** [óuvərvjù:] 名概要

(意見表明)

☐ **remark** [rimá:*r*k] 超頻出 名発言；意見
  ▶ **opening [closing] remarks** (開会 [閉会] の辞)

☐ **view** [vjú:] 名意見；見解 ▶ **point of view** (見方；見解)

☐ **take** [téik] 名意見 ▶ **What's your take?** (あなたの意見は?)

☐ **issue** [íʃu:] 名問題；論点

(議論)

☐ **hypothesis** [haipáθəsis] 名仮定；前提

☐ **analysis** [ənǽləsis] 名分析 ▶ **analyze** (分析する)

☐ **argument** [á:*r*gjəmənt] 名議論

☐ **coherent** [kouhíərənt] 形一貫性のある

☐ **contradicting** [kàntrədíktiŋ] 形矛盾する

☐ **on the same page** 意見が一致して

☐ **pros and cons** 賛否両論；良い点と悪い点

(結論)

☐ **summarize** [sʌ́məràiz] 他要約する ▶ **summary** (要約)

☐ **buy-in** [bái-ìn] 名承認；同意 ▶「買い入れ」が原意。

☐ **conclusion** [kənklú:ʒən] 名結論

☐ **action plan** 行動計画

交渉から契約にいたるプロセスでよく使う単語をまとめて紹介します。

Ⓐ I've prepared a ❶**draft** of the rental ❷**agreement**. Take your time to read the ❸**terms and conditions**.

Ⓑ It looks fine, but did you ask the landlord if he would ❹**compromise** on the rent?

Ⓐ I'm afraid he's determined to receive the full ❺**asking price**.

Ⓑ Well, since the apartment is in a very good location, I'm prepared to pay the full amount. When would this ❻**contract** ❼**take effect**?

Ⓐ As soon as we have your ❽**signature** at the bottom!

Ⓐ 賃貸❷契約の❶草案を用意しました。少しお時間を取って、❸条件を読んでいただけますか。

Ⓑ よさそうですが、家主に賃貸料について❹歩み寄ってくれるように頼んでいただけましたか。

Ⓐ 残念ですが、彼は❺提示価格全額を受け取る意志が固いです。

Ⓑ そうですか、あのアパートは非常にいい場所にあるので、全額を支払うようにしますよ。この❻契約書はいつ❼発効しますか。

Ⓐ 一番下にあなたの❽署名をいただければ、すぐにです！

---

❶ □ **draft** [drǽft] 超頻出 名草案

❷ □ **agreement** [əgríːmənt] 名契約（書）；合意

❸ □ **terms and conditions** 超頻出 条件
  ▶ terms も conditions も「条件」の意味。

❹ □ **compromise** [kάmprəmàiz] 自妥協する；歩み寄る 名妥協

❺ □ **asking price** 提示価格

❻ □ **contract** [kάntrækt] 名契約書
  ▶ sign a contract（契約書に署名する）

❼ ☐ **take effect** 発効する

❽ ☐ **signature** [sígnətʃər] 超頻出 名署名

交渉

☐ **bargain** [báːrgin] 自商談する

☐ **negotiable** [nigóuʃiəbl] 形交渉可能な

☐ **concede** [kənsíːd] 自譲歩する ▶ **concession** (譲歩)

☐ **trade-off** [tréid-ɔ̀f] 名折り合い；妥協

☐ **counteroffer** [káuntərɔ̀ːfər] 名対案

☐ **common ground** 合意点

☐ **MOU (memorandum of understanding)** 覚え書き

☐ **last say** 最終決定権

契約

☐ **party** [páːrti] 名当事者 ▶ **both parties** (両当事者)

☐ **obligation** [àbligéiʃən] 名義務

☐ **clause** [klɔ́ːz] 名 (契約書の) 条項

☐ **binding** [báindiŋ] 形拘束力のある

☐ **deem** [díːm] 他〜と見なす

☐ **stipulate** [stípjəlèit] 他規定する ▶ **provide** も同意で使う。

☐ **infringe** [infríndʒ] 他違反する
 ▶ **infringe copyright** (著作権を侵害する)。**infringement** (違反)

☐ **dispute** [dispjúːt] 名紛争；係争 ▶ **in dispute** (係争中で)

☐ **lawsuit** [lɔ́ːsùːt] 名(民事)訴訟 ▶ **file a lawsuit** (訴訟に訴える)

☐ **court** [kɔ́ːrt] 名裁判所 ▶ **out of court** (法定外で；示談で)

☐ **arbitration** [àːrbitréiʃən] 名 (紛争の) 仲裁；調停

会社経営に使う基本語を紹介します。merger や diversify は要注意の単語です。

The hotel group Compass Inns announced plans of a
❶ merger with Olli Boutique Hotels. Compass Inns
captured a 15% **❷ market share** of the business travel
❸ sector last year, but after its **❹ expansion** to 110
hotels covering all cities in the country, there are few
opportunities for further growth. An **❺ alliance** with
Olli allows Compass to **❻ diversify** into luxury
accommodations.

Executives from both firms say they will **❼ strive** to
maintain their unique brand identities to clearly
❽ differentiate their offerings. There will be some
management **❾ restructuring**, but no job losses will
occur, they said.

ホテルグループのコンパス・インズは、オッリ・ブティック・ホテルズと**❶合併**する計画を発表した。コンパス・インズは昨年、ビジネス旅行**❸業界**の 15%の**❷市場シェア**を獲得したが、この国のすべての都市を網羅する 110 のホテルまで**❹拡大**した後で、さらなる成長の機会が限られていた。オッリとの**❺提携**により、コンパスは高級ホテルに**❻多角化**することが可能になる。

両社の幹部は、両ホテルは提供するサービスを明確に**❽差別化**するためにそれぞれ独自のブランド・アイデンティティを維持する**❼よう努める**、と語っている。経営陣のいくらかの**❾再編**は行われる予定だが、雇用の喪失は起こらない、と彼らは語った。

---

❶ □ **merger** [mə́ːrdʒər] 超頻出 名合併

❷ □ **market share** 市場占有率

❸ □ **sector** [séktər] 名業界；セクター

264

❹ □ **expansion** [ikspǽnʃən] 名拡大

❺ □ **alliance** [əláiəns] 名提携

❻ □ **diversify** [dəvə́:rsifài] 超頻出 自他多角化する

❼ □ **strive** [stráiv] 自努力する ▶ **strive to do** (〜する努力をする)

❽ □ **differentiate** [difərénʃièit] 他差別化する

❾ □ **restructuring** [rì:stráktʃəriŋ] 名再編

企業・事業

□ **startup** [stá:rtλp] 名新興企業；スタートアップ

□ **enterprise** [éntərpràiz] 名企業；事業

□ **joint venture** 合弁事業 ▶ 複数の会社が共同出資して進める事業。

□ **consortium** [kənsɔ́:rʃiəm] 名企業連合
▶ 特定のプロジェクトを進めるための複数の企業の集合体。

経営戦略

□ **competitive edge** 競争力

□ **undertaking** [λndərtèikiŋ] 名事業

□ **synergy** [sínərdʒi] 名相乗効果；シナジー

□ **outsource** [àutsɔ́:rs] 他外部委託する

□ **downsize** [dáunsàiz] 他人員・規模を削減する

□ **redefine** [rì:difáin] 他再定義する
▶ 既存の商品・サービスに新しい価値・可能性を付与すること。

□ **vision** [víʒən] 名未来像；ビジョン

□ **risk** [rísk] 名危険；リスク

□ **sustainability** [səstèinəbíləti] 名持続可能性；サステナビリティ

□ **customer retention** 顧客の引き留め

□ **IPO (initial public offering)** 新規株式公開

□ **feasibility study** 事業化調査
▶ プロジェクトの実現可能性を探る事前調査。

レターやメールに使う基本語は決まっています。まとめて覚えてしまいましょう。

Ⓐ Hello, this is customer support. How can I help?

Ⓑ Do you ❶ **deliver** to China? I need to send a gift.

Ⓐ Yes, standard international ❷ **postage** is $17.99 or we offer an ❸ **express** ❹ **courier** service for $29.99.

Ⓑ It's not urgent. How will I know the ❺ **parcel** has arrived?

Ⓐ We only use ❻ **registered** mail, so you'll get an e-mail ❼ **notification** when the ❽ **recipient** signs for it. If you don't ❾ **hear from** us within ten days, I suggest you ❿ **contact** us again.

Ⓐ もしもし、こちらはカスタマー・サポートです。ご用件をおうかがいします。

Ⓑ 中国に❶配送できますか。ギフトを送る必要があるのです。

Ⓐ ええ、標準的な国際❷郵便料金は 17.99 ドルです。または、29.99 ドルで❸速達の❹宅配サービスをご提供します。

Ⓑ 至急のものではないです。❺荷物が届いたことはどうやってわかりますか。

Ⓐ ❻書留郵便を使うのが唯一の方法です。そうすれば、❽受取人がサインしたときに、メール❼通知を受け取れます。もし10日以内に私どもからの❾連絡がない場合には、こちらに再度❿連絡していただくことをお勧めします。

---

❶ ☐ **deliver** [dilívər] 自他 配送する；配達する

❷ ☐ **postage** [póustidʒ] 名 郵便料金

❸ ☐ **express** [eksprés] 形 速達の

❹ ☐ **courier** [káːriər] 超頻出 名 宅配サービス；宅配業者

❺ ☐ **parcel** [páːrsəl] 名 小包；小荷物

❻ ☐ **registered** [rédʒistərd] 形 書留の ▶ a registered mail (書留郵便)

❼ ☐ **notification** [nòutifikéiʃən] 名 通知
▶ notify A of B (AにBを通知する)

⑧ □ **recipient** [risípiənt] 名受取人 ▶ **sender** (差出人)

⑨ □ **hear from** ～から連絡がある

⑩ □ **contact** [kántækt] 他連絡する

お決まり表現

□ **look forward to** ～を楽しみに待つ
▶ **to** の後ろは名詞であることに注意。

□ **regarding** [rigáːrdiŋ] 前～について ▶ **as regards** も同様に使える。

□ **with reference to** ～に関して

□ **reply** [riplái] 自返信する 名返信

□ **To whom it may concern** 超頻出 ご担当者様
▶ 初めての連絡や担当者がわからないときに使う。

□ **print** [prínt] 他自きれいな文字で書く
▶ **write clearly** の意味で使う。

連絡の目的

□ **appreciation** [əprìːʃiéiʃən] 名感謝
▶ **gratitude**、**thankfulness** も同意。

□ **apology** [əpálədʒi] 名お詫び

□ **complaint** [kəmpléint] 超頻出 名苦情；クレーム
▶ **claim** は「要請」の意味であることに注意。

□ **inquiry** [ínkwəri | inkwáiəri] 超頻出 名問い合わせ
▶ **inquire about A** (Aについて問い合わせる)

□ **query** [kwíəri] 名質問；問い合わせ

関連語

□ **enclosure** [inklóuʒər] 名同封物

□ **correspondence** [kɔ̀ːrəspándəns] 名通信 (文)

ビジネス語

ネットやスマホで仕事を進めるための基本語です。app や authorization などに要注意。

NoteGrab: The only productivity ❶ **app** you need
★★★★★

I downloaded this ❷ **virtual** notebook last week and it's fantastic. Initially I got the free version but was happy to pay for the ❸ **upgrade**. Despite being packed with features, it's easy to ❹ **navigate** with simple ❺ **swipe** controls. I was able to ❻ **sync** NoteGrab with older apps and then ❼ **delete** them, saving space. The only change I'd suggest is to ❽ **remove** ❾ **fingerprint** ❿ **authorization** every time you share a file.

ノートグラブ：あなたが必要な唯一の生産性❶アプリ
★★★★★

私は先週、この❷バーチャル・ノートブックをダウンロードしましたが、とてもすばらしいです。最初は無料版を入手しましたが、喜んで❸アップグレード版を購入しました。さまざまな機能が組み込まれていますが、シンプルな❺スワイプの動作で簡単に❹操作できます。私はノートグラブを古いアプリと❻同期させたうえで、それらを❼削除して、スペースを節約することができました。私がしてほしいただ一つの変更は、ファイルを共有する際に必ず求められる❾指紋❿認証を❽取り除くことです。

---

❶ ☐ **app** [金p] (超頻出) 名 アプリ

❷ ☐ **virtual** [vɔ́ːrtʃuəl] 形 バーチャルの；コンピュータ上の

❸ ☐ **upgrade** [ʌ́pgrèid] 名 アップグレード版

❹ ☐ **navigate** [nǽvigèit] 他自 操作する；（ウェブページを）閲覧する

❺ ☐ **swipe** [swáip] 名 スワイプ 他 スワイプする
　　▶ 指先を掃くように動かす操作。クレジットカードなどを「（読み取り機に）通す」という意味でも使う。

❻ □ **sync** [síŋk] 他同期させる ▶ synchronize の略記。

❼ □ **delete** [dilíːt] 他削除する

❽ □ **remove** [rimúːv] 他取り除く

❾ □ **fingerprint** [fíŋɡərprìnt] 名指紋

❿ □ **authorization** [ɔ̀ːθərizéiʃən] 超頻出 名認証

操作の基本

□ **text** [tékst] 他テキストメッセージを送る
▶ Google も「ググる」と動詞で使える。

□ **tap** [tǽp] 他軽く触れる；タップする

□ **post** [póust] 他(写真などを) アップする ▶ submit も同様に使える。

□ **sign in** 認証して(ネットワークなどに) 入る

□ **activate** [ǽktivèit] 他(機能などを) 起動する

□ **browse** [bráuz] 自他(ブラウザを使って) 閲覧する

□ **hook up** ～に接続する

メール・ネット

□ **subscriber** [səbskráibər] 超頻出 名加入者；契約者

□ **attachment** [ətǽtʃmənt] 名(メールの) 添付書類
▶ attach (添付する)

□ **encryption** [inkrípʃən] 名暗号
▶ encrypt (暗号化する)、decrypt (暗号を解く)

□ **bidding** [bídiŋ] 名(オークションでの) 入札

□ **corrupted** [kəráptid] 形データが壊れた
▶ garbled (文字化けした)

□ **avatar** [ǽvətɑːr] 名仮想現実の分身；アバター
▶ サンスクリット語の「化身」より。

ビジネス語

269

製品の研究・開発によく使う単語です。prototype や feasible などは要注意。

Hi Elaine,

It was great to see the ❶**prototypes** for the new range of watches today. Thanks to all in the ❷**R&D** department! We're almost ready to launch, but I'm still not sure it's ❸**feasible** to keep the cost under \$100 ❹**per piece**. Could we use cheaper leather? And what's the ❺**timeline** to produce 2,000 ❻**units**? We'd like to apply for the ❼**patent** and start work on a marketing ❽**strategy** as soon as possible.

Regards,
Will

エレーヌ、

今日、時計の新ラインの❶試作品を見ましたが、すばらしかったです。❷研究開発部門の皆さんに感謝いたします！ 私たちは発売の準備をほぼ整えていますが、❹1個当たり100ドル以下にコストを維持することが❸できるか、まだ確証がありません。安価なレザーを使うことは可能でしょうか。2000❻個を製造する❺スケジュールはどんなものになるでしょうか。❼特許を申請して、できるかぎり早く販売❽戦略の作成に取りかかりたいですね。

よろしく
ウィル

---

❶ □ **prototype** [próutətàip] 超頻出 名 試作品 ▶ mock-up（実物大模型）

❷ □ **R&D (research and development)** 研究開発

❸ □ **feasible** [fíːzəbl] 形 実現可能な ▶ viable も同様の意味。

❹ □ **per piece** 一つ当たり ▶ per unit も同意。

❺ □ **timeline** [táimlàin] 名スケジュール(表)

❻ □ **unit** [júːnit] 名個数

❼ □ **patent** [pǽtənt] 超頻出 名特許

❽ □ **strategy** [strǽtədʒi] 名戦略 ▶ **tactics** (戦術)

アイデア・革新

□ **innovation** [ìnəvéiʃən] 名技術革新

□ **breakthrough** [bréikθrùː] 名躍進；重大な発見

□ **unleash** [ʌnlíːʃ] 他(能力などを)解き放つ
　▶ leash は「(動物を)ひもでつなぐ」の意味。

□ **invention** [invénʃən] 名考案；発明品

□ **inspiration** [ìnspəréiʃən] 名ひらめき；すばらしい発想

□ **perspective** [pərspéktiv] 名視点；将来の展望

□ **royalty** [rɔ́iəlti] 超頻出 名特許権使用料

□ **intellectual property** 知的財産

研究業務

□ **laboratory** [lǽbərətɔ̀ːri] 超頻出 名研究所 ▶ **lab** と略す。

□ **experiment** [ikspérimənt] 名実験

□ **fieldwork** [fíːldwə̀ːrk] 名実地調査

□ **localize** [lóukəlàiz] 他現地化する；ローカライズする

□ **value-added** [vǽljuː-ǽdid] 形付加価値のある

□ **benchmark** [béntʃmàːrk] 名評価基準；ベンチマーク

ビジネス語

271

製品の生産プロセスの単語です。assembly line、procure などに要注意です。

Ⓐ What's the problem on ❶ **assembly line** four?

Ⓑ Something's going wrong at the ❷ **molding** stage.
The plastic cases are too thin and they don't meet
the ❸ **specifications**.

Ⓐ How is that possible? The ❹ **equipment** was only
❺ **inspected** last week.

Ⓑ I don't know, ma'am, but we're wasting ❻ **material**.
Should I tell the workers to stop?

Ⓐ Yes, you'd better. We can't afford to keep making
❼ **defective** products. However, the ❽ **vendor** won't
be happy if the order is late.

Ⓐ ❶組み立てライン4番は何が問題なのですか。

Ⓑ ❷成形の段階にどこか問題があります。プラスチックのケースが薄くなりす
ぎて、❸仕様に合わないのです。

Ⓐ どうしてそんなことになるのです？ ❹装置は先週、❺点検されたばかりで
すよ。

Ⓑ わかりませんが、❻材料が無駄になっています。作業員にストップをかける
べきでしょうか。

Ⓐ ええ、そうすべきですね。❼不良品を作り続ける余裕はないですからね。し
かし、もし注文品が遅れれば、❽納入業者は喜ばないでしょうね。

---

❶ ☐ **assembly line** 超頻出 組み立てライン

❷ ☐ **mold** [móuld] 他成形する ▶ 金型などに入れて作ること。

❸ ☐ **specification** [spèsəfikéiʃən] 超頻出 名仕様

❹ ☐ **equipment** [ikwípmənt] 名機器；装置

❺ ☐ **inspect** [inspékt] 他点検する

⑥ ☐ **material** [mətíəriəl] 名材料；素材 ▶ raw materials（原材料）

⑦ ☐ **defective** [diféktiv] 形不良の；欠陥のある ▶ lemon（欠陥製品）

⑧ ☐ **vendor** [véndər] 超頻出 名納入業者

生産設備

☐ **plant** [plænt] 名工場 ▶ factory も同意で使う。

☐ **shop floor** （工場の）作業現場

☐ **facility** [fəsíləti] 名施設 ▶ manufacturing facilities（製造施設）

☐ **device** [diváis] 名装置；機器

調達

☐ **procure** [prəkjúər] 超頻出 他調達する

☐ **supplier** [səpláiər] 超頻出 名供給業者；サプライヤー

☐ **component** [kəmpóunənt] 名部品 ▶ part も同様に使う。

生産

☐ **manufacture** [mænjəfǽktʃər] 他製造する
▶ manufacturer（製造業者）

☐ **operation** [àpəréiʃən] 名操業 ▶ operate（操業する）

☐ **output** [áutpùt] 名生産高

☐ **processing** [prásesiŋ] 名加工 ▶ food processing（食品加工）

☐ **capacity** [kəpǽsəti] 名生産能力

☐ **in-house** [ìn-háus] 形社内の ▶ in-house production（社内生産）

☐ **subcontract** [sàbkántrækt] 他〜を下請けに出す 名下請契約
▶ contract out も「〜を下請けに出す」の意味で使える。

☐ **craftsmanship** [krǽftsmænʃìp] 名職人技

☐ **lead time** リードタイム ▶ 製品の発注から納品までにかかる時間。

ビジネス語

273

市場調査の基本語を紹介します。survey、questionnaire などは頻出語です。

A Do we have the results of the **❶customer satisfaction ❷survey** yet?

B We're still collating them, but the **❸feedback** is generally positive.

A That's good. How many **❹respondents** did we have, in the end?

B Almost a thousand, and the **❺demographics** were very mixed.

A Do you have any data on our **❻brand recognition** among the under-25s? They're the **❼target market** right now.

B It seems our products are well-known, but most of them are too **❽high-end** for young people to afford.

A ❶顧客満足度❷調査の結果はもう出ていますか。

B まだ、取りまとめをしているところですが、❸感想はおおむね好意的です。

A それはいいですね。結果的に、どれくらいの❹回答者を得たのですか。

B 1000人くらいです。そして、❺人口統計学的属性は非常によくばらついていました。

A 25歳未満の層の❻ブランド認知についてデータはありますか。彼らは目下、❼目標市場ですから。

B 私たちの製品はよく知られているようですが、それらのほとんどは❽高価すぎて、若い人たちが購入できません。

---

❶ ☐ **customer satisfaction** 顧客満足（度）

❷ ☐ **survey** [sə́ːrvei] 超頻出 名調査 ▶ a consumer survey（消費者調査）

❸ ☐ **feedback** [fíːdbæk] 名感想；回答

❹ □ **respondent** [rispándənt] （超頻出） 名 回答者

❺ □ **demographic** [dèməgrǽfik] 名 人口統計学的属性
　▶ 年齢、性別、居住地域など、人口統計の側面から見た顧客属性。

❻ □ **brand recognition** ブランド認知
　▶ brand awareness も同意。

❼ □ **target market** 目標市場 　▶ その商品・サービスが目標とする市場。

❽ □ **high-end** [hái-ènd] 形 高価格帯の 　▶ low-end（低価格帯の）

顧客の分析

□ **consumer** [kənsjú:mər] 名 消費者

□ **clientele** [klàiəntél] 名 常連客 　▶ 集合的に使う。

□ **questionnaire** [kwèstʃənéər] （超頻出） 名 アンケート；調査

□ **focus group** （超頻出） フォーカスグループ
　▶ 商品・サービスの意見を求めるために集められる少人数の顧客グループ。

□ **brand loyalty** ブランドロイヤルティ
　▶ 顧客がそのブランドを好んで買い続けること。

□ **segmentation** [sègmentéiʃən] 名 分割；セグメンテーション
　▶ 市場を同じニーズや性質を持つ区分に分けること。

□ **quantitative** [kwántətèitiv] 形 数量の
　▶ quantitative analysis（定量分析）

マーケット

□ **upmarket** [ʌ̀pmáːrkət] 形 高所得層の 　▶ downmarket（大衆層の）

□ **upscale** [ʌ̀pskéil] 形 高所得層の 　▶ downscale（大衆層の）

□ **middle-range** [mìdl-réindʒ] 形 中所得層の

□ **niche** [níːʃ] 名 すき間市場；ニッチ市場 　▶ niche market とも言う。

□ **dominate** [dáminèit] 他 支配する
　▶ dominate a market（市場を支配する）

□ **monopoly** [mənápəli] 名 （市場の）独占

ビジネス語

広告や販売促進の重要語を紹介します。trade show はどのパートにもよく出ます。

Ⓐ Are we ready for the ❶ **trade show** tomorrow?

Ⓑ Pete's taken the ❷ **merchandise** and ❸ **flyers** to the venue. He's setting up the stand now.

Ⓐ OK. And did the director agree to let us ❹ **hand out** ❺ **freebies** to visitors?

Ⓑ She did, eventually! I think she realizes it's a chance for us to get more ❻ **exposure**.

Ⓐ Yes, we need to attract a new ❼ **audience** — and ❽ **word of mouth** is better than any ❾ **advertising campaign**.

Ⓐ 明日の❶商品見本市の準備はできていますか。

Ⓑ ピートが会場に❷商品と❸ちらしを持って行きました。今、スタンドを設置しています。

Ⓐ わかりました。あと、取締役は私たちが来場者に❺無料サンプル❹を配布するのに同意しましたか。

Ⓑ 彼女はついに同意しましたよ！ 彼女はそれが当社をもっと❻露出させる機会だと理解していると思います。

Ⓐ よかった、私たちは新しい❼オーディエンスを引きつける必要がありますからね。❽口コミはどんな❾広告キャンペーンよりも優れているので。

---

❶ □ **trade show** 超頻出 商品見本市；展示会

❷ □ **merchandise** [mə́:rtʃəndàis | -dàiz] 名商品

❸ □ **flyer** [fláiər] 名ちらし；宣伝ビラ

❹ □ **hand out** 〜を配布する

❺ □ **freebie** [frí:bi] 名無料サンプル；試供品

❻ □ **exposure** [ikspóuʒər] 名（メディアなどへの）露出

❼ □ **audience** [ɔ́:diəns] 名広告の受け手；オーディエンス

❽ □ **word of mouth** 口コミ

❾ □ **advertising campaign** 広告キャンペーン

（販売戦略）

□ **promotion** [prəmóuʃən] 名販売促進活動；プロモーション

□ **exposition** [èkspəzíʃən] 名博覧会 ▶ expo と略す。

□ **flagship** [flǽgʃip] 名旗艦；フラッグシップ
　▶ a flagship shop（旗艦店）

□ **ambassador** [æmbǽsədər] 名アンバサダー
　▶ 契約してそのブランドの宣伝をする有名人。「大使」が原意。

□ **influencer** [ínfluənsər] 名影響力のある人物；インフルエンサー
　▶ 人々の購買行動に強い影響を与える人。カリスマブロガーなど。

□ **testimonial** [tèstimóuniəl] 名証言；テスティモニアル
　▶ 有名人やその分野の権威の言葉を引いて広告すること。

□ **press release** 報道発表；プレスリリース

□ **publicist** [pʌ́blisist] 名広報担当者

□ **tag line** キャッチフレーズ

□ **novelty** [nάvəlti] 名新商品；ノベルティグッズ

□ **circulation** [sə̀:rkjəléiʃən] 名（雑誌などの）発行部数

□ **mail order** 通信販売 ▶ a mail-order catalogue（通販カタログ）

（オンライン）

□ **unsolicited e-mail** 迷惑メール
　▶ 一方的に送られてくる宣伝メールのこと。**spam** とも言う。

□ **viral** [vái ərəl] 形口コミですばやく広がる ▶ 原意は「ウイルスの」。

デパートの広告の例文で、販売の基本語を身につけましょう。

A Gift to You from Mitcham ❶ Department Store

Have you got your Mitcham ❷ **loyalty card** yet? Our ❸ **rewards program** offers customers ❹ **savings** of up to 20% on monthly "❺ **hot items**." These on-trend products are carefully selected from all our departments, from Beauty to Furnishings. To help spread the cost of purchases, ❻ **cardholders** are also entitled to pay for goods over $500 in ❼ **installments**. To join the program, simply ask any ❽ **sales representative** in the store.

ミッチャム・❶デパートからあなたへのギフト

ミッチャムの❷お客様カードをもうお持ちですか。当店の❸特典プログラムはお客様に対して、月の❺「人気商品」に最大20%の❹値引きをいたします。こうしたトレンド製品は、美容品から家具まで、私たちのすべての部門から注意深く選ばれています。購入の費用を分散できるように、❻カード保有者は500ドル以上の商品を❼分割払いで購入する権利もあります。このプログラムに加入するには、お店の❽販売員にお申し付けいただくだけです。

---

❶ □ **department store** デパート
❷ □ **loyalty card** お客様カード；ポイントカード
❸ □ **rewards program** 超頻出 特典プログラム
❹ □ **saving** [séiviŋ] 超頻出 名値引き；特売商品
❺ □ **hot items** 人気商品
❻ □ **cardholder** [kάːrdhòuldər] 名カード保有者
❼ □ **installment** [instɔ́ːlmənt] 名分割払い（の1回分）
▶ **pay in[by] installments**（分割で支払う）

❽ □ **sales representative** 超頻出 販売員

店舗

□ **outlet** [áutlèt] 超頻出 名小売店 ▶ retail outlet とも言う。

□ **retail** [rí:tèil] 名形小売り(の)

□ **wholesale** [hóulsèil] 名形卸売り(の)

□ **franchisee** [fræntʃáizí:] 名フランチャイズ加盟店
  ▶ franchiser (フランチャイズ本部)

□ **shop clerk** 店員

□ **list price** 定価

商品・在庫

□ **inventory** [ínvəntò:ri] 超頻出 名在庫品；商品リスト
  ▶ take (an) inventory (在庫を調べる；棚卸しをする)

□ **out of stock** 在庫切れで

□ **back order** 入荷待ち ▶ on back order (入荷待ちで)

□ **order status** 注文状況

□ **fast-moving** [fǽst-mù:viŋ] 形売れ行きのいい
  ▶ slow-moving (売れ行きの悪い)

□ **commodity** [kəmádəti] 名商品；日用品
  ▶ basic commodities (生活必需品)

販売活動

□ **demonstration** [dèmənstréiʃən] 名実演販売；デモ販売

□ **brick and click** 実店舗販売とネット販売
  ▶ click and mortar (ネット販売と実店舗販売)

□ **toll-free dial** 無料ダイヤル

ビジネス語

販売の単語をもう少し覚えましょう。ショッピングの重要語も紹介します。

We kindly request that customers take no more than six ❶ **garments** into the ❷ **fitting room**. If you wish to try on more items, or if you need assistance while changing, please contact a ❸ **customer service representative**. Our staff can also advise on free ❹ **alterations** to workwear (we regret that this service is unavailable for casual ❺ **apparel**). Please ask your ❻ **cashier** for an alteration form at the ❼ **checkout**.

お客様が❷試着室に持ち込める❶衣料品は6着までとさせてください。さらに多くの商品を試着されたい場合、または着替えの際に手助けが必要な場合には、❸顧客サービス係にお申し付けください。当店のスタッフはまた、仕事着の無料の❹寸法直しについてアドバイスいたします（申し訳ないのですが、このサービスはカジュアル❺衣料品にはご利用できません）。寸法直しの用紙は❼お支払い時に❻会計係にご依頼ください。

❶ ☐ **garment** [gáːrmənt] 超頻出 名衣料品 ▶1点単位の「衣料品」のこと。

❷ ☐ **fitting room** 試着室

❸ ☐ **customer service representative** 顧客サービス係

❹ ☐ **alteration** [ɔ̀ːltəréiʃən] 名寸法直し

❺ ☐ **apparel** [əpǽrəl] 超頻出 名衣料品 ▶ 総称としての「衣料品」のことで、集合名詞。

❻ ☐ **cashier** [kæʃíər] 名会計係；レジ係

❼ ☐ **checkout** [tʃékàut] 名支払い

ショッピング

- □ **shopping spree** 爆買い；派手な買い物
- □ **holiday gift** クリスマス・プレゼント
- □ **wish list** 欲しいもののリスト
- □ **emporium** [empɔ́:riəm] 名大規模小売店

顧客サービス

- □ **giveaway** [ɡívəwèi] 名無料サンプル；景品
- □ **slash** [slǽʃ] 他(価格を)大幅に引き下げる
- □ **bargain** [bá:rɡin] 超頻出 名お買い得；格安品
- □ **redeem** [ridí:m] 他(商品券などを商品と)引き替える
- □ **voucher** [váutʃər] 超頻出 名割引券
- □ **store credit** ストアクレジット ▶ その店だけで使える金券。

お勘定

- □ **cash register** レジ
- □ **queue** [kjú:] 自列に並ぶ ▶ **wait in line** も同意で使う。
- □ **shopping cart** ショッピングカート ▶ **cart** 単独でも使う。

衣料品

- □ **clothier** [klóuðiər] 名洋服屋；衣料品会社
  ▶ 服の製造や販売をする個人・会社。
- □ **texture** [tékstʃər] 名生地
- □ **fabric** [fǽbrik] 名布地
- □ **purse** [pá:rs] 名(米国で)ハンドバッグ
  ▶ 英国では「財布」のことで、「ハンドバッグ」は **handbag**。米国で「財布」は **wallet**。
- □ **gem** [dʒém] 名宝石

TOEICには家電製品もよく登場します。基本的なものをまとめて覚えておきましょう。

W.P. Harper's New Year sale is now on! Discounts are available on all ❶ **electrical appliances**, from ❷ **vacuum cleaners** to ❸ **lawn mowers**. You'll find the biggest savings in our kitchenware department, where the latest ❹ **refrigerators**, ❺ **microwaves** and ❻ **blenders** are half the retail price. ❼ **Washing machines** and ❽ **dryers** are also offered with discounts of up to 30%. Furthermore, Harper's will deliver and ❾ **install** laundry appliances, free of charge, within seven days of purchase. But hurry — the sale ends on 31 of January!

W.P. ハーパーズの新年セールが今、開催中です！　❷電気掃除機から❸芝刈り機まで、すべての❶電気製品がディスカウントされています。キッチン用品売り場では最大のディスカウントが受けられます。最新の❹冷蔵庫、❺電子レンジ、❻ミキサーが小売価格の半額です。❼洗濯機と❽乾燥機も最大30%のディスカウントで提供します。さらに、ハーパーズは、購入から7日以内に洗濯家電を無料で配送、❾設置いたします。ところで、お急ぎになってください。セールは1月31日に終わります！

---

❶ ☐ **electrical appliance** 超頻出　電気製品
　▶ appliance 単独でも使う。

❷ ☐ **vacuum cleaner**　電気掃除機　▶ vacuum 単独でも使う。

❸ ☐ **lawn mower**　芝刈り機

❹ ☐ **refrigerator** [rifrídʒərèitər]　图冷蔵庫　▶ fridge と略す。

❺ ☐ **microwave** [máikrəwèiv]　图電子レンジ
　▶ microwave oven の略記。

❻ ☐ **blender** [bléndər]　图ミキサー　▶ mixer は「泡立て器」のこと。

❼ ☐ **washing machine**　洗濯機

⑧ □ **dryer** [dráiər] 名 乾燥機

⑨ □ **install** [instɔ́:l] 他 設置する ► **set up** も使う。

〔電気製品〕

□ **air conditioner** エアコン；空調機器

□ **heater** [hí:tər] 名 ストーブ ► **stove** は「レンジ；コンロ」のこと。

□ **humidifier** [hjumídifàiər] 名 加湿器

□ **sewing machine** ミシン

□ **water dispenser** ウォーターサーバー

□ **dishwasher** [díʃwàʃər] 名 食洗機

□ **electric fan** 扇風機

〔家の設備〕

□ **ventilation** [vèntəléiʃən] 超頻出 名 換気装置

□ **fire alarm** 火災報知器 ► **smoke detector**（煙探知機）

□ **surveillance camera** 監視カメラ

〔その他〕

□ **gadget** [gǽdʒit] 名 小型機器
 ► スマートウォッチなどの小型の電子機器。

□ **gaming console** テレビゲーム機 ► ゲーム機の本体のこと。

□ **remote** [rimóut] 名 リモコン ► **remote control** の略記。

□ **light bulb** 電球

□ **plug in** ～をコンセントにつなぐ

□ **retractable** [ritrǽktəbl] 形 （電気コードなどが）格納式の；引っ込められる

□ **dimmable** [díməbl] 形 調光可能な

ビジネス語

283

製品の使用説明と保証はよく出るテーマです。warranty や refund に要注意。

This BLR motorcycle helmet is built to the highest
standard. It is ❶ **covered** under ❷ **warranty** for five
years from the date of purchase. This means that BLR
will ❸ **refund** or ❹ **exchange** any helmet that develops
a ❺ **fault**, ❻ **excluding** ❼ **damage** caused by customer
❽ **misuse** (e.g. dropping the helmet) or through normal
❾ **wear and tear**. To activate this warranty you should
contact your nearest BLR outlet and bring your
❿ **original receipt**.

このBLRのオートバイ・ヘルメットは最高水準の仕上がりになっています。購入日から5年間は❷保証❶の対象となります。これは、BLRが、顧客の❽誤用（例えば、ヘルメットの落下）や通常の❾消耗による❼損害を❻除いて、❺不具合の生じたすべてのヘルメットの❸返金または❹交換に応じることを意味します。この保証を利用するには、最寄りのBLRの小売店に連絡をとり、❿領収証原本をお持ちください。

---

❶ ☐ **cover** [kʌ́vər] 他 対象とする；保証範囲とする

❷ ☐ **warranty** [wɔ́:rənti] 超頻出 名 保証 (書)
　　▶ under warranty (保証されて)

❸ ☐ **refund** [rifʌ́nd] 超頻出 他 返金する　名 [rí:fʌnd] 返金

❹ ☐ **exchange** [ikstʃéindʒ] 他 交換する　名 交換　▶ replace (交換する)

❺ ☐ **fault** [fɔ́:lt] 名 不具合；欠陥

❻ ☐ **exclude** [iksklú:d] 他 除く

❼ ☐ **damage** [dǽmidʒ] 名 損害

❽ ☐ **misuse** [mìsjú:s] 名 誤用

❾ ☐ **wear and tear** 超頻出 (日常使用による) 消耗・劣化

❿ ☐ **original receipt** 領収書原本

保証

☐ **guarantee** [gæ̀rəntíː] 他保証する 名保証

☐ **return** [ritə́ːrn] 他返品する 名返品

☐ **disclaimer** [diskléimər] 名免責規定

☐ **null and void** 無効な

☐ **glitch** [glítʃ] 名故障 ▶ **malfunction** も同意で使う。

☐ **manufacturer** [mæ̀njəfǽktʃərər] 名製造業者

☐ **compensation** [kàmpənséiʃən] 名補償

☐ **liability** [làiəbíləti] 名責任 ▶ **product liability** (製造物責任)

製品説明

☐ **instructions** [instrʌ́kʃənz] (超頻出) 名取扱説明書
▶ 複数で **manual** の意味で使う。

☐ **workmanship** [wə́ːrkmənʃip] 名製品の仕上がり；技量

☐ **default** [difɔ́ːlt] 名初期設定の状態；デフォルト

☐ **follow** [fálou] 他従う
▶ **follow the instructions** (取扱説明書に従う)

☐ **insert** [insə́ːrt] 他挿入する

☐ **display panel** 表示パネル

回収・修理

☐ **repair** [ripéər] 他修理する 名修理

☐ **recall** [rikɔ́ːl] 他 (不良品を) 回収する；リコールする

☐ **technician** [tekníʃən] 名技術者

☐ **carry-in service** 持ち込み修理

ビジネス語

285

商品の流通にもTOEICに出る重要語があります。shipping や load などは頻出です。

Improving ❶ Supply Chain Efficiency with Data

Better data could improve the efficiency of the ❷ **logistics** industry, a leading ❸ **shipping** expert claims. Michael Powers calls on ❹ **warehouses** and ❺ **distribution** companies to release customer data, something they are often reluctant to do. He believes that greater transparency will allow for a proactive response to issues and, ultimately, faster movement of ❻ **freight**. Powers has previously spoken out about the need for more ❼ **streamlined** ❽ **customs clearance** on certain Europe-Asia routes.

データを利用して❶サプライチェーンの効率性を改善する

良質のデータによって❷物流管理産業の効率性は改善される、と有力な❸運送専門家は主張する。マイケル・パワーズは、❹倉庫会社や❺配送会社に顧客データを公表するように求めているが、それは、そうした会社が多くの場合いやがることである。彼は、透明性を高めることで問題に素早く対応できるようになり、最終的に❻貨物の動きを速くすると考えている。パワーズはかねてから、ヨーロッパ・アジア路線の中には❽通関の❼合理化が必要なところがあると主張している。

---

❶ ☐ **supply chain**　サプライチェーン
　▶ 原材料の段階から商品が消費者に届くまでの全プロセス。

❷ ☐ **logistics** [lɔdʒístiks]　名物流管理；ロジスティクス
　▶ 物品の流れを顧客ニーズに合わせて一元的に管理すること。

❸ ☐ **shipping** [ʃípiŋ]　超頻出　名運送
　▶ a shipping company (運送会社)

④ □ **warehouse** [wéərhàus] 超頻出 名倉庫 ▶ storehouse とも言う。

⑤ □ **distribution** [dìstribjú:ʃən] 名配送；流通

⑥ □ **freight** [fréit] 名貨物；貨物輸送

⑦ □ **streamline** [strí:mlàin] 他合理化する；簡素化する

⑧ □ **customs clearance** 通関；税関の手続き

運送

□ **carrier** [kǽriər] 名運送業者

□ **forwarder** [fɔ́:rwərdər] 名運送業者

□ **delivery** [dilívəri] 名配送

□ **cash on delivery** 代金引換払い ▶ COD が略記。

□ **tracking number** 追跡番号

□ **vessel** [vésəl] 名船舶 ▶ a cargo vessel（貨物船）

□ **handling** [hǽndliŋ] 名取り扱い
▶ shipping and handling charges（発送・取り扱い料金）

荷物

□ **load** [lóud] 超頻出 他荷積みをする ▶ unload（荷下ろしをする）

□ **cargo** [ká:rgou] 名貨物；積み荷

□ **crate** [kréit] 名輸送用の箱

□ **carton** [ká:rtən] 名段ボール箱；収納箱
▶ cardboard box（段ボール箱）

□ **dolly** [dáli] 名（荷物運搬用の）台車

倉庫

□ **storage** [stɔ́:ridʒ] 名保管；収納

□ **depot** [dí:pou] 名倉庫

□ **fulfillment center** 配送センター

TOEICにはさまざまな産業・業界の名称が使われます。基本語を知っておきましょう。

Ⓐ I heard Sylvie is training to be a pilot! I can't believe it.

Ⓑ Is a female pilot so surprising? Not all women work in **❶ hospitality** and **❷ public service**!

Ⓐ Oh, I know. My sister works in **❸ construction**. It's just rare to hear of women in the **❹ aviation** and **❺ aerospace** industries, don't you think?

Ⓑ I suppose so, but it's time to break down stereotypes. I have one friend in **❻ civil engineering** and another in **❼ forestry** — why shouldn't women do those jobs?

Ⓐ シルヴィがパイロットになる訓練をしていると聞いたよ！　信じられないね。

Ⓑ 女性のパイロットがそんなに驚き？　女性のすべてが❶接客や❷公共サービスで働くわけじゃないのよ！

Ⓐ ああ、わかっている。僕の妹は❸建設業界で働いているけどね。女性が❹航空・❺宇宙産業で働くのは珍しいと思わないかい？

Ⓑ そう思うけれど、ステレオタイプを壊す時期かもね。私の友人の一人は❻土木業、もう一人は❼林業で仕事をしているわ。女性がこうした仕事をしたっていいじゃない。

---

❶ ☐ **hospitality** [hὰspətǽləti] 名接客（業）　▶ ホテルや外食産業など。

❷ ☐ **public service** 公共サービス

❸ ☐ **construction** [kənstrʌ́kʃən] 超頻出 名建設

❹ ☐ **aviation** [èiviéiʃən] 名航空

❺ ☐ **aerospace** [éərouspèis] 名航空宇宙

❻ ☐ **civil engineering** 土木（業）

❼ □ **forestry** [fɔ́:ristri] 名林業

(製造)

□ **automobile** [ɔ́:təmoubì:l] 名自動車

□ **machinery** [məʃí:nəri] 名機械

□ **semiconductor** [sèmikəndʌ́ktər] 名半導体

□ **chemical** [kémikəl] 形化学の 名化学製品

□ **pharmaceutical** [fà:rməsú:tikəl] 超頻出 形製薬の
▶ 名詞として複数形で「製薬会社」。

□ **distiller** [distílər] 名蒸留酒製造業者

(資源)

□ **mining** [máiniŋ] 名採鉱；鉱山業

□ **petroleum** [pətróuliəm] 名石油

(農漁業)

□ **agriculture** [ǽgrikʌ̀ltʃər] 名農業

□ **fishery** [fíʃəri] 名漁業

(サービス)

□ **telecommunication** [tèləkəmjù:nikéiʃən] 名遠隔通信

□ **transportation** [trænspərtéiʃən] 超頻出 名輸送；運送

□ **broadcasting** [brɔ́:dkæstiŋ] 名放送
▶ radio broadcasting (ラジオ放送)

□ **general contractor** 総合建設請負業者；ゼネコン

□ **health care** 健康管理；ヘルスケア

□ **maritime** [mǽritàim] 形海運業の
▶ a maritime company (海運会社)

ビジネス語

不動産の基本語は広告などの形でよく出ます。floor plan や fixture に注意。

Ⓐ Hi, this is Lisa Parker from Davies ❶**Real Estate**. You called earlier about the ❷**property** on Windsor Drive. If you'd like a ❸**tour**, let me know.

Ⓑ Yes, please! Could you e-mail me a ❹**floor plan**?

Ⓐ I've attached an image here. The ❺**apartment** is listed as one-bedroom but really it's more like a ❻**studio**. The bedroom has a pull-screen, rather than walls.

Ⓑ That's fine. The flexibility and the fact that it's in ❼**move-in** condition are big plus points.

Ⓐ こんにちは、デイビーズ❶不動産のリサ・パーカーです。ウィンザー・ドライブの❷物件について電話されましたね。もし❸内覧をご希望でしたら、お知らせください。

Ⓑ ええ、お願いします！ ❹間取り図をメールしていただけますか。

Ⓐ ここにある画像を付けておきますね。❺アパートは1ベッドルームと登録されていますが、実際は❻ワンルームに近いです。ベッドルームは壁ではなく、ロール式のスクリーンで仕切られています。

Ⓑ それはかまいません。その部屋が❼入居できる状態であるという融通性と事実が大きな魅力ですから。

---

❶ ☐ **real estate** 不動産 超頻出 ▶ a real estate agent（不動産業者）

❷ ☐ **property** [prápərti] 超頻出 图物件；不動産
   ▶ 個別の「物件」と総称の「不動産」の両方で使える。

❸ ☐ **tour** [túər] 图内覧 ▶ a virtual tour（ネット上での内覧）

❹ ☐ **floor plan** 超頻出 間取り図

❺ ☐ **apartment** [əpáːrtmənt] 图アパート；マンション
   ▶ 建物全体とその一室の両方に使う。英国では **flat** と言う。なお、**mansion** は「大邸宅」の意味。

⑥ □ **studio** [stjúːdiòu] 名ワンルーム

⑦ □ **move-in** [múːv-ìn] 名入居 ▶ moving (引っ越し)

物件

□ **residence** [rézidəns] 名住居 ▶ residential (居住用の)

□ **condominium** [kàndəmíniəm] 名分譲マンション；コンドミニアム

□ **subdivision** [sÁbdivìʒən] 名分譲地

□ **fixture** [fíkstʃər] 超頻出 名固定設備
▶ 照明や洗面台などの動かせない設備のこと。lighting fixture (照明器具)

□ **insulation** [ìnsəléiʃən] 名断熱 (材)；防音 (材)

ローン

□ **mortgage** [mɔ́ːrgidʒ] 名住宅ローン ▶ mortgage loan とも言う。

□ **lender** [léndər] 名融資会社

□ **collateral** [kəlǽtərəl] 名担保

□ **down payment** 頭金

賃貸

□ **rent** [rént] 名家賃

□ **utilities** [jutílətiz] 超頻出 名光熱費

□ **landlord** [lǽndlɔ̀ːrd] 名大家；家主

□ **tenant** [ténənt] 名賃借人；テナント

関連語

□ **occupancy** [ákjəpənsi] 名入居 (率) ▶ vacancy (空室 (率))

□ **zoning** [zóuniŋ] 名(都市計画での) 土地区画規制

□ **incombustible** [ìnkəmbÁstəbl] 形不燃性の
▶ combustible (可燃性の)

パーティーやレセプションも押さえておきたいテーマです。社交の基本語を覚えましょう。

Welcome, everyone. Thank you for accepting our
❶ **invitation** to this ❷ **fund-raising** ❸ **gala** tonight. At
Bateman's College we are proud of our ❹ **alumni** and
grateful for your continued support. We have a delicious
❺ **banquet** for you and a range of entertainment,
including a performance and ❻ **keynote speech** by our
❼ **celebrity** former student, jazz pianist Mica Wright.
But before the food is served, please give a round of
❽ **applause** for our president, Dr. Edward Cobham,
who will make a ❾ **toast**.

皆様、ようこそお越しいただきました。今夜のこの❷資金調達❸イベントへの
私たちの❶招待にお応えいただきましたことに感謝いたします。私たちベイト
マンズ・カレッジは❹同窓生を誇りに感じ、皆様の継続的なご支援に感謝いた
します。私たちは、皆様のためにおいしい❺料理と数々のエンタテインメント
を用意しています。エンタテインメントには、❼有名人となった本学元学生で、
ジャズピアニストのミシャ・ライトによる演奏と❻基調スピーチが含まれていま
す。しかし、食事を用意させていただく前に、❾乾杯の音頭を取ります私たち
の学長であるエドワード・コブハム博士に盛大な❽拍手をお願いいたします。

---

❶ ☐ **invitation** [ìnvitéiʃən] 图招待（状）
 ▶ a party invitation（パーティーへの招待状）

❷ ☐ **fund-raising** [fʌ́nd-rèiziŋ] 超頻出 形資金調達の
 ▶ a fund-raiser（資金調達イベント）

❸ ☐ **gala** [géilə] 超頻出 图（特別な）イベント；催し
 ▶ a gala dinner（祝賀ディナー）

❹ ☐ **alumni** [əlʌ́mnai] 图卒業生；同窓生 ▶ alumnus の複数形。

❺ ☐ **banquet** [bǽŋkwət] 超頻出 图ごちそう；祝宴
 ▶ an awards banquet（授賞の祝賀会）

⑥ □ **keynote speech** 超頻出 基調スピーチ

⑦ □ **celebrity** [səlébrəti] 名有名人 ▶ celeb と略す。

⑧ □ **applause** [əplɔ́:z] 名拍手 ▶ clapping も使う。

⑨ □ **toast** [tóust] 名乾杯
  ▶ make a toast (乾杯の音頭を取る；祝杯を挙げる)

イベント

□ **reception** [risépʃən] 超頻出 名宴会；レセプション
  ▶ a wedding reception (結婚披露宴)

□ **get-together** [gét-təgèðər] 名カジュアルな集まり・パーティー

□ **occasion** [əkéiʒən] 名 (社交) 行事；イベント

□ **ceremony** [sérəmòuni] 名式典
  ▶ an opening ceremony (開所式)

□ **luncheon** [lʌ́ntʃən] 名 (公式の) 昼食会

□ **appreciation party** 謝恩会
  ▶ 社員や顧客への感謝のために行うパーティー。

□ **networking event** 交流会 ▶ networking party も使う。

□ **year-end party** 忘年会

□ **ballroom** [bɔ́:lrù:m] 名 (ホテルなどの) 宴会場

□ **catering** [kéitəriŋ] 名仕出しサービス；ケータリング

□ **attire** [ətáiər] 超頻出 名服装 ▶ formal attire (正装)

□ **award** [əwɔ́:rd] 名賞 ▶ awardee (受賞者)

□ **ovation** [ouvéiʃən] 名大喝采

□ **RSVP** 超頻出 ご返信ください
  ▶ 招待状の末尾に書く。フランス語の **Répondez s'il vous plaît.** の略記。

□ **greet** [grí:t] 他あいさつする ▶ **greeting** (あいさつ)

□ **mingle** [míŋgl] 自交流する

リスニング・セクションや Part 7 のチャットには口語表現が使われます。基本的なものをまとめました。

☐ Be my guest.	ご遠慮なく。
☐ By all means.	ぜひどうぞ。
☐ Could you do me a favor?	お願いがあるのですが。
☐ Done deal!	決まりだ！
☐ Either will do.	どちらでもいいです。
☐ I appreciate it.	ありがとうございます。
☐ I got it.	了解。／わかりました。
☐ I wish I could.	そうできればいいのですが。
☐ If you insist.	どうしてもとおっしゃるなら。
☐ It can't be helped.	しかたない。
☐ It couldn't be better.	最高です。
☐ It depends.	場合によります。
☐ It's no use.	だめだ。／うまくいかない。
☐ It's on me.	こちらもちです。
☐ It's up to you.	あなた次第です。
☐ It doesn't matter.	それでかまわない。

☐ Just in case.	念のため。
☐ Kind of.	そんな感じですね。
☐ Leave it to me.	私に任せてください。
☐ Let me see.	ええと。
☐ Not that I know of.	私が知るかぎりないですね。
☐ Same here.	こちらこそ。／ こちらにも同じものをください。
☐ So am I.	私もそうです。
☐ So far so good.	今のところ順調です。
☐ Sounds good.	いいですね。
☐ Take it easy.	気を楽に。
☐ That's a shame.	それは残念だ。
☐ That's another story.	それはまた別の話だ。
☐ That's it.	その通りです。／（話は）以上です。
☐ That makes sense.	わかります。
☐ That's news to me.	初耳だ。
☐ That's the point.	それが私の言いたいことです。
☐ We made it.	やった！
☐ What's going on?	どうした？／何が起こっているの？

☐ **You bet.**	もちろん。
☐ **You deserve it.**	あなたはそれに値しますよ。
☐ **You got it.**	その通り。
☐ **You name it.**	あなたが決めてください。
☐ **What a coincidence!**	偶然ですね！
☐ **Why not?**	いいですよ。／かまいませんよ。

生活語

Everyday Life Vocabulary

🔊 Track-134 ～ Track-153

スーパーの商品や売り場はTOEICによく出ます。頻出語を知っておきましょう。

Ⓐ I hope you'll enjoy working here, Malik. Let me show you around the store.

Ⓑ I'll never remember where everything is.

Ⓐ Don't worry, you will. The fresh ❶ **produce** is the first thing the customers see when they come in.

Ⓑ And the ❷ **organic** ❸ **vegetables** are here, on the left?

Ⓐ That's right. The ❹ **delicatessen** is at the back, selling ❺ **refrigerated** items such as cold ❻ **meat** and cheese. This here is the baking ❼ **aisle** with ❽ **flour** and ❾ **preserves** like jam.

Ⓐ マリク、ここで楽しく働いてくださいね。私が店を案内しましょう。

Ⓑ すべてのものがどこにあるのか覚えられませんね。

Ⓐ 心配しなくても、覚えられるわ。お客さんが来店するときに最初に見るのが生鮮❶農産物よ。

Ⓑ そして、❷有機❸野菜がこちら、左手ですね。

Ⓐ そうね。❹デリカテッセンは奥の方で、冷❻肉やチーズなどの❺冷蔵食品を売っているわ。こちらはパン焼き関連の❼通路で、❽小麦粉やジャムなどの❾砂糖漬け食品があります。

---

❶ □ **produce** [prɑ́djuːs] 图農産物；青果物 ▶ fresh produce (生鮮農産物)

❷ □ **organic** [ɔːrgǽnik] 厖有機栽培の

❸ □ **vegetable** [védʒətəbl] 图野菜

❹ □ **delicatessen** [dèlikətésən] 图デリカテッセン
▶ 総菜を売る店。deli と略す。

❺ □ **refrigerated** [rifrídʒərèitid] 厖冷蔵された ▶ frozen (冷凍された)

❻ □ **meat** [míːt] 图肉

⑦ □ **aisle** [áil] 超頻出　名通路
▶ 店で、両側を商品棚にはさまれた通路のこと。

⑧ □ **flour** [fláuər]　名小麦粉

⑨ □ **preserves** [prizə́ːrvz]　名(果物の)砂糖漬け食品　▶ ジャムなど。

(食品)

□ **dairy products** 超頻出　乳製品

□ **poultry** [póultri]　名飼鳥類；家禽　▶ ニワトリやアヒル、ガチョウなど。

□ **canned** [kǽnd]　形缶詰の　▶ canned products (缶詰製品)

□ **grain** [gréin]　名穀類

□ **cereal** [síəriəl]　名シリアル；加工穀類食品
▶ コーンフレークやオートミールなど。

□ **bakery** [béikəri]　名パン屋；ベーカリー

(菓子)

□ **confectionery** [kənfékʃənèri]　名甘い菓子類；菓子店
▶ チョコやケーキなど、またはそれらを売る店。

□ **pastry** [péistri]　名ペイストリー　▶ パイ風の菓子パンのこと。

□ **snack** [snǽk]　名軽食；スナック菓子　▶ **have a snack** (軽食を取る)

(飲料・調味料)

□ **beverage** [bévəridʒ] 超頻出　名飲料　▶ 水以外の飲料を指す。

□ **condiment** [kándimənt]　名調味料　▶ **seasoning** も同意で使う。

(関連語)

□ **grocery** [gróusəri] 超頻出　名日用雑貨
▶ grocery section (日用雑貨売り場)

□ **perishable** [périʃəbl]　形腐りやすい

□ **nutritious** [njuːtríʃəs]　形栄養のある　▶ **nutrition** (栄養)

□ **thaw** [θɔ́ː]　他解凍する

キッチンをはじめ、家庭用品をまとめて紹介します。Part 1によく出る単語もあります。

Maromet's Discount ❶ **Hardware** offers everyday items at the lowest prices in town. Our ❷ **kitchenware** is half the price that high-street retailers charge, with ❸ **pots**, ❹ **pans**, ❺ **cutlery** and ❻ **utensils** to suit all tastes and budgets. We've also slashed our prices on ❼ **detergents** and brand-name ❽ **toiletries**, including shampoo and hair styling products. Come to Maromet's today for great savings on the ❾ **household products** you use the most.

マロメッツ・ディスカウント❶金物は、街で最安値の日用品をご提供します。当店の❷キッチン用品は目抜き通りの小売店の半額で、あらゆる趣向や予算に合う❸深鍋、❹平鍋、❺食卓用金物類、❻台所用品を取りそろえています。当店はまた、❼洗剤や、シャンプー、ヘアスタイル製品を含む有名ブランドの❽洗面化粧品の価格も引き下げています。あなたが一番よく使う❾家庭用品で大きな節約をお望みなら、今日にもマロメッツにお越しください。

---

❶ ☐ **hardware** [há:rdwèər] 名金物類

❷ ☐ **kitchenware** [kítʃənwèər] 名キッチン用品
▶ cookware (調理用品)

❸ ☐ **pot** [pát] 名深鍋 ▶ スープやシチューなどに使うもの。

❹ ☐ **pan** [pǽn] 名平鍋 ▶ a frying pan (フライパン)

❺ ☐ **cutlery** [kʌ́tləri] 超頻出 名食卓用金物類；カトラリー
▶ ナイフやフォークなど。

❻ ☐ **utensil** [juténsəl] 名台所用品 ▶ kitchen utensils とすることも。

❼ ☐ **detergent** [ditə́:rdʒənt] 超頻出 名洗剤

❽ ☐ **toiletries** [tɔ́ilətriz] 名洗面化粧品 ▶ 複数で使う。

❾ ☐ **household products** 家庭用品

キッチン

- □ **cupboard** [kʌ́bərd] 超頻出 名食器棚；戸棚
  - ▶ buffet にも「食器棚」の意味がある。

- □ **sink** [síŋk] 名流し；シンク

- □ **stove** [stóuv] 名レンジ；コンロ ▶「ストーブ」には heater を使う。

- □ **chopsticks** [tʃápstiks] 名箸

- □ **plate** [pléit] 名皿
  - ▶ 底の平らな皿。通例、「plate ＝取り皿」「dish ＝盛り皿」。

- □ **pitcher** [pítʃər] 名水差し

- □ **kettle** [kétl] 名やかん；湯沸かしポット

- □ **thermos** [θɔ́:rməs] 名魔法びん ▶ 英国では flask。

- □ **silverware** [sílvərwèər] 名金属食器類 ▶ フォーク、スプーンなど。

掃除

- □ **broom** [brú:m] 名ほうき

- □ **dustpan** [dʌ́stpæn] 名ちりとり

- □ **rake** [réik] 名熊手 他(熊手で)かき集める

その他

- □ **vase** [véis] 名花瓶

- □ **ladder** [lǽdər] 名はしご

- □ **stepladder** [stéplædər] 名脚立

- □ **stool** [stú:l] 名腰掛け；スツール ▶ 背もたれ・肘掛けがない。

- □ **scale** [skéil] 名はかり；計量器

生活語

旅行・出張の話題はTOEICに頻出です。itinerary や landmark は頻出語です。

Raywater Tours is delighted to offer this two-day
❶ **itinerary** to Paris:

Day 1 A visit to the iconic ❷ **landmarks** of the Eiffel
Tower and Arc de Triomphe, plus a ❸ **guided**
tour of the Louvre Museum.

Day 2 A chance to ❹ **roam around** the old streets of
Montmartre, shop for ❺ **souvenirs**, and see
another ❻ **world heritage** site, the Basilica
Sacré-Coeur.

Our price of €190 includes one night's ❼ **hotel**
accommodation and ❽ **transport** by luxury ❾ **coach**
with ❿ **climate control**.

レイウォーター・ツアーズが、このパリへの2日間の❶旅行計画をご提案いたします。

1日目　エッフェル塔と凱旋門という象徴的な❷名所の訪問、およびルーブル美術館の❸ガイド付きツアー

2日目　モンマルトルの古い通り❹を散策して、❺お土産を買い、もう一つの❻世界遺産の名所であるサクレクール聖堂を見学

190ユーロの当社の価格には、1泊の❼ホテルと❿冷暖房完備の豪華❾観光バスによる❽移動が含まれています。

---

❶ □ **itinerary** [aitínərèri] 超頻出 图旅行計画；旅程表
▶ travel plan のこと。
❷ □ **landmark** [lǽndmɑːrk] 超頻出 图名所；歴史的建造物
▶ 道案内での「目印」の意味も。

❸ □ **guided tour** ガイド付きツアー

❹ □ **roam around** ～を歩き回る

❺ □ **souvenir** [sùːvəníər] 名お土産

❻ □ **world heritage** 世界遺産

❼ □ **hotel accommodation** 超頻出 ホテル
> ▶ accommodation(s) は「宿泊施設」。米国では複数、英国では単数 (不可算名詞) で使う。

❽ □ **transport** [trǽnspɔːrt] 名移動；乗り物

❾ □ **coach** [kóutʃ] 名観光バス；(飛行機の) エコノミークラス

❿ □ **climate control** 冷暖房 (機器)；エアコン

- -

宿泊

□ **concierge** [kòunsjéərʒ] 名(ホテルの) 接客係；コンシェルジュ

□ **front desk** 受付；フロント

□ **amenity** [əménəti] 名(ホテルなどの) 設備；アメニティ

□ **wake-up call** モーニングコール

□ **valuables** [vǽljəblz] 名貴重品

- -

観光

□ **sightseeing** [sáitsìːiŋ] 名観光

□ **round-trip** [ràund-tríp] 超頻出 形往復の ▶ **one-way** (片道の)

□ **attraction** [ətrǽkʃən] 名見所；呼び物

□ **excursion** [ikskə́ːrʒən] 超頻出 名小旅行；遠足
> ▶ レジャーの小旅行。

□ **outing** [áutiŋ] 名小旅行 ▶ 通例、1日以内のもの。

□ **cruise** [krúːz] 名遊覧；クルーズ ▶ **a cruise ship** (遊覧船)

□ **rafting** [rǽftiŋ] 名ラフティング ▶ ボートやいかだでの川下り。

□ **destination** [dèstinéiʃən] 名目的地

□ **retreat** [ritríːt] 名静養できる旅行先
> ▶ **a weekend retreat** (週末をゆっくり過ごす場所)

旅行の単語をもう少し増やしておきましょう。観光スポットを中心に紹介します。

Welcome to Alsmere ① **Castle**, the former home of King Philip II. Entrance to the castle, including the tower with its ② **breathtaking** ③ **views**, is free. However, the ④ **botanical gardens** are maintained by ⑤ **locals** on a voluntary basis so donations are gratefully received.

WARNING! Several ⑥ **tourists** have been injured taking ⑦ **selfies** here. Please do NOT stand on loose rocks or attempt to erect ⑧ **tripods**. If you wish to photograph the ⑨ **scenery**, you will get the best view from our ⑩ **observatory**.

フィリップ2世王の元住居だったアルズメア①城へようこそ。②息を呑むような③眺めを楽しめる塔を含む、城への入場は無料です。しかし、④植物園は⑤地元住民がボランティアで維持管理していますので、寄付をお願いできればありがたいです。

警告！ 何人かの⑥旅行者がここで⑦自撮りをしていて怪我をしています。ぐらつく岩の上に立ったり、⑧三脚を立てたりしないでください。もし⑨風景の写真を撮りたいなら、⑩展望台からの眺めがベストです。

---

① □ **castle** [kǽsl] 名城

② □ **breathtaking** [bréθtèikiŋ] 形息を呑むほどすばらしい

③ □ **view** [vjúː] 名眺め；眺望 ▶ panorama (全景)

④ □ **botanical garden** 超頻出 植物園

⑤ □ **local** [lóukəl] 名地元住民

⑥ □ **tourist** [túərəst] 名旅行者；観光客
　　▶ tourist destinations (観光名所)

⑦ □ **selfie** [sélfi] 名自撮り ▶ a selfie pod [stick] (自撮り棒)

⑧ □ **tripod** [tráipɑd] 名三脚

⑨ □ **scenery** [síːnəri] 名風景；景色 ▶ scenic (景色がすばらしい)

⑩ □ **observatory** [əbzɑ́ːrvətɔ̀ːri] 名展望台

(観光地)

□ **cathedral** [kəθíːdrəl] 名大聖堂 ▶ monastery (修道院)

□ **palace** [pǽləs] 名宮殿；王宮

□ **square** [skwéər] 名広場

□ **district** [dístrikt] 超頻出 名地区 ▶ a historical district (歴史地区)

□ **amusement park** 遊園地

□ **aquarium** [əkwéəriəm] 名水族館

□ **monument** [mánjəmənt] 名記念碑

□ **remains** [riméinz] 名遺跡 ▶ 複数で使う。

□ **fortress** [fɔ́ːrtrəs] 名要塞；城塞

□ **picturesque** [pìktʃərésk] 形絵のように美しい

□ **idyllic** [aidílik] 形牧歌的な

(関連語)

□ **parade** [pəréid] 名祝賀パレード；記念行列
  ▶ procession (行進；行列)

□ **pageant** [pǽdʒənt] 名行列イベント；ページェント
  ▶ パレードを伴ったにぎやかな屋外イベント

□ **trail** [tréil] 名(山中などの)小道 ▶ nature trails (自然道)

□ **causeway** [kɔ́ːzwèi] 名土手道

□ **tram** [trǽm] 名路面電車

□ **embassy** [émbəsi] 名大使館 ▶ consulate (領事館)

□ **legend** [lédʒənd] 名伝説；(地図の)凡例 ▶ myth (神話)

生活語

305

空港や機内はTOEICにおなじみの場面です。よく使う単語をまとめて覚えましょう。

Welcome ❶ **on board** flight SH305 ❷ **bound for** Mumbai. Please ❸ **stow** your ❹ **personal belongings** in the ❺ **overhead compartment** and take your seat as quickly as possible. The ❻ **duration** of our flight today will be approximately three hours and forty minutes, and I'm afraid we're expecting some mild ❼ **turbulence**. Would all ❽ **passengers** now switch off their electronic devices, ❾ **fasten their seatbelts**, and listen to the ❿ **safety instructions** given by the ⓫ **crew**. Thank you for your cooperation.

ムンバイ❷行きのSH305便に❶ご搭乗いただきありがとうございます。❹所持品を❺手荷物入れに❸収納して、できるだけ早く席におつきください。今日の私たちのフライトの❻所要時間は約3時間40分で、軽い❼揺れが予測されます。❽乗客の皆様は電子機器のスイッチを切り、❾シートベルトを締めて、⓫乗務員による❿安全指示をお聞きください。ご協力に感謝いたします。

---

❶ □ **on board** 搭乗して ▶ aboard と1語で表現することも。

❷ □ **bound for** 超頻出 ～行きの

❸ □ **stow** [stóu] 他収納する

❹ □ **personal belongings** 所持品；身の回り品

❺ □ **overhead compartment** （天井下に備え付けの）手荷物入れ

❻ □ **duration** [djuréiʃən] 名所要時間 ▶ 飛行時間やイベントの時間など。

❼ □ **turbulence** [tə́ːrbjələns] 名揺れ；乱気流
▶ enter some turbulence (乱気流に入る)

❽ □ **passenger** [pǽsindʒər] 名乗客

❾ □ **fasten a seatbelt** シートベルトを締める

❿ □ **safety instructions** 安全指示

⑪ □ **crew** [krú:] 名乗務員

（機内）

□ **board** [bɔ́:rd] 超頻出 他搭乗する

□ **carry-on luggage** 機内持ち込み手荷物
　▶ check-in luggage（預け入れ荷物）

□ **aisle seat** 通路側の席　▶ window seat（窓側の席）

□ **upright position** （座席の）直立の位置

□ **refreshments** [rifréʃmənts] 超頻出 名軽食・飲み物

□ **headset** [hédsèt] 名ヘッドホン

□ **take off** 離陸する

□ **touch down** 着陸する　▶ land と同様に使う。

（空港）

□ **departure** [dipá:rtʃər] 名出発　▶ arrival（到着）

□ **carousel** [kæ̀rəsél] 超頻出 名回転式コンベア
　▶ baggage claim（手荷物受取所）

□ **lost and found** 遺失物取扱所

□ **immigration** [ìmigréiʃən] 名入国審査

□ **disembarkation** [disèmba:rkéiʃən] 名入国；降機
　▶ embarkation（出国）

□ **quarantine** [kwɔ́:rəntì:n] 名検疫

□ **duty-free shop** 免税店

（関連語）

□ **frequent-flyer points** マイレージ・ポイント

□ **surcharge** [sɔ́:rtʃà:rdʒ] 名追加料金

□ **jet lag** 時差ぼけ

生活語

307

交通事情は Part 4 のテーマとしてよく出ます。工事・事故・イベントなどで道路が混雑する設定が多いです。

---

①**Motorists** leaving the Central ②**Expressway** at Exit 7 to enter the city center should avoid Lincoln ③**Boulevard**. Some ④**congestion** is expected today due to a ⑤**lane** ⑥**closure** for ⑦**roadwork**. To reach downtown, we recommend taking a ⑧**detour** on Montgomery Avenue.

⑨**Road crews** are working to ⑩**repair** a small sinkhole which appeared last night. According to the city ⑪**transportation** department, traffic will likely be ⑫**flowing** in both ⑬**directions** again by late afternoon.

中央②高速を 7 番出口から出て市の中心部に入る①車のドライバーは、リンカーン③大通りを避けるようにしてください。⑦道路工事のための⑤車線⑥封鎖により今日は④渋滞が予想されます。都心部に向かうには、モンゴメリー・アベニューに⑧迂回することをお勧めします。

昨夜現れた小さな陥没穴を⑩修理するために⑨道路整備員が作業をしています。市の⑪交通局によれば、午後遅くまでには車は両⑬方向とも再び⑫流れるようになる見込みです。

---

① □ **motorist** [móutərist] 图車のドライバー

② □ **expressway** [ikspréswei] 图高速道路

③ □ **boulevard** [búləvà:rd] 图大通り

④ □ **congestion** [kəndʒéstʃən] 超頻出 图渋滞；混雑

⑤ □ **lane** [léin] 图車線 ▶ a passing lane (追い越し車線)

⑥ □ **closure** [klóuʒər] 图封鎖

⑦ □ **roadwork** [róudwà:rk] 图道路工事

⑧ □ **detour** [dí:tuər] 名迂回 ▶ take a detour (迂回する)

⑨ □ **road crew** 超頻出 道路整備員

⑩ □ **repair** [ripéər] 他修理する

⑪ □ **transportation** [trænspərtéiʃən] 名交通

⑫ □ **flow** [flóu] 自流れる

⑬ □ **direction** [dərékʃən] 名方向

路上

□ **jammed** [dʒǽmd] 形渋滞した

□ **diversion** [dəvá:rʒən] 名方向転換

□ **short cut** 近道 ▶ take a short cut (近道をする)

□ **intersection** [íntə:rsèkʃən] 名交差点

□ **traffic light** 交通信号

□ **gas station** ガソリンスタンド

□ **crosswalk** [krɔ́:swɔ̀:k] 名横断歩道

□ **toll booth** 料金所

□ **pave** [péiv] 他舗装する

車

□ **vehicle** [ví:əkl] 超頻出 名車両

□ **mileage** [máilidʒ] 名燃費

□ **tow truck** レッカー車

□ **pick up** (人を) 車に乗せる
   ▶ Pick me up at the airport. (空港に迎えに来て)

□ **drop off** (人を) 車から降ろす
   ▶ Drop me off at the corner. (そこの角で降ろして)

食事もおなじみのテーマです。Part 7 で広告の形で出ることもあります。

🅐 Can I get you an ❶ **appetizer**? We have a value ❷ **combo** ❸ **plate**: four chicken wings plus garlic bread for five dollars.

🅑 Sure, I'll take the combo. And for the ❹ **entrée**, what's the ❺ **chef's special** today?

🅐 We've got pasta with blue cheese sauce.

🅑 I'll have that, and a lemonade, too, please.

🅐 Of course — help yourself to ❻ **free refills**. It's also ❼ **happy hour** until 7 P.M., which means cocktails are half price...

🅑 Oh no, I don't drink ❽ **liquor**.

🅐 ❶前菜はいかがいたしましょう。お得な❷セット❸メニューがございます。チキンウイング4本とガーリックパンが5ドルです。

🅑 わかりました、セットをいただきます。❹主菜ですが、今日の❺シェフの特別料理は何ですか。

🅐 ブルーチーズソースのパスタをご用意しています。

🅑 それをいただきます。あと、レモネードもください。

🅐 かしこまりました。❻お代わりは無料です。それから、午後7時までは❼サービスタイムで、カクテルが半額となりますが…

🅑 それは残念、❽アルコール飲料を飲まないんです。

---

❶ ☐ **appetizer** [ǽpitàizər] 名前菜 ▶ aperitif (食前酒；アペリティフ)

❷ ☐ **combo** [kámbou] 名セット料理
　　▶ a burger combo (ハンバーガーセット)

❸ ☐ **plate** [pléit] 名 (1皿分の) 料理

❹ ☐ **entrée** [á:ntrei] 名主菜 ▶ main course も使う。

❺ ☐ **chef's special** シェフの特別料理

⑥ □ **free refills** お代わり無料

⑦ □ **happy hour** サービスタイム ▶ 割引サービスのある時間帯。

⑧ □ **liquor** [líkər] 名アルコール飲料

料理・店

□ **culinary** [kʌ́lənèri] 超頻出 形料理の
  ▶ **culinary delights** (食事の楽しみ)

□ **cuisine** [kwizíːn] 名料理 ▶ **French cuisine** (フランス料理)

□ **fare** [féər] 名料理 ▶ **local fare** (地元料理)

□ **buffet** [bəféi] 名ビュッフェ式の食事
  ▶ ホテルの朝食など、セルフサービスの食事のこと。**smorgasbord** とも言う。

□ **place** [pléis] 名店 ▶ レストランやカフェの意味で使う。

□ **eatery** [íːtəri] 名軽食堂

食べる

□ **appetite** [ǽpitàit] 名食欲

□ **meal** [míːl] 名食事 ▶ **Enjoy your meal.** (食事をお楽しみください)

□ **dine out** 外食する

□ **sip** [síp] 他すする

□ **treat** [tríːt] 名おごり；ごちそう
  ▶ **This is my treat.** (私のおごりです)

□ **feast** [fíːst] 名ごちそう

□ **garnish** [gáːrniʃ] 名付け合わせ

□ **picky** [píki] 形好き嫌いがある

□ **crisp** [krísp] 形(野菜などが)新鮮な；(食感が)パリパリした

□ **foodie** [fúːdi] 名食通；料理好き ▶ **gastronome**、**gourmet** も同意。

□ **allergy** [ǽlərdʒi] 名アレルギー ▶ 発音注意

□ **vegan** [víːgən] 名完全な菜食主義者；ビーガン

家事の基本語をまとめて紹介します。sweep や mow は Part 1 でもおなじみの単語です。

Going on vacation? Worried about expensive
❶ **kennels** and catteries? Trust Perfect Pet Sitters with
your beloved animal. As well as ❷ **walking dogs** and
❸ **feeding** your pets, we can ❹ **water** plants and
perform ❺ **household chores** like ❻ **sweeping** and
❼ **vacuuming** floors, and ❽ **dusting** to keep your home
clean and free of pet hair while you're away. We'll even
❾ **take out** the ❿ **garbage**! Our staff has police checks
and references from previous employers. Call Perfect
Pet Sitters now at 555-4103.

休暇旅行にお出かけですか。高額な❶犬ホテルや猫ホテルが心配ですか。あなたの愛する動物のことは、パーフェクト・ペット・シッターズにお任せください。お留守の間、❷犬の散歩やペットへの❸えさやりとともに、植物に❹水をやり、❺家事を行うこともできます。床を❻掃き❼掃除機をかけ、❽ほこりを払って、部屋をきれいにして、ペットの毛がないようにします。私たちは❿ごみも❾出します！ 当社のスタッフは警察の認定証と前の雇用主からの推薦状を得ています。555-4103 のパーフェクト・ペット・シッターズにすぐにもお電話ください。

❶ ☐ **kennel** [kénəl] 图犬ホテル；ペット犬預かり所 ▶ **cattery** (猫ホテル)

❷ ☐ **walk a dog** 犬を散歩させる

❸ ☐ **feed** [fíːd] 他えさをやる ▶ **feed a pet** (ペットにえさをやる)

❹ ☐ **water** [wɔ́ːtər] 超頻出 他水をやる
▶ **water plants** (植物に水をやる)

❺ ☐ **household chores** 家事 ▶ **chore** は「雑務」。

❻ ☐ **sweep** [swíːp] 超頻出 他掃く ▶ **broom** (ほうき)

❼ ☐ **vacuum** [vǽkjuəm] 他掃除機をかける ▶ 英国では **hoover** を使う。

❽ ☐ **dust** [dʌ́st] 他ほこりを払う 图ほこり

⑨ □ **take out** （ごみ）を出す

⑩ □ **garbage** [gáːrbidʒ] 超頻出 图ごみ ▶「生ごみ」を指すことも。

（掃除）

□ **mop** [máp] 他モップで拭く 图モップ

□ **polish** [pális] 他磨く

□ **wipe** [wáip] 他拭く

□ **scrub** [skráb] 他ごしごし洗う ▶ scrub a floor（床をごしごし洗う）

□ **scrape** [skréip] 他こすり落とす

□ **declutter** [diːklátər] 他（部屋・机の上などを）片づける

□ **tidy up** ～を片づける；～を整頓する

（洗濯）

□ **laundry** [lɔ́ːndri] 图洗濯；洗濯物；クリーニング屋

□ **stain** [stéin] 图しみ；汚れ

□ **iron** [áiərn] 他アイロンをかける

□ **fold** [fóuld] 他たたむ

（ごみ）

□ **trash** [trǽʃ] 超頻出 图ごみ
▶「乾燥ごみ」を指すことも。**a trash bag**（ごみ袋）

□ **throw out** ～を捨てる

（その他）

□ **sew** [sóu] 他縫う ▶ 発音注意。**a sewing machine**（ミシン）

□ **knit** [nít] 他編む

□ **mow** [móu] 超頻出 他（芝生などを）刈る

生活語

家や家具の単語も重要です。hallway や staircase などは Part 1 にも出ます。

Designer Walter Reece tells us about his new Portland home:

"The first thing I did was ❶ **convert** the ❷ **attic** into a bedroom," Reece says. "It has amazing light. For the ❸ **hallway**, I bought this ❹ **couch** from a market and I sewed these ❺ **drapes** myself. Most of my ❻ **furniture** is from the 1920s. My favorite thing about the house is the spiral ❼ **staircase**; I also love the high ❽ **ceilings** and original ❾ **fireplaces**. I could never live in a modern apartment."

デザイナーのウォルター・リースがポートランドの新居について語ってくれます：

「私が最初にしたのは❷屋根裏部屋をベッドルームに❶改造することです」と、リースは言う。「そこはすばらしく日当たりがいいんです。❸廊下用として、マーケットでこの❹ソファを買って、これら❺カーテンは私が自分で縫いました。私の❻家具のほとんどは1920年代のものです。この家の私のお気に入りは、らせん❼階段です。高い❽天井や元々あった❾暖炉も好きですね。現代的なアパートには住めませんよ」

---

❶ ☐ **convert** [kənvə́:rt]　他改造する

❷ ☐ **attic** [ǽtik]　名屋根裏部屋

❸ ☐ **hallway** [hɔ́:lwèi] 超頻出　名廊下；通路

❹ ☐ **couch** [káutʃ]　名ソファ；カウチ

❺ ☐ **drapes** [dréips]　名カーテン
　▶ 特に、厚手の長いカーテンのこと。**curtains** が総称としての「カーテン」。

❻ ☐ **furniture** [fə́:rnitʃər]　名家具　▶ **furnished**（家具付きの）

❼ ☐ **staircase** [stéərkèis] 超頻出　名階段
　▶ 階段全体を指す。階段の一段は **step** である。

⑧ □ **ceiling** [síːliŋ] 名天井

⑨ □ **fireplace** [fáiərplèis] 名暖炉

家の中

□ **foyer** [fɔ́iər] 名ロビー；玄関広間

□ **landing** [lǽndiŋ] 名踊り場

□ **basement** [béismənt] 名地下室

□ **vanity room** 化粧室

□ **study** [stʌ́di] 名書斎 ▶ library (書庫)

□ **porch** [pɔ́ːrtʃ] 名(屋根付きの) 玄関；ポーチ

□ **pantry** [pǽntri] 名食料品室；食器室

□ **pane** [péin] 名(窓・ドア用) ガラス ▶ windowpane (窓ガラス)

□ **windowsill** [wíndousil] 名窓枠

□ **corner** [kɔ́ːrnər] 名(部屋の) 隅

家具・設備

□ **dresser** [drésər] 名鏡台

□ **rug** [rʌ́g] 名敷物；ラグ
　▶ carpet よりも小さくて部屋の中央などに敷く。

□ **upholstery** [ʌphóulstəri] 名いす張り用品
　▶ 張り布や詰め物。upholstered で「(いす・ソファなどが) 張りを施された」。

□ **electric outlet** コンセント

□ **faucet** [fɔ́ːsit] 名(水道の) 蛇口

□ **window shade** ブラインド；日よけ

家の外

□ **courtyard** [kɔ́ːrtjàːrd] 超頻出 名中庭

□ **driveway** [dráivwei] 名私設車道 ▶ 自宅敷地内の車道。

□ **eaves** [íːvz] 名ひさし；軒

保険の例文で、家族の単語を覚えましょう。子育ての基本語も紹介します。

The Platinum Package offers full health ❶**insurance** for you, your ❷**spouse**, and up to four other ❸**dependents** from your immediate family (generally, but not necessarily, your ❹**offspring** or parents). To complete the registration process, enter the full names of the ❺**relatives** you wish to be ❻**covered** by the package, along with their dates of birth. Please also state whether any ❼**recipient** is currently ❽**pregnant** or suffering from a long-term illness.

プラチナム・パッケージは、あなたと❷配偶者、他に4人までの直系家族（一般的にはそうですが、必ずしも❹子供や親である必要はありません）の❸扶養家族のために、完全な健康❶保険を提供します。登録手続きを完了するために、この保険の❻対象としたい❺親族のフルネームと生年月日を入力してください。また、❼受取人が現在❽妊娠中か、長期の病気を患っているかをご申告ください。

---

❶ ☐ **insurance** [inʃúərəns] 超頻出 名保険 ▶ **life insurance**(生命保険)

❷ ☐ **spouse** [spáus] 名配偶者 ▶ **partner** のフォーマルな言い方。

❸ ☐ **dependent** [dipéndənt] 名扶養家族

❹ ☐ **offspring** [ɔ́:fspriŋ] 名子供（たち） ▶ 単複同形。**ancestor** (祖先)

❺ ☐ **relative** [rélətiv] 名親族
　　▶ 家族や結婚相手の親戚も含む。**kin** も使う。

❻ ☐ **cover** [kʌ́vər] 他(保険が) 対象とする；保障する

❼ ☐ **recipient** [risípiənt] 名(保険金などの) 受取人
　　▶ **beneficiary** も使う。

❽ ☐ **pregnant** [prégnənt] 形妊娠している ▶ **expecting** も同意。

家族

□ **marital status**　配偶者の有無

□ **maternal** [mətə́:rnəl]　形母親の
　▶ one's maternal grandfather (母方の祖父)。**paternal** (父方の)

子供・教育

□ **cradle** [kréidl]　名ゆりかご

□ **toddler** [tádlər]　名よちよち歩きの幼児　▶ **infant** (幼児)

□ **nursery** [nə́:rsəri]　名託児所；保育園

□ **stroller** [stróulər]　名(折りたたみ式) ベビーカー
　▶ 英国では **buggy**。

□ **kindergarten** [kíndərgà:rtən]　名幼稚園

□ **adolescent** [æ̀dəlésənt]　形思春期の
　▶ **juvenile** も同様の意味。どちらも主に **teenager** を指す。

□ **youngster** [jʌ́ŋstər]　名若者；子供　▶ 動物にも使う。

老齢・相続

□ **elderly** [éldərli]　形年配の　▶ **the elderly** (年配の人)

□ **aging** [éidʒiŋ]　名老化；加齢

□ **heir** [éər]　名相続人

税金・年金

□ **tax return** 超頻出　納税申告 (書)

□ **deduction** [didʌ́kʃən]　名控除
　▶ the deduction of tax (税金の控除)。**deduct** (控除する)

□ **pension** [pénʃən]　名年金

□ **premium** [prí:miəm]　名(年金・保険の) 掛け金

生活語

317

余暇を代表する映画・演劇・音楽の重要語を紹介します。TOEICでよく出るテーマです。

Ⓐ There's a ①**preview** of *Galaxies 2* at the ②**multiplex** next week. Shall we get tickets?

Ⓑ I'll take a ③**rain check**. I'm not a fan of ④**blockbusters**, and ⑤**sequels** are always worse than the originals. I read a review that said the *Galaxies 2* ⑥**script** was badly-written.

Ⓐ Oh come on, it's not supposed to be art! It's just a fun ⑦**diversion**.

Ⓑ Fine, let's call the ⑧**box office** and ask, but I'm sure the tickets will be sold out already.

Ⓐ 来週、②シネコンで『ギャラクシーズ 2』の①試写会があるよ。チケットを取っておこうか。

Ⓑ ③またの機会に誘ってちょうだい。私は④大ヒット作のファンじゃないの。それに⑤続編はいつも第一作よりもよくないから。『ギャラクシーズ2』の⑥脚本はうまく書けていないというレビューを読んだわ。

Ⓐ そんなこと言っても、これはアートじゃないからね！ ただの面白い⑦娯楽さ。

Ⓑ いいわ、⑧切符売り場に電話して、聞いてみましょう。でも、チケットはもう売り切れになっていると思うわ。

---

① □ **preview** [príːvjùː] 名 試写会；試演会
② □ **multiplex** [mʌ́ltiplèks] 名 シネコン ▶ 同じ建物に複数の映画館がある。
③ □ **rain check** またの誘いを受ける約束
▶ 原意はスポーツ競技などの「雨天順延券」。
④ □ **blockbuster** [blɑ́kbʌ̀stər] 名 大ヒット作
▶ 原意は「大型爆弾」。映画・本・音楽などに使う。
⑤ □ **sequel** [síːkwəl] 名 続編
⑥ □ **script** [skrípt] 名 脚本 ▶ scriptwriter (脚本家)

⑦ □ **diversion** [dəvə́:rʒən] 名娯楽

⑧ □ **box office** (劇場などの) 切符売り場

映画・演劇

□ **moviegoer** [mú:vigòuər] 名映画ファン

□ **premiere** [primíər] 名封切り；初公演

□ **protagonist** [proutǽgənist] 名主役

□ **repertoire** [répərtwà:r] 名演目；曲目

□ **troupe** [trú:p] 名(俳優・サーカスなどの) 一座
▶ troop (軍隊) と同音。

□ **spectator** [spékteitər] 超頻出 名観客

□ **row** [róu] 超頻出 名(座席の) 並び；列 ▶ the front row (最前列)

□ **matinée** [mætənéi] 名昼興行 ▶ 演劇・音楽会などの昼間の公演。

音楽

□ **instrument** [ínstrəmənt] 超頻出 名楽器

□ **composer** [kəmpóuzər] 名作曲家

□ **lyrics** [líriks] 名歌詞

□ **choir** [kwáiər] 名聖歌隊；合唱隊
▶ 発音注意。a church choir (教会の聖歌隊)

□ **overture** [óuvərtʃùər] 名序曲
▶ 比喩的に「物事の始まり；予兆」の意味で使う。

□ **tune** [tjú:n] 名楽曲；メロディ ▶ hum a tune (鼻歌を歌う)

□ **auditorium** [ɔ̀:ditɔ́:riəm] 超頻出 名音楽堂；公会堂

楽しみ

□ **pastime** [pǽstàim] 名娯楽 ▶ leisure や recreation も使う。

□ **spare time** 余暇 ▶ free time も同意。

□ **raffle** [rǽfəl] 名宝くじ ▶ lottery とも言う。

生活語

319

美術館・博物館のツアーはTOEIC頻出のテーマです。重要語をまとめて覚えましょう。

Whispering Light at the Bergmann Gallery is the third Berlin ❶**retrospective** of Hana Sauer's ❷**work**. The ❸**exhibition** offers many delights, including her ❹**signature** black-and-white ❺**cityscapes** of Berlin. Ms. Sauer's photographic ❻**masterpiece**, *The Night Train*, is of course ❼**on display**, as well as oil ❽**paintings** of her native Hamburg and some new iron ❾**sculptures**. No matter the medium, the ❿**aesthetic** appeal of her art is as great today as it was forty years ago.

バーグマン・ギャラリーで行われている『ささやく光』は、ハナ・サウアーの❷作品の❶回顧展で、ベルリンで3回目のものです。❸展覧会には、彼女の❹特徴である、ベルリンのモノクロの❺都市風景など、数多くの見所があります。サウアー氏の写真の❻傑作である『ナイトトレイン』はもちろん❼展示されていますし、彼女の出身地のハンブルクの油彩❽画や新しい鉄製の❾彫刻もあります。手法がどんなものであっても、彼女の芸術の❿美学的な魅力は、40年前と同様、今日でもすばらしいものです。

---

❶ ☐ **retrospective** [rètrəspéktiv] 图(芸術家の) 回顧展 形回顧する

❷ ☐ **work** [wə́ːrk] 图(芸術) 作品 ▶ **piece** も使う。

❸ ☐ **exhibition** [èksibíʃən] 超頻出 图展覧会
    ▶ **exhibit** も名詞で同意で使う。

❹ ☐ **signature** [sígnətʃər] 图特徴；特色
    ▶ 署名のように特徴があるという意味。

❺ ☐ **cityscape** [sítiskèip] 图都市風景

❻ ☐ **masterpiece** [mǽstərpìːs] 超頻出 图傑作

❼ ☐ **on display** 展示されて

⑧ □ **painting** [péintiŋ] 名 絵画

⑨ □ **sculpture** [skʌ́lptʃər] 超頻出 名 彫刻

⑩ □ **aesthetic** [esθétik] 形 美学の；審美的な

（美術品）

□ **portrait** [pɔ́:rtrət] 名 肖像画
 ▶ still life (静物画)、landscape (風景画)

□ **print** [prínt] 名 版画 ▶ woodblock prints (木版画)

□ **calligraphy** [kəlígrəfi] 名 書道；カリグラフィー

（工芸品）

□ **pottery** [pátəri] 名 陶器

□ **porcelain** [pɔ́rsəlin] 名 磁器 ▶ china とも言う。

□ **artifact** [á:rtifækt] 超頻出 名 (歴史的価値のある) 遺品；工芸品

□ **craft** [kræft] 名 工芸品 ▶ arts and crafts (美術工芸)

□ **ornament** [ɔ́:rnəmənt] 名 装飾品

□ **handiwork** [hændiwə̀:rk] 名 手工芸品

□ **embroidery** [imbrɔ́idəri] 名 刺繍

（関連語）

□ **primitive** [prímətiv] 形 太古の；原始の ▶ ancient (古代の)

□ **medieval** [mì:dií:vəl] 形 中世の

□ **aristocratic** [ərìstəkrǽtək] 形 貴族の ▶ royal (王族の)

□ **contemporary** [kəntémpərèri] 形 現代の

□ **era** [érə | íərə] 名 時代 ▶ the Nara era (奈良時代)

□ **civilization** [sìvələzéiʃən] 名 文明

□ **eclectic** [ikléktik] 形 折衷的な

□ **replica** [réplikə] 名 複製；レプリカ

生活語

321

作家の紹介や原稿の締め切りなどのテーマはTOEICによく出ます。

You may borrow up to eight books (❶ **novels**, ❷ **poetry**, ❸ **non-fiction**, etc.) on your library card. Larger ❹ **reference books** and ❺ **periodicals** must not be taken away. If you wish to reserve a ❻ **back issue** of a ❼ **journal** or magazine, please contact a member of staff.

Copying facilities are available on the first floor, but please be aware of ❽ **copyright** laws. ❾ **Excerpts** should be no larger than ten per cent, or one chapter, of any ❿ **publication**.

あなたの図書館カードで、8冊（❶小説、❷詩、❸ノンフィクションなど）まで借りることができます。大型の❹参考図書や❺定期刊行物は持ち出すことができません。❼専門誌や雑誌の❻バックナンバーを確保したい場合には、スタッフに声をかけてください。

コピー機は1階で利用できますが、❽著作権法に留意してください。どの❿出版物であっても、❾抜粋は10パーセントまたは1章を超えてはいけません。

❶ □ **novel** [nάvəl] 图小説 ▶ fiction も同意で使う。

❷ □ **poetry** [póuətri] 图詩 ▶ 詩の総称で、一編の「詩」は poem。

❸ □ **non-fiction** [nὰnfíkʃən] 图ノンフィクション
　　▶ 歴史書、伝記など事実に基づく散文の総称。

❹ □ **reference book** 参考図書

❺ □ **periodical** [pìəriάdikəl] 图定期刊行物

❻ □ **back issue** バックナンバー ▶ issue は「(雑誌・新聞の) 号」。

❼ □ **journal** [dʒə́ːrnəl] 图専門紙 [誌]
　　▶ 特定の分野・職域を扱う新聞や雑誌。

⑧ □ **copyright** [kápiràit] 超頻出 名著作権；版権

⑨ □ **excerpt** [éksəːrpt] 超頻出 名引用；抜粋 ▶ **extract** とも言う。

⑩ □ **publication** [pʌ̀blikéiʃən] 名出版物 ▶ **publisher** (出版社)

作家

□ **author** [ɔ́ːθər] 名作家

□ **autograph session** サイン会
　▶ 作家などの「サイン」は **autograph**。

本

□ **book review** 書評

□ **autobiography** [ɔ̀ːtəbaiágrəfi] 名自叙伝 ▶ **biography** (伝記)

□ **edition** [idíʃən] 名(書籍などの) 版

□ **page turner** 読み出したらやめられない本

□ **prose** [próuz] 名散文

□ **abridgment** [əbrídʒmənt] 名抄録；簡約
　▶ an abridged edition (簡約版)

□ **preface** [préfəs] 名序文

□ **appendix** [əpéndiks] 名(巻末の) 付録

雑誌・新聞

□ **headline** [hédlàin] 名(新聞・雑誌などの) 見出し

□ **feature** [fíːtʃər] 名特集 他特集する

□ **article** [áːrtikl] 名記事

□ **serial** [síəriəl] 名連載物 ▶ 形容詞で「連続する；連番の」の意味。

出版

□ **manuscript** [mǽnjəskrìpt] 超頻出 名原稿

□ **printer** [príntər] 名印刷会社

□ **advance** [ədvǽns] 名前払い金；アドバンス

生活語

323

市の計画や事業もTOEICのテーマの一つです。市民活動の単語も併せて覚えましょう。

Hasserbury ❶ **City Council** wants your views.

Hasserbury is changing. How do you imagine your city in the future? We invite ❷ **citizens** from the wider ❸ **metropolitan** area — both ❹ **urban** and ❺ **suburban** residents — to complete our online opinion ❻ **poll**. What are the greatest challenges we face? How can we ensure decent ❼ **shelter** for all? Are our streets safe? Should we encourage more ❽ **charity** work? These are big questions; what are YOUR answers? Click here to do the survey now.

ハサーベリー❶市議会はあなたの意見を求めています。

ハサーベリーは変化しています。将来のあなたの市をどのようにイメージしていますか。広域❸都市地域の❷市民の皆様（❹都市部と❺郊外のどちらの住民も）にはオンラインの意見❻調査にご記入いただきたいと思います。私たちが直面する最大の問題は何ですか。すべての人のために適切な❼保護施設をどうやって確保できるでしょうか。私たちの通りは安全ですか。私たちは❽慈善活動をもっと奨励すべきでしょうか。これらが重要な質問です。あなたの回答は？ここをクリックして、今すぐ調査にご参加ください。

---

❶ ☐ **city council** (超頻出) 市議会

❷ ☐ **citizen** [sítəzən] 名市民

❸ ☐ **metropolitan** [mètrəpálətən] 形都市部の
　　▶ the greater metropolitan area (大都市圏)

❹ ☐ **urban** [ə́:rbən] 形都会の ▶ rural (田舎の；地方の)

❺ ☐ **suburban** [səbə́:rbən] (超頻出) 形郊外の
　　▶ suburb / outskirts (郊外)

⑥ □ **poll** [póul] 图(世論)調査

⑦ □ **shelter** [ʃéltər] 图(ホームレスの)保護施設；(災害の)避難所

⑧ □ **charity** [tʃǽrəti] 图慈善活動；慈善団体

地方政府

□ **city hall** 超頻出 市役所 ▶ よく無冠詞で使う。

□ **government** [gávərnmənt] 图政府

□ **municipality** [mjunìsipǽləti] 图市・町

□ **city official** 市職員

□ **civil service** 市民サービス

□ **welfare** [wélfèər] 图福祉 ▶ social welfare (社会福祉)

□ **election** [ilékʃən] 图選挙 ▶ run for election (選挙に出馬する)

地域

□ **province** [právins] 图州；省 ▶ the provinces で「地方；田舎」。

□ **region** [rí:dʒən] 超頻出 图地域 ▶ the coastal region (海岸地域)

□ **city center** 都心

□ **precinct** [prí:siŋkt] 图(行政上の)地区

市民

□ **general public** 一般市民

□ **dweller** [dwélər] 图住民 ▶ city dwellers (都市住民)

□ **donation** [dounéiʃən] 图寄付；献金 ▶ bequest (遺贈；遺産の寄付)

□ **philanthropy** [filǽnθrəpi] 图慈善事業；慈善団体

□ **needy** [ní:di] 圏貧困の
▶ the needy (貧しい人々)。impoverished も同意で使う。

生活語

天気の単語は、交通情報などでも使われます。基本語を知っておきましょう。

The ❶ **forecast** for tomorrow is good, with
❷ **temperatures** around 22 ❸ **degrees** across most of
the country. Those in the north can expect ❹ **scattered**
❺ **showers**, though these will ❻ **taper off** in the
evening. Unfortunately, the pleasant weather won't last
until the weekend. By Saturday there will be an
increase in ❼ **humidity**, and storms are predicted in all
regions. We'll see some real ❽ **downpours** and it's
going to feel very ❾ **muggy** — not the best weekend for
a picnic!

明日の❶予報は良好で、❷気温は全国のほとんどの地域で22❸度前後でしょう。北部地域では❹ところにより❺にわか雨が予想されますが、夕刻には❻あがるでしょう。残念ながら、快適な天気は週末までは続きません。土曜までには❼湿度が高くなり、全ての地域で嵐が予想されています。ひどい❽豪雨になることもあり、非常に❾蒸し暑いでしょう。ピクニックにベストの週末とは言えません！

---

❶ □ **forecast** [fɔ́ːrkæst] 超頻出　名予報
　▶ weather forecast（天気予報）
❷ □ **temperature** [témpərətʃər] 名気温　▶「体温」の意味でも使う。
❸ □ **degree** [digríː] 名（温）度　▶ at 26 degrees（26度で）
❹ □ **scattered** [skǽtərd] 形ところによる；散らばった
❺ □ **shower** [ʃáuər] 名にわか雨
❻ □ **taper off** （雨などが）あがる；やむ
❼ □ **humidity** [hjumídəti] 名湿度；湿気
❽ □ **downpour** [dáunpɔ̀ːr] 名豪雨
❾ □ **muggy** [mʌ́gi] 形蒸し暑い

天気予報

□ **clear** [klíər] 形 よく晴れた
　▶ 「晴れた」には fine、sunny、bright なども使う。

□ **overcast** [òuvərkǽst] 形 曇った ▶ cloudy と同様の意味。

□ **hazy** [héizi] 形 もやのかかった ▶ foggy (霧のかかった)

□ **torrential** [tɔːrénʃəl] 形 豪雨の
　▶ a torrential rain (豪雨)

□ **thunderstorm** [θʌ́ndərstɔ̀ːrm] 名 雷雨 ▶ gale (強風)

□ **inclement** [inklémənt] 超頻出 形 悪天候の
　▶ inclement weather (悪天候) がよく出る。

□ **below freezing** 氷点下

□ **precipitation** [prisìpitéiʃən] 名 降水 (量)

□ **visibility** [vìzəbíləti] 名 視界 ▶ poor visibility (視界不良)

□ **bundle up** 厚着をする

自然災害

□ **disaster** [dizǽstər] 名 災害 ▶ natural disasters (自然災害)

□ **flood** [flʌ́d] 名 洪水

□ **drought** [dráut] 名 干ばつ

□ **landslide** [lǽndslàid] 名 土砂崩れ

□ **avalanche** [ǽvəlæ̀ntʃ] 名 雪崩

□ **quake** [kwéik] 名 地震 ▶ earthquake と同様。

□ **eruption** [irʌ́pʃən] 名 (火山の) 噴火

□ **evacuation** [ivæ̀kjuéiʃən] 名 避難
　▶ evacuation drills (避難訓練)。evacuate (避難する)

生活語

327

環境やエコライフの基本語です。テーマとして今後も要注意です。

We all want to protect the ❶ **environment**. We use ❷ **eco-friendly** products, worry about our ❸ **carbon footprint**, and donate to animal ❹ **sanctuaries**. But the easiest lifestyle change you can make is to refuse ❺ **plastic bags**. A billion are handed out daily, which end up in ❻ **landfills** or the ocean. They take years to ❼ **decompose**, and contain ❽ **toxic** ❾ **chemicals** which ❿ **pollute** the ⓫ **soil** and seas. A cotton shopping bag is less ⓬ **hazardous** for the ⓭ **planet** — and more stylish too!

私たちはだれもが❶環境を保護したいと思っている。私たちは❷環境に優しい製品を使い、❸二酸化炭素排出量について心配し、動物❹保護区に寄付をしている。しかし、あなたができる最も簡単なライフスタイルの変更は❺ビニール袋を拒否することだ。毎日10億枚の袋が廃棄され、最後には❻埋め立て処理場や海に行き着くことになる。それらは❼分解するのに年数がかかり、⓫土壌や海を❿汚染する❽有毒❾化学物質を含んでいる。コットン製の買い物袋は⓭地球にとって⓬害が少なく、それにずっとおしゃれだ！

---

❶ ☐ **environment** [inváiərənmənt] 图環境

❷ ☐ **eco-friendly** [ì:kou-fréndli] 形環境に優しい
   ▶ ecological も同意で使う。

❸ ☐ **carbon footprint** 二酸化炭素排出量

❹ ☐ **sanctuary** [sǽŋktʃuèri] 图(動物)保護区

❺ ☐ **plastic bag** ビニール袋
   ▶ plastic はプラスチックやビニールなどの総称。

❻ ☐ **landfill** [lǽndfìl] 图ごみの埋め立て処理場

❼ ☐ **decompose** [dì:kəmpóuz] 圓分解する

❽ ☐ **toxic** [táksik] 形有毒な

⑨ □ **chemical** [kémikəl] 名化学物質

⑩ □ **pollute** [pəlú:t] 他汚染する
  ▶ contaminate も同意で使う。pollution (汚染)

⑪ □ **soil** [sɔ́il] 名土壌；土地

⑫ □ **hazardous** [hǽzərdəs] 形有害な

⑬ □ **planet** [plǽnit] 名惑星；(the を付けて) 地球

- -

環境の基本語

□ **atmosphere** [ǽtməsfiər] 名大気；空気

□ **emission** [imíʃən] 名排出 ▶ emit (排出する)

□ **fossil fuels** 化石燃料

□ **global warming** 地球温暖化

□ **hygiene** [háidʒi:n] 名衛生

□ **gene** [dʒí:n] 名遺伝子 ▶ genetic (遺伝子の)

□ **irrigation** [ìrigéiʃən] 名灌漑

□ **filtration** [filtréiʃən] 名濾過

□ **fuel cell** 燃料電池

- -

動植物

□ **ecosystem** [í:kousìstəm] 名生態系

□ **habitat** [hǽbitæt] 名(動物の) 生息地

□ **endangered species** 絶滅危惧種

□ **fertilizer** [fə́:rtəlàizər] 超頻出 名肥料
  ▶ chemical fertilizer (化学肥料)

- -

ごみ処理

□ **recyclable** [rì:sáikləbl] 形再利用できる ▶ renewable (再生可能な)

□ **incineration** [insìnəréiʃən] 名(ごみの) 焼却

□ **sewage** [sú:idʒ] 名下水；汚水

生活語

329

健康・医療の基本語も知っておくと安心です。prescription や medication は要注意。

Ⓐ Can you describe your ❶ **symptoms** for me?

Ⓑ It started with a ❷ **sore throat**, then I got a
❸ **runny nose** and started ❹ **sneezing**. After two
days I felt so tired I could hardly get out of bed.

Ⓐ And how's your ❺ **temperature**?

Ⓑ One minute I'm sweating, and the next I'm
❻ **shivering**.

Ⓐ It sounds like you have the ❼ **flu**. I'm afraid there's
no ❽ **prescription** ❾ **medication** to ❿ **cure** it. Just
go to a ⑪ **pharmacy** and buy some ⑫ **over-the-
counter** ⑬ **relief**.

Ⓐ あなたの❶症状を説明してもらえますか。

Ⓑ ❷喉の痛みから始まって、次に❸鼻水が出て、❹くしゃみが始まりました。2
日後にはひどい疲労を感じて、ベッドからほとんど出られない状態でした。

Ⓐ ❺体温はどんな感じですか。

Ⓑ 汗をかくかと思うと、今度は❻悪寒がします。

Ⓐ ❼インフルエンザにかかったようですね。残念ながら、それを❿治す❽処方
❾薬はありません。⑪薬局に行って、⑫市販の⑬症状緩和薬を買ってください。

---

❶ □ **symptom** [símptəm] 超頻出 名症状

❷ □ **sore throat** 喉の痛み

❸ □ **runny nose** 鼻水

❹ □ **sneeze** [sníːz] 自くしゃみをする 名くしゃみ

❺ □ **temperature** [témpərətʃər] 名体温
　　▶ **thermometer**（体温計）

❻ □ **shiver** [ʃívər] 自悪寒がする

❼ □ **flu** [flúː] 名インフルエンザ ▶ **influenza** の略記。「風邪」は **cold**。

⑧ □ **prescription** [priskrípʃən] 超頻出 名処方箋
  ▶ fill a prescription (処方箋の薬を調合する) は頻出表現。

⑨ □ **medication** [mèdikéiʃən] 超頻出 名薬

⑩ □ **cure** [kjúər] 他治療する

⑪ □ **pharmacy** [fáːrməsi] 超頻出 名薬局 ▶ 英国では chemist's。

⑫ □ **over-the-counter** 形市販の；処方箋なしで買える
  ▶ OTC と略す。

⑬ □ **relief** [rilíːf] 名(症状の) 緩和薬

治療・薬

□ **checkup** [tʃékÀp] 超頻出 名健康診断
  ▶ health [medical] checkup とも言う。

□ **patient** [péiʃənt] 名患者

□ **treatment** [tríːtmənt] 名治療

□ **diagnosis** [dàiəgnóusis] 名診断 ▶ diagnose (診断する)

□ **surgery** [sáːrdʒəri] 名手術 ▶ operation も使う。

□ **vaccination** [væksinéiʃən] 名(ワクチンの)予防接種
  ▶ 「注射」は shot を使う。

□ **ambulance** [æmbjələns] 名救急車 ▶ ambulance car とも言う。

□ **hospitalization** [hàspitələzéiʃən] 名入院 ▶ hospitalize (入院させる)

□ **dose** [dóus] 名(薬の) 1 回分の服用量

病気・症状

□ **disease** [dizíːz] 名病気；疾病 ▶ illness も「病気」の意味。

□ **infection** [infékʃən] 名感染症

□ **outbreak** [áutbrèik] 名 (感染症などの) 大流行

□ **nauseous** [nɔ́ːʃəs] 形吐き気がする ▶ 「吐く」は vomit や throw up。

□ **ache** [éik] 名痛み 自痛む ▶ headache (頭痛)、toothache (歯痛)

□ **cough** [kɔ́ːf] 名せき 自せきをする

□ **obesity** [oubíːsəti] 名肥満

331

Part 1 の写真問題によく出る単語を集めました。風景や屋外の事物の単語です。

With 96 ❶ **stories**, the world's tallest residential ❷ **skyscraper** is on Park Avenue, New York. Its stunning views make it a desirable address — but not everyone is in favor of the ❸ **high-rise** trend. Some critics dislike the ❹ **appearance** of tall buildings, saying they spoil the ❺ **skyline** and cast ❻ **shade** on the streets below. Others suggest they destroy communities. With low-rise housing, ❼ **pedestrians** often stop for a chat on the ❽ **sidewalk**; in an apartment building, people simply nod hello in the ❾ **corridors**.

96❶階建てで、世界で一番高い居住用❷高層ビルはニューヨークのパーク・アベニューにある。そのすばらしい眺めがそれを魅力的な住所にしている。しかし、だれもが❸高層ビルのトレンドを好んでいるわけではない。何人かの評論家は高いビルの❹外観を嫌っていて、それらは❺スカイラインを損ない、下の通りに❻陰を投げると言う。それらがコミュニティを破壊すると示唆する評論家もいる。低層の住宅でなら、❼通行人は❽歩道でしばしば立ち止まっておしゃべりをする。マンションの建物であれば、人々は❾廊下でただ頷いて挨拶を交わすだけだ。

---

❶ □ **story** [stɔ́ːri] 超頻出 　名 (建物の) 階
　▶ 外観の階のこと。特定の階の中身を指すのは **floor**。

❷ □ **skyscraper** [skáiskrèipər] 　名 高層ビル

❸ □ **high-rise** [hàiráiz] 　名形 高層ビル (の) 　▶ **low-rise**(低層の建物(の))

❹ □ **appearance** [əpíərəns] 　名 外観

❺ □ **skyline** [skáilàin] 　名 スカイライン 　▶ 空を背景にした建物などの輪郭線。

❻ □ **shade** [ʃéid] 　名 日陰
　▶ **cast shade** (陰を投げかける)、**in the shade** (日陰で)

⑦ □ **pedestrian** [pədéstriən] 超頻出 名通行人；歩行者

⑧ □ **sidewalk** [sáidwɔ̀ːk] 名歩道 ▶ passageway (連絡通路)

⑨ □ **corridor** [kɔ́ːrədər] 名廊下

建物

□ **railing** [réiliŋ] 超頻出 名手すり
▶ balustrade / banister (手すり；欄干)

□ **facade** [fəsáːd] 名 (建物の) 正面；ファサード
▶ ホテルや教会などに使う。

□ **brick** [brík] 名れんが

□ **awning** [ɔ́ːniŋ] 名日よけ ▶ canopy (天幕；ひさし)

□ **shingle** [ʃíŋgl] 名屋根板；こけら板

□ **crack** [krǽk] 名ひび ▶ cracks in the wall (壁のひび)

水

□ **waterfall** [wɔ́ːtərfɔ̀ːl] 名滝 ▶ cascade (小滝)

□ **lakeside** [léiksàid] 名湖畔

□ **seashore** [síːʃɔ̀ːr] 名海岸

□ **pier** [píər] 超頻出 名桟橋；埠頭 ▶ quay (岸壁；埠頭)

□ **sail** [séil] 名帆 自帆走する

□ **reflection** [riflékʃən] 超頻出 名 (水などに映った) 反映

道

□ **avenue** [ǽvənjùː] 名大通り；並木道

□ **esplanade** [ésplənàːd] 名遊歩道 ▶ 海岸の遊歩道を指すことが多い。

□ **overpass** [óuvərpæ̀s] 名陸橋；高架道

工事現場

□ **scaffolding** [skǽfouldiŋ] 名足場

□ **wheelbarrow** [hwíːlbæ̀rou] 名 (作業用の) 一輪車

生活語

333

風景・屋外の事物の第2弾です。少し応用的な単語も知っておきましょう。

Welcome to TipTap Model Train World. Please keep the park clean by using the numerous ❶**trash receptacles** for your ❷**garbage**. While there is no fine for ❸**littering**, we ask you to respect your fellow visitors.

TipTap is famous not only for its model trains, but also its gorgeous ❹**flower beds** and ❺**trimmed** ❻**shrubbery**. Kindly help us to protect the displays by keeping to the ❼**paths** and following the ❽**signs**. Please do not sit on the ❾**grass**. There is a picnic area near the food ❿**concession stands** and ⓫**vending machines** in the North Area.

ティップタップ・モデル列車ワールドにようこそ。お客様の❷ごみのために数多く設置されている❶ごみ箱を使って公園をきれいに保ってください。❸ごみのポイ捨てに罰金はありませんが、お客様には他の訪問客への配慮をお願いします。

ティップタップは模型の列車だけでなく、すばらしい❹花壇や❺剪定された❻低木の植え込みでも有名です。❼小道を辿り、❽標識に従うことによって、展示物を保護していただくようお願いします。❾芝生の上には座らないでください。北区域の食べ物の❿売店や⓫自動販売機の近くにはピクニックエリアがあります。

❶ □ **trash receptacle** ごみ箱 ▶ receptacle は「容器」の意味。
❷ □ **garbage** [gáːrbidʒ] 名 ごみ ▶ **garbage collection**（ごみ収集）
❸ □ **littering** [lítəriŋ] 名 ごみのポイ捨て
❹ □ **flower bed** 花壇
❺ □ **trim** [trím] 他 剪定する；刈り込む

⑥ □ **shrubbery** [ʃrʌ́bəri] 名(集合的に) 低木；灌木
  ▶ 個別の「低木」は shrub。

⑦ □ **path** [pǽθ] 名小道；散歩道

⑧ □ **sign** [sáin] 超頻出 名標識；標示

⑨ □ **grass** [grǽs] 名草；芝生

⑩ □ **concession stand**　売店
  ▶ concession は「売り場使用権」のこと。

⑪ □ **vending machine**　自動販売機

（屋外の物）

□ **fountain** [fáuntən] 超頻出　名噴水

□ **lamppost** [lǽmppòust] 名街灯

□ **bush** [búʃ] 名茂み

□ **lawn** [lɔ́ːn] 名芝生

□ **hedge** [hédʒ] 名生け垣

□ **playground** [pléigràund] 名遊び場

□ **patio** [pǽtiòu] 名中庭；パティオ

□ **mural** [mjúərəl] 超頻出　名壁画

□ **statue** [stǽtʃuː] 名彫像

□ **billboard** [bílbɔ̀ːrd] 名 (屋外の) 広告看板

□ **shed** [ʃéd] 名物置き　▶ a storage shed (物置き小屋)

（店）

□ **stall** [stɔ́ːl] 名露店；屋台

□ **vendor** [véndər] 名物売り　▶ a street vendor (街頭の物売り)

□ **rack** [rǽk] 超頻出　名棚

形を表す単語と、物やその部分を表す単語を集めています。Part 1にも出ます。

🅐 We should install a ❶ **ramp**. This high ❷ **curb** is a problem for wheelchairs and strollers.

🅑 Great idea. A ramp could go between these two ❸ **columns**. There should be enough space for wheelchairs to turn without hitting the window ❹ **ledge**.

🅐 Hmm. I'll ❺ **measure** the ❻ **dimensions** and check. We'll have to make sure the ❼ **slope** is not too ❽ **steep** as well.

🅑 Agreed. Also, would we need ❾ **poles** on the sides for people to grip for support?

🅐 私たちは❶傾斜路を設置すべきでしょう。この高い❷縁石は車いすやベビーカーには問題です。

🅑 すばらしい考えですね。傾斜路はこれら2本の❸柱の間を通ることになるでしょう。車いすが窓❹枠に接触することなく方向転換できるのに十分なスペースが必要ですね。

🅐 なるほど。❻寸法を❺測って、確認してみます。❼斜面が❽急すぎないようにもしないといけませんね。

🅑 賛成です。それに、人がつかまって支えられるように、両側に❾ポールが必要ではないですか。

---

❶ ☐ **ramp** [rǽmp] 名傾斜路；スロープ

❷ ☐ **curb** [kə́ːrb] 名(歩道の) 縁石

❸ ☐ **column** [kάləm] 名円柱 ▶ pillar (支柱)

❹ ☐ **ledge** [léʤ] 名(棚状の) 出っ張り；(窓) 枠

❺ ☐ **measure** [méʒər] 他測る

❻ ☐ **dimension** [dəménʃən] 名(幅・長さなどの) 寸法

⑦ □ **slope** [slóup]　名斜面；坂

⑧ □ **steep** [stíːp]　形(傾斜が) 急な　▶ gentle (ゆるやかな)

⑨ □ **pole** [póul]　名棒状のもの；ポール　▶ a power pole (電柱)

物の名称

□ **rod** [rád]　名棒；さお　▶ a curtain rod (カーテンレール)

□ **wire** [wáiər]　名鉄線；ケーブル　▶ an electric wire (電線)

□ **edge** [édʒ]　名縁；端

□ **rim** [rím]　名へり；縁　▶ the rim of a cup (カップのへり)

□ **lid** [líd]　名ふた　▶ a saucepan lid (片手鍋のふた)

□ **duct** [dʌ́kt]　名送水管；通気管

□ **plate** [pléit]　名(金属) 板；プレート
　▶ a brass plate (真鍮のプレート)

□ **beam** [bíːm]　名梁；横材

□ **fluid** [flúːid]　名液体　▶ liquid と同様の意味。

形態

□ **rectangular** [rektǽŋgjələr]　形長方形の　▶ square (正方形の)

□ **vertical** [vɔ́ːrtikəl]　形垂直の
　▶ perpendicular も同様の意味。

□ **horizontal** [hɔ̀ːrəzántəl]　形水平の

□ **circular** [sɔ́ːrkjələr]　形円形の
　▶ circular staircase (らせん階段)。oval (楕円の)

□ **slanted** [slǽntid]　形傾斜した
　▶ a slanted roof (傾斜した屋根)

□ **diameter** [daiǽmətər]　名直径　▶ radius (半径)

Part 1 の写真描写によく使われる動詞を集めました。試験に対応しやすいように進行形・受け身・現在完了形で紹介します。

① 「人」が主語になる

☐ **be carrying** 〜を運んでいる
A man **is carrying** a chair. 男性がいすを運んでいる。

☐ **be holding** 〜を持っている
A man **is holding** a briefcase. 男性が書類入れを持っている。

☐ **be folding** 〜をたたんでいる
A woman **is folding** a washcloth.
女性が手洗い用タオルをたたんでいる。

☐ **be picking up** 〜を手に取っている
A woman **is picking up** a wallet. 女性が財布を手に取っている。

☐ **be cleaning** 〜を掃除している
He's **cleaning** the hallway. 彼は廊下を掃除している。

☐ **be sweeping** 〜を掃いている
He's **sweeping** the patio. 彼は中庭を掃いている。

☐ **be wiping** 〜を拭いている
She's **wiping** the window. 彼女は窓を拭いている。

☐ **be removing** 〜取り除いている
A man **is removing** paper from the photocopier.
男性がコピー機から紙を取り除いている。

☐ **be boarding** 〜に搭乗している
Passengers **are boarding** a bus. 乗客たちがバスに乗っている。

☐ **be hanging** 〜を掛けている
He's **hanging** a clock on the wall. 彼は壁に時計を掛けている。

☐ **be adjusting** 〜を調整している
He's **adjusting** a scientific instrument. 彼は科学器具を調整している。

☐ **be installing** 〜を設置している
They're **installing** a machine in the corner.
彼らは隅に機械を設置している。

☐ **be propping A against B** AをBに立てかけている
A man **is propping** a ladder **against** the house.
男性が家にはしごを立てかけている。

☐ **be handling** 〜を取り扱っている
She's **handling** an electric appliance.
彼女は電化製品を取り扱っている。

☐ **be operating** 〜を操作している
A man **is operating** the medical equipment.
男性が医療機器を操作している。

☐ **be plugging** （電源に）〜をつないでいる
A man **is plugging** in a laboratory device.
男性が実験器具の電源を入れている。

☐ **be loading** 〜を積み込んでいる
A man **is loading** gravel into the wheelbarrow.
男性は一輪車に砂利を積み込んでいる。

☐ **be inserting** 〜を挿入している
The woman **is inserting** the card into the machine.
女性が機械にカードを差し込んでいる。

☐ **be pouring** 〜を注いでいる
The woman **is pouring** coffee into the cup.
女性がカップにコーヒーを注いでいる。

☐ **be trimming** 〜を刈り取っている；〜を手入れしている
The man **is trimming** the tree.　男性が木を剪定している。

☐ **be facing** 〜の方を向いている
They're **facing** each other.　彼らは互いに向き合っている。

☐ **be serving** 〜を給仕している
A woman **is serving** a customer.　女性が客に給仕している。

□ **be crossing [passing]** 〜を渡っている
People **are crossing** the street.　人々は通りを渡っている。

□ **be trying on** 〜を試着している
A man **is trying on** a jacket.　男性がジャケットを試着している。

□ **be lining up** （列に）並んでいる
People **are lining up** in front of the box office.
人々は切符売り場の前に並んでいる。

② 「モノ」が主語になる

□ **be covered with** 〜におおわれている
The ground **is covered with** snow.　地面は雪におおわれている。

□ **be filled with** 〜でいっぱいである
The shop **is filled with** items.　店は品物でいっぱいだ。

□ **be piled** 積み重ねられている
Files **are piled** on the desk.　ファイルは机の上に積み重ねられている。

□ **be stacked** 積み重ねられている
Books **are stacked** on the shelves.　本が棚に積み重ねられている。

□ **be flowing** 流れている
Traffic **is flowing** in both directions.　車は両方向に流れている。

□ **be leaning against** 〜によりかかっている
The pole **is leaning against** the wall.　棒が壁に立てかけられている。

□ **be lying** 横たわっている
An animal **is lying** on the lawn.　動物が芝生の上に寝そべっている。

□ **be being parked** 駐車されている
Cars **are being parked** in a row.　自動車が並んで駐められている。

□ **have been furnished** （家具などが）備え付けられている
The room **has been furnished**.　部屋は家具が備え付けられている。

□ **be overlooking** 〜を見下ろす位置にある
The veranda **is overlooking** the street.
ベランダは通りを見下ろす位置にある。

INDEX

さくいん

本書の収録語すべてのさくいんです。
単語の検索や覚えたかどうかの確認に利用してください。

341

342

G

●著者紹介

成重　寿　Hisashi Narishige

三重県鳥羽市出身。一橋大学社会学部卒。英語教育出版社、海外勤務の経験を生かして幅広く執筆活動を行っている。合同会社ペーパードラゴン代表。TOEIC TEST 990 点満点。

主要著書：『TOEIC® TEST 必ず☆でる単スピードマスター』、『TOEIC® TEST 必ず☆でる単スピードマスター　上級編』、『TOEIC® L&R TEST 必ず☆でる熟語スピードマスター』、『TOEIC® L&R TEST 英文法 TARGET 600』、『ビジネスで1番よく使う英単語』(以上、Jリサーチ出版)など。

英文作成協力	CPI Japan
カバーデザイン	斉藤啓 (ブッダプロダクションズ)
本文デザイン／DTP	アレピエ
ダウンロード音声制作	一般財団法人　英語教育協議会 (ELEC)
ナレーター	Jack Merluzzi / Karen Haedrich / Howard Colefield / Rachel Walzer / Emma Howard / 水月優希

本書へのご意見・ご感想は下記URLまでお寄せください。
https://www.jresearch.co.jp/contact/

TOEIC® L&R TEST 英単語スピードマスター mini☆van 3000

令和3年 (2021年) 9月10日　初版第1刷発行

著　者	成重　寿
発行人	福田富与
発行所	有限会社　Jリサーチ出版
	〒166-0002　東京都杉並区高円寺北2-29-14-705
	電話03(6808)8801(代)　FAX 03(5364)5310
	編集部03(6808)8806
	https://www.jresearch.co.jp
印刷所	㈱シナノ パブリッシング プレス

ISBN978-4-86392-526-7　禁無断転載。なお、乱丁・落丁はお取り替えいたします。